BIBLIOTHÈQUE SCIENTIFIQUE

Futur empoisonné

Quels défis ? Quels remèdes ?

Adolphe Nicolas

BELIN • POUR LA SCIENCE

8, rue Férou - 75278 Paris cedex 06
www.editions-belin.com - www.pourlascience.com

Aux éditions Belin-Pour la Science

- G. Courade (dir.), *L'Afrique des idées reçues*, 2006.
- G. Darmois, *Pourquoi privatiser, EDF et l'enjeu de l'énergie*, 2004.
- B. Dessus, *Énergie, un défi planétaire*, 1999.
- C. Guitton et C. Combes, *Le naufrage de l'arche de Noé*, 2006.
- L. Maurin et P. Savignan (dir.), *L'état des inégalités en France*, 2006.
- A. Nicolas, *2050, rendez-vous à risques*, 2004.
- M. Pascal, O. Lorvelec, J.-D. Vigne, *Invasions biologiques et extinctions*, 2006.
- R. Rizzo, *Sauver le monde sans être superman, les gestes écologiques au quotidien*, 2006.
- J. Testart, *Le vélo, le mur et le citoyen*, 2006.

Illustrations : Corédoc/Laurent Blondel

ISSN 0224-5159 ISBN 978-2-7011-**4469**-6

SOMMAIRE

AVANT-PROPOS

« L'homme est une corde tendue entre la bête et le surhumain – une corde au-dessus d'un abîme…
J'aime celui qui ne vit que pour savoir et qui veut savoir afin que le surhumain vive. »

Ainsi parlait Zarathoustra, Friedrich Nietzsche, 1885

Pourquoi un nouveau livre sur le réchauffement climatique, ses causes, ses effets et les actions de prévention qu'il appelle ? Dans mon précédent ouvrage, *2050, Rendez-vous à risques*, j'ai tenté de présenter les principales composantes qui façonneront notre avenir, de prévoir leur évolution et d'estimer leur poids respectif dans le changement en cours, qualifié de « changement global » parce qu'il affecte l'ensemble de la planète et tous les secteurs de notre vie. Composante humaine avec la démographie et la pression anthropique qui en résulte, composante climatique avec le réchauffement de l'atmosphère et ses multiples conséquences, composante énergétique avec la question du moteur de notre croissance, composante politique et sociétale enfin, avec l'attitude qu'il conviendrait d'adopter face aux défis à relever. Bien que très rapide, l'avancée des connaissances ne remet pas en cause les données et les idées présentées dans cet ouvrage. Un nouveau livre m'est pourtant apparu nécessaire. Car aujourd'hui, trois questions vitales pour l'avenir de l'humanité émergent et se répondent. Elles sont au cœur du présent ouvrage.

Première question : combien de temps le gaz carbonique émis par l'homme, moteur du réchauffement climatique actuel, va-t-il séjourner dans l'atmosphère ? En avril 2004, à la parution de *2050, Rendez-vous à risques*, je n'étais pas satisfait des positions floues des spécialistes sur le sujet. Depuis, dans la foulée de travaux datant des années 90 et quelque peu négligés jusque-là, des études ont fait avancer la compréhension de ce point scientifique crucial. Elles débouchent sur la perspective effrayante que « notre » gaz carbonique, celui qui est issu des combustibles fossiles, sera encore pour partie présent dans l'atmosphère durant des dizaines de millénaires et non les 100-200 ans cités couramment à l'époque. C'est la perspective d'un futur empoisonné et un premier défi à relever pour l'humanité.

Deuxième question : peut-on reclure dans les profondeurs continentales ou océaniques le gaz carbonique issu de notre usage immodéré des combustibles fossiles ? Cette question fait aujourd'hui l'objet de recherches actives et prometteuses qui méritent d'être discutées. En effet, puisque nous sommes confrontés à la menace d'une stagnation du gaz carbonique anthropique dans l'atmosphère pendant des millénaires et qu'en outre, nous ne manquerons pas de brûler des combustibles fossiles durant quelques siècles encore, la séquestration de ce gaz dans le sous-sol apparaît comme un remède idéal contre l'empoisonnement qui nous guette. Et ce d'autant plus qu'avec la fin de l'ère du pétrole, l'usage du charbon va revenir en force. Or ce dernier est bien polluant que l'or noir en termes d'émissions de gaz carbonique.

La dernière question est justement celle de la pénurie du pétrole. À quelle échéance surviendra-t-elle : 2010 ou 2040 ? Il est temps d'ouvrir un débat sur ce sujet essentiel, esquissé dans *2050, Rendez-vous à risques*, mais dont l'issue est volontairement masquée par de puissants intérêts. Malgré les promesses des sociétés pétrolières, complaisamment entendues par les milieux économiques et politiques, un nombre croissant d'experts estime que la crise est très proche. Quelles en seront les conséquences ? Quand le pétrole, cette source d'énergie miraculeuse, véritable drogue irriguant nos sociétés depuis plus d'un siècle, viendra à manquer, il faudra supporter un sevrage qui sera d'autant plus douloureux qu'il n'aura pas été anticipé et préparé. Un second défi donc pour la planète, mais qui pourrait aussi apparaître comme un remède radical : le temps de l'action, toujours promise, toujours remise par les hommes politiques, pourrait nous être ainsi imposé par cette crise pétrolière, aiguillon qui permettrait à l'homme de jeter les bases d'une société fondée sur la maîtrise de l'énergie, une société où la séquestration du gaz carbonique serait un élément parmi d'autres, une société régénérée et capable de transcender les graves difficultés, y compris climatiques, au-devant desquelles nous courrons.

REMERCIEMENTS

Ce livre n'aurait pas été écrit sans l'aide de nombreux collègues et amis, sans oublier les membres de ma famille dans le rôle de cobayes, d'abord Odile, mon épouse, Marie-Paule, ma sœur et Nicolas, son époux. Par ordre d'entrée en scène dans le livre, j'ai un réel plaisir à citer, pour l'évolution climatique, les noms de Michel Petit, Jean Jouzel, Pascale Braconnot, Isabelle Chuine, Jean-Louis Vallée, Robert Delmas, Dominique Raynaud, Jérôme Gaillardet et Vincent Courtillot ; pour les cycles du carbone et le rôle de l'océan, Didier Paillard, Philippe Ciais, Laurent Bopp, David Archer, Gérard Martin, Claude Dupuy, Jérôme Gaillardet et Christine Delize ; pour la séquestration du gaz carbonique, Alain Bonneville, Pierre Agrinier, Philippe Gouze, Robert Coriu, Bernard Itier et Paul Treguer ; pour la crise du pétrole et ses conséquences, Bernard Durand, Maurice Berthelin, Howard James Kunstler, Jean Laherrère, Pierre-René Bauquis, Jean-Luc Wingert et les autres membres du club ASPO ; pour des échanges plus généraux, Alex McBirney et mes collègues de Montpellier, surtout Françoise Boudier et Benoît Ildefonse. Ces derniers doivent aussi être remerciés pour leur aide technique, ainsi qu'Emmanuel Ball, qui a conçu plusieurs dessins. Puis-je enfin citer ici mon éditeur, bien plus que mon conseiller éditorial auprès des éditions Belin.

À tous, un grand merci !

Je souhaite également exprimer ma gratitude à tous les collègues qui ont donné l'autorisation de reproduire leurs photos ou illustrations dans cet ouvrage : Hubert Bari, Françoise Boudier, Pascale Braconnot et Olivier Marti, Gilbert Camoin, Franck Delbard, Serge Drapeau, Victoria Fabry, Kim Fulton-Bennett, Ron Gilmer et Rich Harbison, Frank Gouveia, Martin Jakobsson, Luc Lefèvre, dit P'titLuc, Pierre Le Thiez, Volodia Lipenkov, John Lockwood, Jean-Pierre Lorand, Claude Merlet, James Orr et Robert Socolow.

CHAPITRE 1

Le réchauffement climatique en cours

Bref état des lieux

L'actualité récente ne cesse de nous le rappeler : le réchauffement climatique entamé avec l'ère industrielle s'accélère. Il est corrélé avec l'accroissement de la teneur atmosphérique en gaz à effet de serre, pour l'essentiel le méthane et le gaz carbonique. Grâce aux modélisations numériques, la communauté des climatologues, très organisée au plan mondial, nous offre des projections portant sur l'évolution de la température et de la pluviométrie au cours de ce siècle puis bien au-delà. On en retiendra de fortes disparités régionales : température et pluviométrie augmenteront d'autant plus fortement que l'on se rapprochera des pôles, surtout dans l'hémisphère Nord ; à l'inverse, dans les zones tropicales, l'inflation de température sera moindre, mais, fait grave, la sécheresse se trouvera encore accrue.

Une colonie de manchots empereurs sur la banquise antarctique.

Le réchauffement climatique : une réalité palpable

Pour illustrer le réchauffement accéléré affectant notre planète, choisissons, entre de nombreux autres, deux exemples, l'un sous l'équateur, l'autre près du pôle Nord, qui témoignent chacun à leur façon du réchauffement actuel.

Le premier est celui de la disparition programmée d'ici 10 à 15 ans des neiges du Kilimandjaro. Ces neiges, dites éternelles, couvrent un petit glacier et sont aujourd'hui les seules du continent africain (**figure 1.1**).

Si Ernest Hemingway voyait de nos jours le Kilimandjaro, son célèbre essai, écrit il y a près de 70 ans, n'aurait peut-être plus pour titre *Les neiges du Kilimandjaro* : celui-ci a perdu plus de 50 % de sa couverture neigeuse depuis cette époque et 80 % depuis les premiers relevés, qui datent de 1912.

1.1. La couronne de neige et de glace du Kilimandjaro, toit de l'Afrique. Le Kilimandjaro, terme Swahili qui signifie « la montagne brillante », s'élève à 6 000 mètres au-dessus de l'équateur. C'est un énorme volcan dominant le rift Est-Africain.

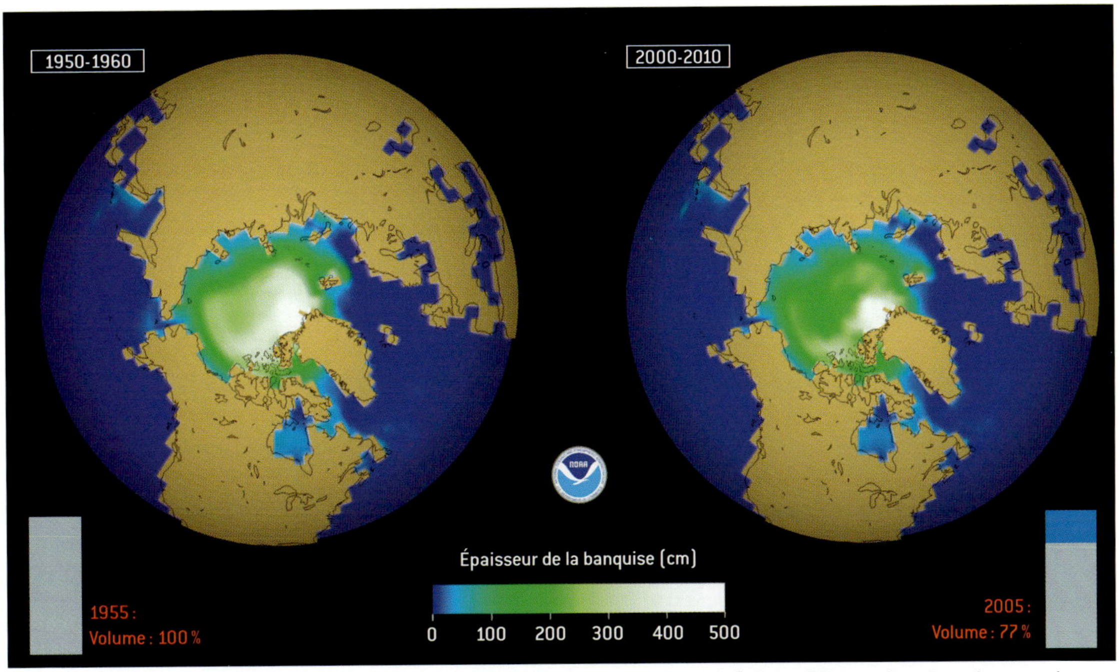

1.2. La réduction en surface, en volume et en épaisseur de la banquise boréale en 50 ans. Ces données sont issues de modélisations numériques. Elles correspondent à une moyenne sur les deux périodes de 10 ans considérées.

Le second exemple est celui du réchauffement accéléré des régions boréales. Selon les enregistrements satellitaires journaliers, l'année 2005 s'inscrit comme celle présentant la plus faible surface de banquise en été et celle où la fonte s'est poursuivie le plus tard en saison depuis 1979, année des premiers relevés satellitaires. Sur le dernier demi-siècle, la réduction de cette banquise boréale, tant en volume et en épaisseur qu'en surface, est également frappante (**figure 1.2**).

Porteur de menaces pour l'écosystème et les populations locales, ce réchauffement a néanmoins quelques incidences positives, au moins pour l'économie actuelle. Déjà, les pétroliers, les prospecteurs de tout poil et les pêcheries portent un regard gourmand sur toutes ces eaux qui se découvrent. Alors que s'amorce la décrue des gisements d'hydrocarbures de la mer du Nord, la Norvège, qui partage avec la Russie le sous-sol de la mer de Barents, nourrit l'espoir d'y trouver d'énormes gisements de gaz naturel. On s'attend également à ce que s'ouvre la route maritime entre l'Atlantique et le Pacifique, qui passe le long des côtes au nord de la Scandinavie et de la Russie et débouche sur le détroit de Bering (**figure 1.3**). Il s'agit du fameux passage du Nord-Est, cherché en vain dès le XVIe siècle par de courageux explorateurs dont beaucoup périrent dans l'aventure, et finalement franchi à la fin du XIXe siècle. Cette route pourrait s'ouvrir d'ici à une dizaine d'années aux flottes commerciales, d'abord avec l'assistance de brise-glace en hiver, puis sans cette aide vers la fin du siècle, puisque les eaux ne seront plus prises par la banquise hivernale. Une telle situation serait sans précédent depuis au moins un million d'années. Le passage du Nord-Est, long de 13 000 kilomètres, réduit la longueur du voyage maritime entre l'Europe et le Japon de près de 40 % par rapport à la route passant par Suez. Il pourrait à terme marginaliser cette dernière.

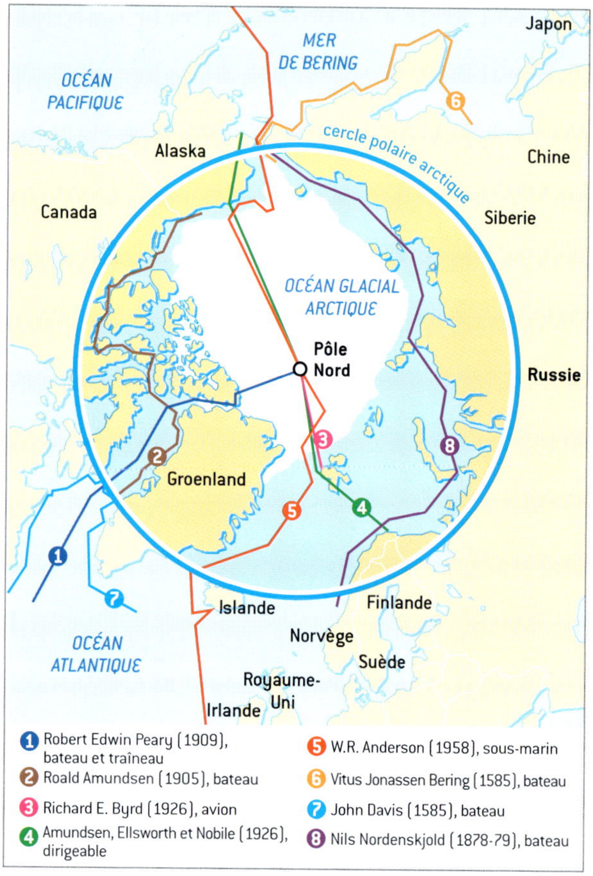

1.3. La route maritime du Nord-Est : une ouverture prochaine. La carte ci-contre représente les itinéraires suivis par explorateurs de l'Arctique avec, en particulier, le passage Nord-Est, ouvert par Nils Nordenskjold en 1879 et le passage Nord-Ouest ouvert par Roald Amundsen en 1905. Réchauffement climatique aidant, la route du passage Nord-Est va rapidement devenir accessible aux navires, réduisant considérablement la durée du voyage maritime entre Europe et Japon. D'ici à la fin du siècle, les navires (des foreurs scientifiques par exemple, à l'image du Vidar Viking représenté ci-dessus) pourront même emprunter cet itinéraire en hiver sans assistance de brise-glace.

L'évolution de la température atmosphérique de l'an 1 000 à nos jours

Il suffit de jeter un coup d'œil à la courbe d'évolution de la température atmosphérique sur le dernier millénaire pour se convaincre que les deux exemples que nous venons de citer s'inscrivent dans une tendance lourde.

Les premières estimations fiables de la température annuelle moyenne de l'air de notre planète datent du début de l'ère industrielle, quand la mesure thermométrique a été introduite. Pour les périodes plus anciennes, on emploie diverses techniques (voir l'encadré ci-contre). Le résultat est donné sur la **figure 1.4**, où chaque couleur correspond à une méthode d'évaluation. Les fluctuations annuelles de la température atmosphérique au sein de chaque modèle ne parviennent pas à masquer une tendance générale, celle d'une courbe en « crosse de hockey », d'où son surnom « *the hockey stick* ». À une période moyenâgeuse relativement chaude a succédé, entre la Renaissance et le milieu du XIXe siècle, le refroidissement du « petit âge glaciaire ». Mais l'amplitude des variations de température au cours de ces deux périodes, c'est-à-dire sur 800 ans, ne dépasse pas 0,8 °C : nous sommes dans la partie rectiligne de la crosse de hockey. En revanche, depuis le début de l'ère industrielle, soit 150 ans, l'augmentation de température atteint presque le degré et elle s'accélère actuellement (+ 0,6 °C en 30 ans) : c'est la partie courbe de la crosse de hockey, qui atteste d'un réchauffement global modeste, mais indiscutable. La dernière décennie du XXe siècle serait la plus torride depuis 1400 et 2005, l'année la plus chaude depuis le début de l'ère industrielle, avec de grandes différences d'une région à l'autre (voir plus loin).

Cette courbe a fait l'objet d'une vive controverse menée à Washington par des politiciens qui, épaulés par quelques scientifiques, niaient l'augmentation de la température de la fin du XXe siècle (« *the hockey cross* »). On peut trouver l'écho de cette querelle sur le forum du site Internet http://www.realclimate.org, ouvert en décembre 2004. La réaction indignée de la communauté des climatologues l'a rapidement éteinte sur la base des arguments que nous allons présenter plus loin.

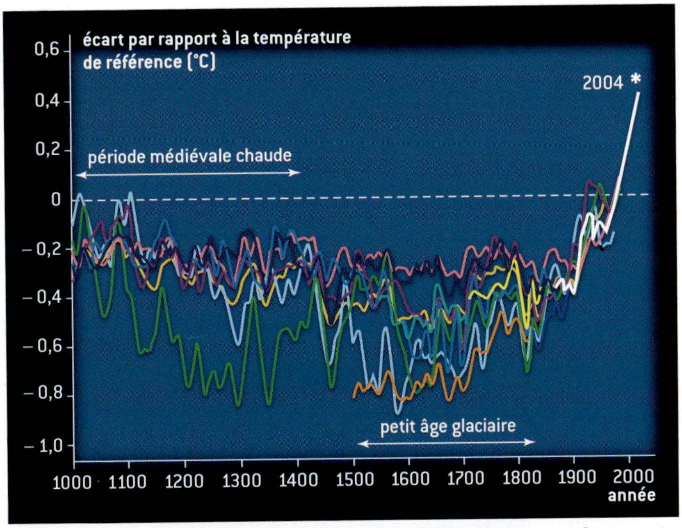

1.4. La « crosse de hockey », ou l'augmentation de la température de l'air au cours du dernier millénaire. Les différentes couleurs distinguent les différents types d'estimations de la température (en blanc : estimations thermométriques). Au-delà des fluctuations au sein de chaque courbe, on observe des tendances sur le millénaire avec, surtout, l'envolée récente de la température atmosphérique. La référence (la ligne du zéro) correspond à la température moyenne entre 1961 et 1990.

L'augmentation de la température atmosphérique actuelle est très variable selon les régions, avec une règle générale qu'elle est supérieure au réchauffement mondial moyen aux hautes latitudes et inférieure à ce dernier aux basses latitudes. On trouve d'ailleurs les preuves les plus convaincantes du réchauffement actuel dans les régions boréales, avec une inflation de température qui atteint environ 4 °C en 25 ans et se traduit en particulier par la fonte spectaculaire de la banquise entourant le pôle Nord évoquée plus haut. Les relevés de température pour 2005 illustrent parfaitement ces fortes disparités régionales (**figure 1.5**).

L'estimation des températures passées

Avec l'introduction de la mesure thermométrique au début de l'ère industrielle, l'évaluation de la température atmosphérique est devenue plus précise. Les estimations de la température régnant avant cette époque varient suivant la technique utilisée, ce qui rend compte des écarts notés sur la figure 1.4. Elles sont en outre surtout valables pour l'hémisphère Nord, car on ne dispose pas encore d'un corpus suffisant de données pour l'autre hémisphère. Certaines données sont de nature historique, provenant d'archives. D'autres sont issues de l'analyse de carottes glaciaires, des anneaux de croissance des arbres ou des coraux : ces structures vivantes ou minérales enregistrent des variations saisonnières qui donnent l'échelle de temps et la température atmosphérique à une période donnée est déduite de mesures isotopiques (voir l'encadré p. 49) qui ont le mérite de s'appliquer à n'importe quelle période historique ou géologique.

Signalons une méthode originale permettant de suivre les variations de la température, mise au point par Isabelle Chuine, chercheuse au CNRS à Montpellier : elle est fondée sur l'étude de la date des vendanges d'un cépage cultivé en France depuis le Moyen Âge. On apprend ainsi qu'en 1523, les vendanges ont été particulièrement précoces en Bourgogne : elles furent avancées au 27 août. Et pour cause : ce fut un été caniculaire, avec une température moyenne estimée à plus de 4 °C au-dessus de notre moyenne. Incidemment, on est encore loin de la canicule de 2003 avec un écart de 6 °C et des vendanges qui commencèrent le 19 août, soit plus d'un mois avant celles de 2004.

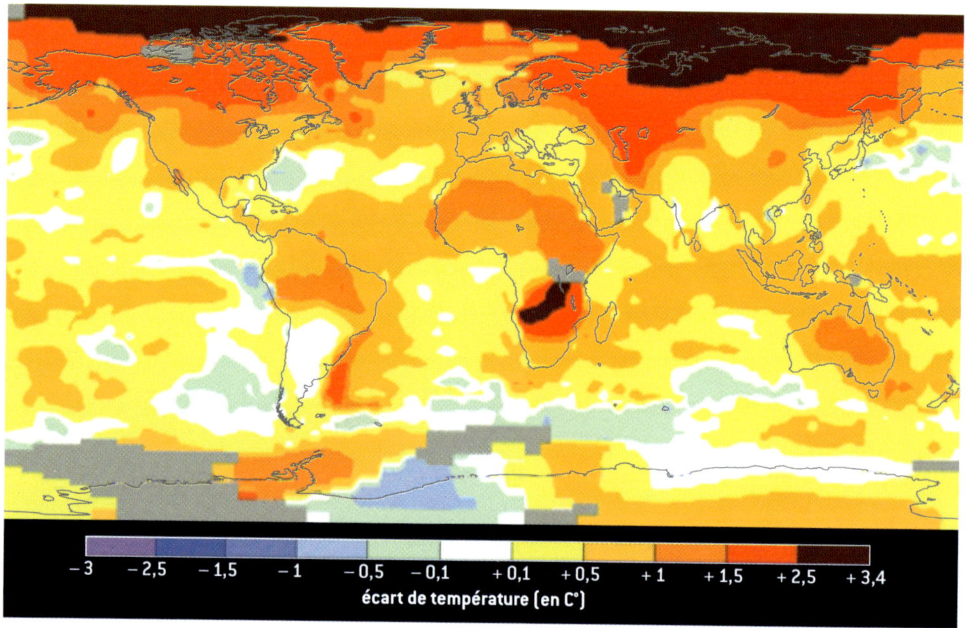

1.5. 2005 : l'année la plus chaude depuis le début de l'ère industrielle. Cette carte présente les écarts entre les températures moyennes relevées en 2005 et la température moyenne de la période 1951-1980. Les variations régionales de température soulignent le réchauffement de l'Arctique.

Attardons-nous quelque peu sur l'Europe, où la température moyenne de l'air a augmenté de 0,95 °C au cours du dernier siècle selon le rapport de l'Agence européenne de l'environnement en date de 2004. Cela fait 0,25 °C de plus que réchauffement moyen mondial, une différence que les climatologues expliquent par la latitude relativement septentrionale de cette région du globe. Pour la pluviométrie, la situation est très contrastée : toujours sur la même période, elle a augmenté de 10 à 40 % dans les zones les plus au nord de l'Europe, tandis qu'elle a accusé une baisse allant jusqu'à 20 % dans les régions méditerranéennes. L'augmentation moyenne de 2 % des précipitations à l'échelle du globe masque donc des situations locales complètement différentes.

Dans le cas de notre pays, l'augmentation de la température atmosphérique diurne est proche de la moyenne mondiale, mais celle de la température nocturne lui est partout supérieure. Le réchauffement nocturne est ainsi près de deux fois plus élevé dans le nord-ouest de la France qu'à l'échelle l'ensemble de notre planète. Avec la température, l'humidité et donc la nébulosité – c'est-à-dire la couverture nuageuse – ont beaucoup augmenté dans l'hexagone. C'est ce couvert nuageux plus épais qui pourrait expliquer le réchauffement nocturne accru, car il réchauffe l'atmosphère de nos nuits à la façon d'un manteau posé sur une épaule quand descend le froid au coucher du soleil.

Le gaz carbonique et le réchauffement de la planète

Pourquoi la température atmosphérique s'envole-t-elle depuis la révolution industrielle ? Parce que le moteur de cette révolution brûle des combustibles fossiles, avec pour conséquence des émissions massives de gaz dits à effet de serre. Nous démonterons les rouages de cette analyse – qui n'est plus guère discutée – et en chercherons les limites au chapitre 2, une entreprise nécessaire si l'on veut sonder notre futur climatique. Ici, nous allons dresser une rapide carte d'identité des deux principaux gaz à effet de serre (la nature même de ce phénomène physique est rappelée dans l'encadré p. 17).

Sur les 150 dernières années, on note dans l'atmosphère une augmentation rapide et simultanée de la concentration du gaz carbonique (ou dioxyde de carbone, CO_2), du méthane et de la température (**figure 1.6**). Comparons brièvement ces deux gaz, car ils sont responsables à eux deux de 80 % de l'effet de serre actuel, si l'on ne prend pas en compte la vapeur d'eau. Comme le montrent les **figures 1.7** et **1.8**, leurs sources d'émissions anthropiques sont fort différentes. Pour le gaz carbonique, elles proviennent essentiellement de la combustion du bois (chauffage en Asie, incendies et déforestation en Asie et en Amérique centrale) et de l'usage des combustibles fossiles (Amérique du Nord, Europe, Chine et Japon). Cette répartition contraste avec celle du méthane, dont les émissions sont concentrées dans la ceinture équatoriale et en particulier dans le Sud-Est asiatique, où elles sont liées à l'élevage et à la riziculture (la culture du riz est en effet méthanogène car elle se déroule sous une pellicule d'eau en conditions partiellement anaérobies). Quant à l'absorption du gaz carbonique et du méthane atmosphérique, nous en reparlerons abondamment au chapitre 3. Pour le gaz carbonique, elle est surtout observée au niveau des régions – qualifiées de puits – que sont les océans aux latitudes élevées et la zone équatoriale (en raison de la croissance des forêts).

Notons que si les sources de gaz carbonique ou de méthane étaient brusquement taries, les variations régionales de teneur atmosphérique qu'illustrent les deux figures ci-après seraient effacées en une ou deux saisons par le brassage très efficace de l'air dans la basse atmosphère.

Le gaz carbonique est 200 fois plus abondant que le méthane dans l'atmosphère et pourtant, sa contribution à l'effet de serre n'est que trois fois supérieure à celle de ce dernier. Cet apparent paradoxe s'explique par la plus grande virulence du méthane, qui absorbe bien plus efficacement le rayonnement infrarouge que le gaz carbonique. La teneur atmosphérique en méthane croît également beaucoup plus vite, puisqu'elle a doublé depuis le début de l'ère industrielle, tandis que celle du gaz carbonique n'a augmenté que de 30 %. Pourquoi donc le titre de ce livre n'est-il pas « Empoisonnement au méthane » ? La réponse est qu'en raison de sa réactivité chimique, le temps de résidence du méthane dans l'atmosphère se limite à une dizaine d'années. Il y est détruit par l'oxygène en libérant, comme s'il avait brûlé, du

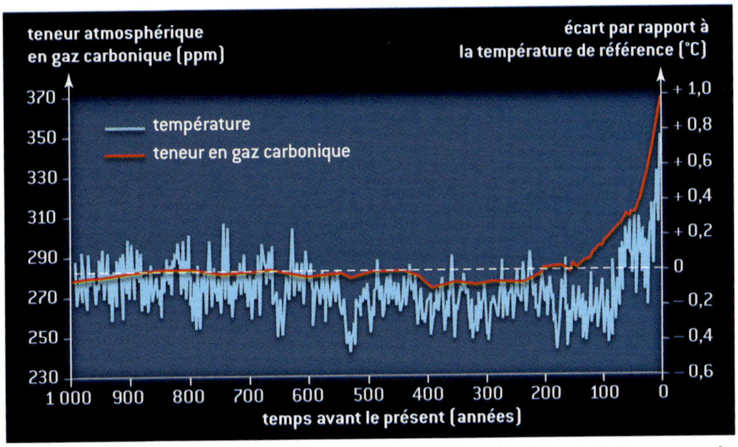

1.6. L'augmentation simultanée de la température de l'air et de la teneur de l'atmosphère en gaz carbonique au cours du dernier millénaire. On note que la croissance de la teneur atmosphérique en ce gaz décolle avec l'ère industrielle et s'envole dans la seconde partie du XXe siècle, suivant assez bien la courbe en « crosse de hockey » de la température. Ppm = partie par million. Température de référence : moyenne 1960-1990.

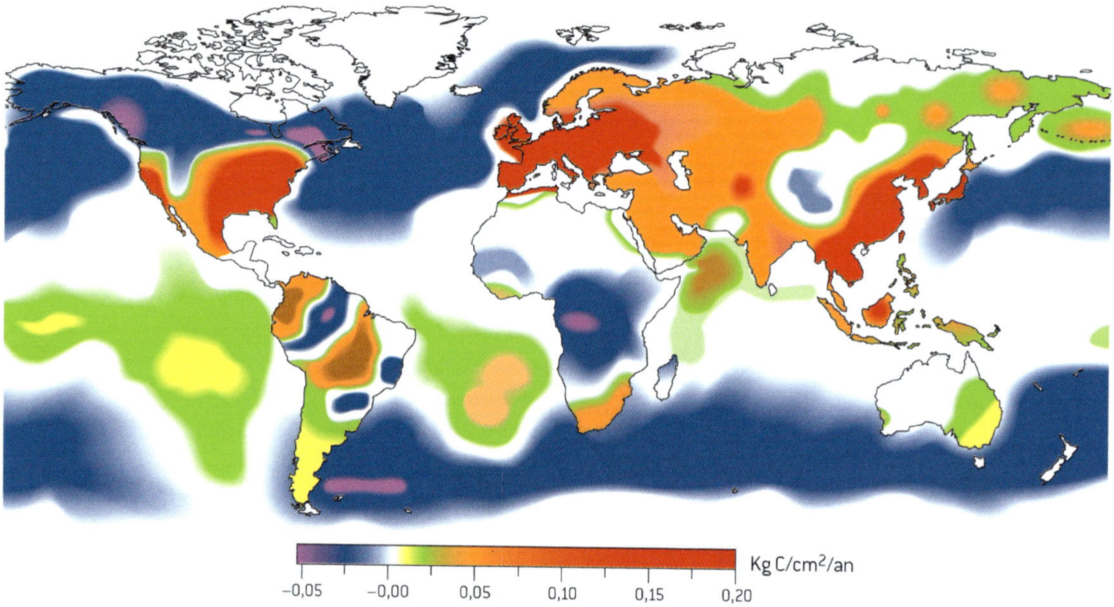

1.7. Flux annuel de gaz carbonique vers l'atmosphère, moyenné sur la période 1985-1995. Les régions-sources d'émissions (en rouge) correspondent aux pays développés ou qui brûlent du bois. Les régions-puits, qui absorbent ce gaz (en bleu), sont les océans froids et les régions boisées.

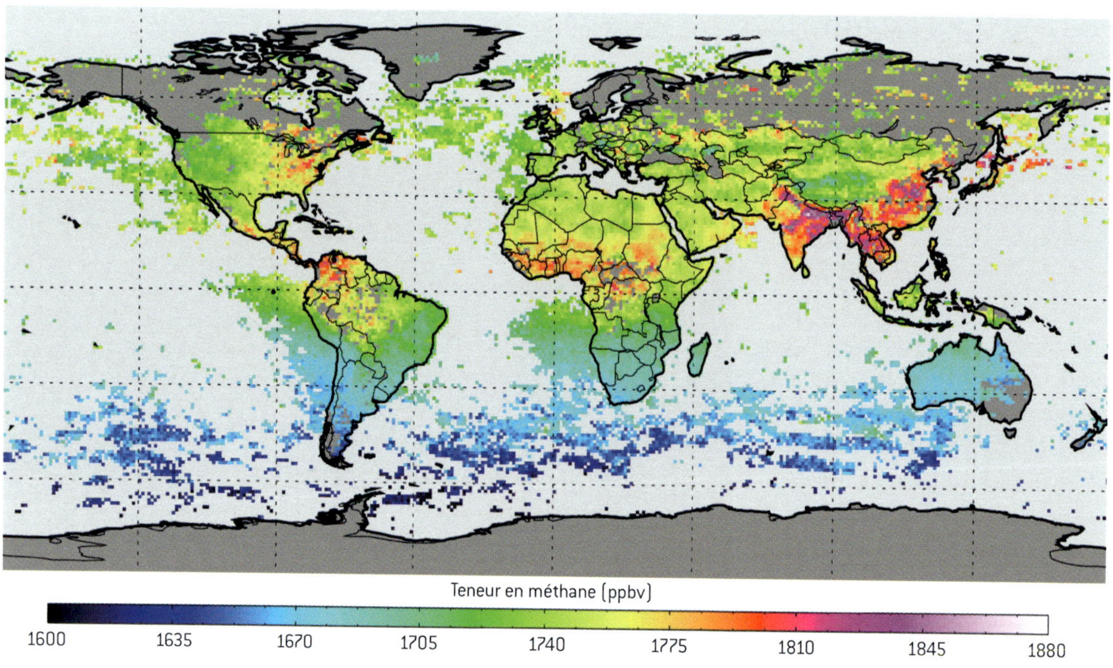

1.8. Teneur de la basse atmosphère en méthane. Cette carte est construite d'après des mesures effectuées par le satellite Envisat de l'Agence spatiale européenne, moyennées d'août à novembre 2003. Ppbv : parties par milliard en volume.

gaz carbonique et de la vapeur d'eau. Or le gaz carbonique est 200 fois moins actif en terme d'effet de serre que le méthane initialement relâché dans l'atmosphère. En revanche, le gaz carbonique est stable et ne se détruit pas dans l'atmosphère par réaction chimique. En raison de cette « immunité chimique », son temps de résidence atmosphérique dépend de ses échanges avec des réservoirs terrestres.

L'un des enjeux scientifiques actuels est donc de prédire le temps de résidence du gaz carbonique qu'injecte l'homme dans l'atmosphère depuis 150 ans en brûlant les combustibles fossiles. C'est là que se trouve la clé du réchauffement de la planète : pour combien de temps avons-nous, par nos activités, perturbé l'équilibre climatique de la Terre ? Nous le discuterons en détail au chapitre 3. Un autre défi qui se présente aux chercheurs est de

L'effet de serre

Depuis le milieu du XIXe siècle et les travaux de Joseph Fourier, on sait que la température d'un volume d'air exposé aux rayons du Soleil s'élève plus fortement si ce dernier est confiné sous une surface de verre que s'il ne l'est pas. Le verre, agissant comme un filtre sélectif, laisse passer le rayonnement solaire très énergétique (riche en rayons ultraviolets) qui atteint ainsi le volume d'air situé sous le verre, où il dissipe son énergie en chaleur, tout en réémettant des rayons infrarouges moins énergétiques. Ces derniers, à la différence des rayons ultraviolets, sont absorbés par la surface de verre, qui confine donc la chaleur dans l'enceinte. Ainsi défini, l'effet de serre s'applique à l'atmosphère terrestre, où le rôle du verre est tenu par des gaz qui sont transparents aux rayons ultraviolets, mais absorbent les rayons infrarouges : les gaz à effet de serre.

Le tiers environ du rayonnement solaire est directement réfléchi vers l'espace, d'abord par les nuages et les poussières de l'atmosphère, puis par la surface terrestre elle-même, surtout les calottes glaciaires et les régions polaires enneigées. En effet, le pouvoir réflecteur de la neige – en termes scientifiques, son *albédo* – est supérieur à celui de la surface de la mer et de la plupart des terres. Quant aux deux autres tiers du rayonnement solaire reçu, ils sont absorbés, soit par l'oxygène et l'ozone de la haute atmosphère (la *stratosphère*, située entre 10-20 et 50 kilomètres d'altitude), soit par la surface terrestre. Cette dernière réémet dans la basse atmosphère (la *troposphère*, qui s'étend entre la surface et la stratosphère) une partie de la chaleur reçue sous forme d'un rayonnement infrarouge qui, à son tour, est partiellement absorbé par les gaz à effet de serre et chauffe la basse atmosphère.

Le gaz carbonique est responsable de 60 % de l'effet de serre actuel, 20 % revenant au méthane et 20 % aux oxydes d'azote. Bien qu'elle soit un puissant gaz à effet de serre, la vapeur d'eau n'est pas prise en compte dans ce bilan, car sa concentration dans l'atmosphère est actuellement stable et dépend peu de l'activité humaine. Notons toutefois que l'on s'interroge sur son rôle dans le futur car, avec le réchauffement, l'humidité de l'atmosphère augmentera, ce qui pourrait introduire une nouvelle contribution au réchauffement, mettant en œuvre ce que l'on appelle une *rétroaction positive* (voir l'encadré p. 18). Parmi les acteurs de l'effet de serre, il faudrait aussi mentionner l'ozone stratosphérique, le même gaz qui, associé aux oxydes d'azote dans la basse atmosphère, pollue l'air de nos cités par les beaux jours d'été.

L'abondance des gaz à effet de serre dans l'atmosphère se régule par des échanges entre celle-ci et la surface de la Terre. Émis par cette surface, ces gaz sont rapidement et efficacement mélangés dans la basse atmosphère par les vents. Ils diffusent plus lentement dans la haute atmosphère où ils résident un certain temps avant d'être détruits par des réactions, dissous et précipités par pluie et neige vers la surface terrestre ou échangés avec divers compartiments terrestres (océans, végétations, sols). Le temps de résidence atmosphérique dépend du gaz considéré.

Nous nous intéresserons surtout dans ce livre au gaz carbonique. En effet, en raison de leur moindre abondance et de leur rapide élimination dans l'atmosphère, les autres gaz, y compris le méthane, ont sur le réchauffement climatique une action mineure, bien qu'ils absorbent des centaines de fois plus le rayonnement infrarouge que le gaz carbonique.

1.9. L'effet de serre en action. Comment se baigner en toute saison, ou presque ? En captant la chaleur du Soleil sous une voûte qui est transparente à ses rayons directs, mais opaque aux rayons cherchant à en sortir.

Les modèles climatiques

Prévision du temps (l'objet de la météorologie) et du climat (visant à anticiper les modifications futures de l'atmosphère en réponse à une perturbation, partant de la connaissance de son état actuel et des lois physiques qui régissent son comportement) relèvent de la même problématique et des mêmes techniques de calcul. La différence est bien sûr la portée dans le temps des prévisions : de l'ordre de quelques jours dans le premier cas et de quelques décennies dans le second. Dans les deux cas, le point de départ est une bonne représentation de la situation actuelle – par exemple cartes de pression barométrique, de température, de force de vents – car c'est à partir de ces données que se construit la prévision.

En climatologie, comme dans toutes les modélisations qui nous intéressent ici, on admet que le système atmosphérique est à l'équilibre et y resterait en l'absence de perturbation. Par exemple, dans le modèle le plus simple d'évolution de la température atmosphérique en réponse aux variations de la concentration en gaz carbonique, on considère que la température ne change que si la teneur en ce gaz fait de même. Un tel modèle s'appliquera à décrire un scénario précisant ce qu'il advient de la température de l'air pour une augmentation donnée de la teneur en gaz carbonique (le doublement de sa concentration d'ici à la fin du siècle par exemple).

La simplicité n'est toutefois qu'apparente. Car si les lois physiques qui régissent les phénomènes climatiques sont des plus simples, loin des abstractions vertigineuses de la physique des particules élémentaires, une complexité inaccessible aux méthodes analytiques des physiciens apparaît en raison du nombre considérable de paramètres qui interviennent, de leur nature variée et de leurs interférences multiples. C'est ainsi que les modèles actuels font interagir des données concernant l'atmosphère (sa teneur en gaz à effet de serre et en poussières, sa nébulosité, etc...), l'océan, la végétation, les sols et les surfaces enneigées. Voilà pourquoi la modélisation est si lourde. À l'avenir, elle le sera de plus en plus, car chaque nouveau modèle intègre des paramètres jusqu'alors négligés et qui, parfois, s'avèrent déterminants.

Les derniers modèles de l'Institut Pierre-Simon Laplace (IPSL) sont assortis d'un commentaire quelque peu désabusé. Observant qu'ils ne diffèrent guère des modèles précédents, leurs auteurs admettent qu'en raison de la complexité des interactions, il ne faut pas attendre trop des modèles futurs. Il est vrai que, face à une perturbation initiale, les interférences mutuelles entre paramètres ont parfois des effets considérables. Elles peuvent s'opposer à cette perturbation et tendre à ramener le système vers son équilibre initial – ce que l'on appelle, dans le jargon scientifique une *rétroaction négative* – ou au contraire avoir un effet amplificateur, en renforçant la perturbation initiale. Dans ce dernier cas, on parle de *rétroaction positive* pouvant mener à des « scénarios-catastrophe » modifiant rapidement et considérablement le système initial avant qu'un nouvel équilibre ne soit atteint. Ces rétroactions positives vont nous occuper pendant une bonne partie du présent ouvrage.

Compte tenu de cette complexité, on procède par modélisation numérique **(figure 1.10)**. Dans cette dernière, l'espace est découpé en petites boîtes au sein desquelles tous les paramètres sont considérés comme étant constants, mais différents de ceux des boîtes voisines. La réponse par rapport à la perturbation considérée est distincte d'une boîte à l'autre. Ceci permet le calcul d'une solution provisoire et approchée. Ces petites boîtes sont ensuite appelées à interagir. Pas à pas, on calcule ainsi une solution globale. Dans l'exemple d'une modélisation climatique, les « petites » boîtes peuvent avoir une base carrée de 250 kilomètres de côté et une hauteur de 1 kilomètre. C'est dire

prédire, en fonction des différents modèles d'évolution de la teneur atmosphérique en gaz carbonique, le climat pour les décennies et les siècles à venir. La dernière partie de ce chapitre va nous donner quelques éléments de réponse.

Des prévisions climatiques pour le futur

L'expansion de la climatologie est récente, portée par les inquiétudes naissantes sur l'évolution climatique. Les grands pays possèdent de puissants instituts[1] où les chercheurs disposent de tous les équipements pour l'observation, la mesure et la modélisation. C'est en effet grâce à des modèles climatiques (voir l'encadré ci-dessus) que l'on tente de prévoir les climats du futur.

Très vivante, la communauté des climatologues est animée par de nombreux débats qui nourrissent les rapports publiés tous les cinq ans par le Groupe intergou-

qu'une modélisation globale sera d'autant meilleure que l'on disposera d'informations régionales de qualité. Celles-ci sont obtenues grâce à des modèles régionaux, à mailles plus fines, permettant par exemple d'offrir des projections climatiques à l'échelle de notre pays. En retour, cette modélisation plus fine doit intégrer correctement les données extérieures, plus générales.
Autre conséquence de la complexité des modèles climatiques : l'intégration dans un modèle global d'une centaine de milliers de boîtes, toutes en interaction, réclame des supercalculateurs dont la taille ne cesse de croître avec l'introduction de nouveaux paramètres et la prise en compte de plus en plus fine des effets régionaux. En écho au désenchantement exprimé plus haut par certains chercheurs de l'IPSL, peut-on encore espérer de rapides progrès ? Oui, car les enjeux sont considérables et la mobilisation de la recherche sur ce sujet, intense. De leur côté, les moyens de calculs sont toujours plus performants, brassant des données meilleures et plus variées, elles-mêmes issues de mesures systématiques et récurrentes des paramètres environnementaux.
Avant d'être utilisés, les modèles des grands instituts de recherche climatique sont testés : les chercheurs introduisent des données du passé afin de vérifier qu'ils sont bien capables de « prédire le présent ». Malgré cette confrontation, l'éventail des projections vers le futur reste très ouvert d'une modélisation à l'autre. Toutefois, il ne fait pas de doute qu'au-delà des écarts, ces modèles méritent notre confiance quant à la validité des tendances générales qui se dessinent.

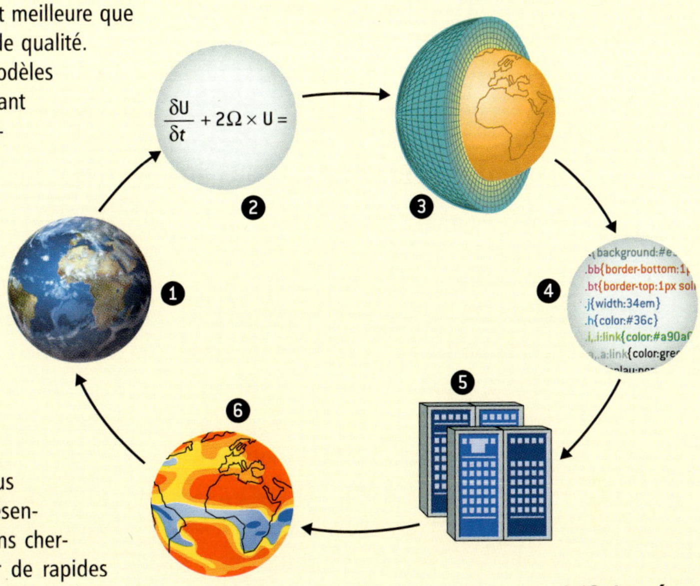

1.10. Les étapes de la modélisation d'un paramètre climatique. On cherche ici à obtenir une vision lissée et globale d'un paramètre climatique à partir de mesures ponctuelles ou partielles (teneur en une substance, température, humidité, etc.). Partons des observations de « terrain » (la planète bleue, 1). Chaque mesure est enregistrée sous forme numérique (2) et introduite dans la boîte géographique dont elle provient (le globe et son atmosphère découpée en boîtes, 3). Ainsi localisées, les données numériques sont traitées par un logiciel (4) associé à un puissant ordinateur (5), dont sort la représentation ou le modèle global cherché (6), après plusieurs recyclages (itérations) qui ont pour but de lisser les différences entre les boîtes.

vernemental sur l'évolution du climat ou GIEC (en anglais, *International Panel on Climate Change* ou IPCC). Par sa structure représentative de la communauté climatologique (certes, un peu tempérée par le souci d'associer aux débats des pays peu présents sur la scène scientifique) et par son interface avec les instances politiques de tous les pays, le GIEC est l'autorité reconnue en matière de prévision climatique et ses rapports sont de moins en moins controversés. Or nous allons voir qu'ils sont de plus en plus inquiétants.

1. Les principaux instituts européens de climatologie sont l'Institut Pierre-Simon Laplace (IPSL) en France, le *Hadley Centre for Climate Prediction* en Grande-Bretagne et, en Allemagne, le *Max Planck Institute for Meteorology* de Hamburg et le *Potsdam Institut für Klimafolgenforschung* (PIK). Citons aux États-Unis le *Woods Hole Oceanographic Institution* (WHOI), l'*International Research Institute of Climate Prediction* (IRI), le *Scripps Institution of Oceanography* (SIO), le *Goddard Institute* de la NASA et la demi douzaine de centres de la *National Oceanic and Atmospheric Administration* (NOAA).

Les toutes dernières prévisions sur le changement climatique

Les modèles climatiques présentés par le GIEC dans son rapport de janvier 2007 estiment l'augmentation de la température à venir en fonction de plusieurs données. Citons en particulier l'évolution de la teneur en *aérosols*, ces très fines particules solides et liquides qui sont en suspension dans l'atmosphère, celle la fonte anticipée des glaces et, surtout, la croissance de la concentration atmosphérique en gaz à effet de serre, en considérant, outre le gaz carbonique et le méthane, le dioxyde de soufre et l'oxyde nitreux, deux gaz moins abondants, mais redoutables de ce point de vue. Le rapport tente également d'estimer l'effet des rétroactions (c'est-à-dire des effets « boule-de-neige », voir p. 33) que l'émission de ces gaz pourrait entraîner. Nous verrons aux chapitres 2 et 3 que la teneur croissante des gaz à effet de serre dans l'atmosphère répond elle-même à de multiples facteurs, y compris une donnée que les climatologues ne peuvent pas anticiper : l'évolution de leurs émissions atmosphériques, qui résultera de l'action – ou plutôt de l'inaction – de l'homme vis-à-vis du réchauffement en cours. C'est dire combien les estimations vont diverger selon les choix de départ, en particulier les scénarios d'émission des gaz à effet de serre. Enfin, le rapport intègre les différents modèles construits sur ces bases au sein des grands instituts climatologiques, chacun fort de ses techniques et sensibilités propres. L'éventail des prévisions en est d'autant plus ouvert, comme nous allons le voir.

Le « Facteur 4 » : un objectif pour la France

Le rapport dit « Facteur 4 », qui reprend le titre d'un rapport du Club de Rome publié en 1997, a été remis le 3 juillet 2006 au gouvernement français qui en avait passé commande (son intitulé exact est : « Division par 4 des émissions de gaz à effet de serre de la France à l'horizon 2050 »). Ses attendus sont simples. Les climatologues recommandent que la température n'augmente pas de plus de 2 °C au terme de ce siècle car, au-delà de cette valeur, outre l'inconfort de températures encore plus élevées, ils redoutent que n'apparaissent des effets de seuils qui nous feraient basculer dans un monde où la température pourrait s'emballer. Nous décrirons au chapitre 2 de tels effets « boule-de-neige », appelés « rétroactions » par les spécialistes.

Selon le rapport du GIEC de 2007, pour une stabilisation de la concentration atmosphérique en gaz carbonique à 450 ppm (la teneur actuelle est de 382 ppm), la croissance de la température s'établirait dans une fourchette comprise entre 1,5 et 3,9 °C. Bien que la probabilité de ne pas franchir les 2 °C « fatidiques » d'ici à la fin du siècle soit déjà inférieure à 50 % avec une concentration de 450 ppm de gaz carbonique, se fixer un objectif plus ambitieux encore serait probablement irréaliste vu la valeur actuelle de la teneur atmosphérique en gaz carbonique et sa croissance, proche de 2 ppm par an, qui ne s'atténuerait que progressivement, même si nous supprimions toute émission. Pour stabiliser cette teneur à 450 ppm, il serait nécessaire d'avoir réduit les émissions annuelles de gaz carbonique à 4 GtC (milliards de tonnes de carbone) en 2050 soit, pour une population actuelle de 6,5 milliards d'habitants, 0,6 tonne de carbone par habitant et par an. La France, avec ses 61 millions d'habitants, aurait droit, dans une répartition proportionnelle, à 38 Mt de carbone, soit une division par quatre de ses émissions actuelles (140 MtC) !

La stratégie est donc claire : maîtriser la croissance des émissions au cours des 15 prochaines années puis, au-delà d'un pic attendu en 2020, les réduire afin d'atteindre le « facteur 4 » en 2050 (c'est-à-dire qu'elles n'excèdent pas à cette date 50 % de celles de 1990) et, enfin, poursuivre la réduction jusqu'en 2100. De nombreux pays développés, surtout européens, adhèrent déjà à ce programme. Au plan mondial, le niveau global d'émissions étant moindre, un facteur 2 apparaît suffisant, soit une réduction des émissions à leur niveau de 1990 en 2050. L'instrument de cette politique sera le protocole de Kyoto, qui devra s'ouvrir à de nouveaux champs. L'échéance de 2020 – pour tout décideur, c'est déjà demain – s'avère critique et devrait constituer un objectif intermédiaire.

On lira avec intérêt les chapitres 2.4 et 4.3. du rapport « Facteur 4 » (www.industrie.gouv.fr/energie/facteur4.htm) qui déclinent les actions nécessaires. Le prix sera lourd tant au plan individuel, avec le renoncement à l'individualisme et au consumérisme, que politique, avec l'impulsion de mesures drastiques, donc impopulaires, en faveur des économies d'énergie, des énergies alternatives, de la recherche-développement et de la mise en œuvre de ses résultats.

Les estimations de ce nouveau rapport du GIEC quant au réchauffement d'ici à la fin du XXIe siècle varient entre 1,3 et 2,8 °C dans le scénario le plus optimiste (B1) (en ignorant les effets mal contrôlés de rétroactions impliquant gaz carbonique), entre 3,5 et 6,1 °C dans le scénario le plus pessimiste (A1FI) et entre 2,3 et 4,3 °C ans un scénario moyen (A1B). Ce dernier scénario, fondé sur l'hypothèse d'une croissance annuelle de 1% de la teneur atmosphérique en gaz carbonique, correspond assez bien à l'actuelle perspective concernant les émissions de ce gaz. On envisage en effet que celles-ci puissent croître jusque vers le milieu du siècle puis diminuer ensuite, après que l'homme a pris le contrôle de ses rejets de gaz carbonique. Ainsi, le plan « facteur 4 », qui pourrait inspirer la politique de notre pays (voir l'encadré ci-contre), nous apprend que, pour éviter un dérapage climatique, les émissions devraient même décroître dès 2020. Soulignons que la baisse des émissions n'empêchera pas la croissance de la teneur atmosphérique des gaz à effet de serre.

Notons également que, en dépit d'efforts considérables pour affiner les modélisations avec, en particulier la prise en compte des rétroactions du gaz carbonique, les valeurs extrêmes de l'augmentation de température retenues dans le rapport 2007 du GIEC demeurent presque inchangées par rapport à celles du précédent rapport en date de 2001 (1,4 et 5,8 °C) : le temps qui passe n'arrange donc pas nos affaires !

Le réchauffement sera marqué par de forts contrastes régionaux. En ce début du XXIe siècle, il est le plus sensible aux hautes latitudes avec, en particulier, l'actuelle débâcle polaire. Cette tendance s'amplifiera dans la suite du siècle (**figure 1.11 a et b**). Dans notre pays, dont la latitude est relativement élevée, l'augmentation de la température pourrait atteindre 5 °C à cette échéance. Quant au pourtour méditerranéen, il sera plus pénalisé encore, sauf le long du littoral, quelque peu rafraîchi « grâce » au réchauffement moins rapide de la mer.

Les contrastes régionaux de pluviométrie seront également amplifiés. Avec une pluviométrie en baisse de 20% selon le GIEC, notre climat méditerranéen deviendra semi-aride, comparable à celui qui règne actuellement au sud de la Méditerranée. Le nord de l'Europe sera, lui, plus pluvieux (**figure 1.11 c et d**). D'après le climatologue Jean-Louis Fellous (*Le Climat,* 2005), d'ici à 2070, le débit des fleuves de l'Europe du Sud pourrait décroître de moitié et celui de l'Europe du Nord, croître d'autant. Quant aux deux ceintures tropicales, déjà arides, elles le deviendront plus encore et seront probablement inhabitables.

Des prévisions plus lointaines

Le rapport 2007 du GIEC envisage également l'évolution de la température et du niveau marin jusqu'à la fin du millénaire. C'est le scénario moyen A1B qui est ici privilégié, avec une croissance de la teneur en gaz carbonique atmosphérique de 1% par an jusqu'en 2100, ensuite stabilisée jusqu'en l'an 3000.

Dans ces conditions, le rapport prévoit que la température atmosphérique grimpera très vite jusqu'en 2300 puis plus lentement sur la durée du millénaire. Mais nous reviendrons sur ces estimations avec des idées neuves à la fin du prochain chapitre (voir figure 3.28). Quant à l'océan, on prévoit une montée du niveau des eaux qui serait comprise entre 0,5 et 2,2 mètres en 2100, liée surtout à la dilatation thermique et, dans une moindre mesure, à la fonte des glaciers continentaux et des calottes glaciaires. Rappelons que seules les glaces continentales, par leur fonte, peuvent relever le niveau marin. Ce

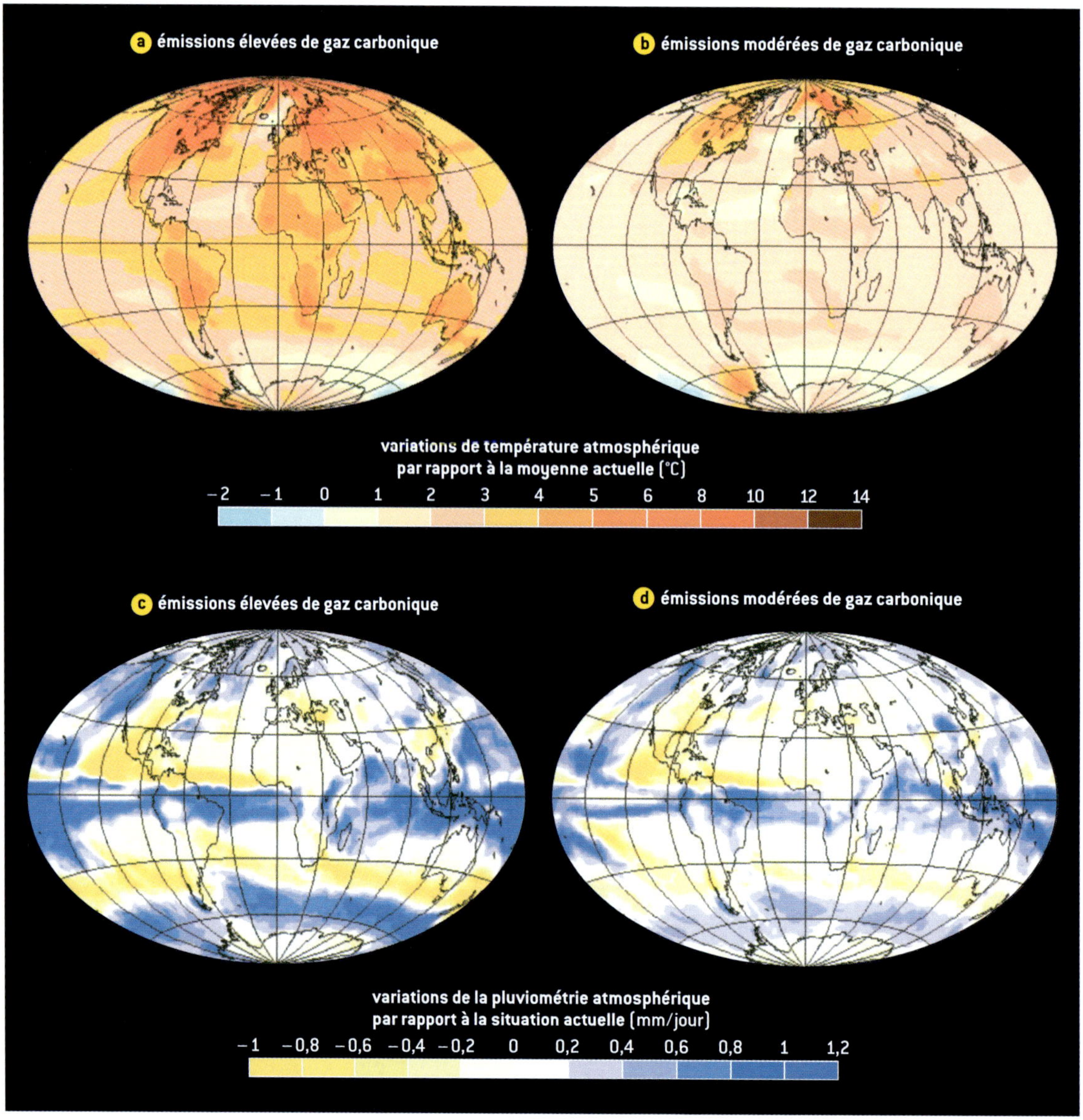

1.11. Modélisations des variations régionales de la température de l'air (a et b) et des précipitations (c et d) à la fin du XXIe siècle. L'estimation des variations de températures et de précipitations se rapporte à la situation actuelle (moyenne prise pour zéro sur l'échelle et représentée en blanc sur les planisphères). Les modèles a et c sont fondés sur l'hypothèse d'émissions de gaz carbonique élevées, aucun effort n'étant fait pour les brider, et les modèles b et d, sur des émissions faibles. L'augmentation moyenne de la température est de 4 °C dans les premiers modèles et de 2 °C dans les seconds.

n'est pas le cas pour la banquise, qui flotte sur les océans aux hautes latitudes en vertu du principe d'Archimède : la fonte du glaçon dans un verre de whisky n'entraîne pas son débordement. Même si les conséquences hydrologiques en sont graves, la fonte des glaciers continentaux à laquelle on assiste actuellement affecte très peu le niveau marin car leur volume est faible par rapport à celui des calottes polaires du Groenland et de l'Antarctique. En cas de fusion totale, la contribution de ces trois éléments à la montée du niveau marin serait respectivement de moins d'un mètre, de 7 mètres et de 70 mètres. Selon le rapport du GIEC, 60 % de la masse des glaciers pourraient avoir fondu d'ici à 2050. Si le réchauffement se maintenait, l'ensemble des glaces continentales pourrait avoir fondu en 3000, entraînant une montée des eaux de près de 80 mètres. En raison de l'inertie thermique du système eau-glace, qui demande beaucoup d'énergie et de temps pour monter en température ou pour fondre, la montée du niveau marin, actuellement retardée, se poursuivra largement au-delà du prochain millénaire.

Pour conclure

Il sortirait du cadre de ce livre de développer les nombreux aspects du changement global, aujourd'hui bien médiatisés (voir également à ce sujet *2050, Rendez-vous à risques*). Outre l'aridité accrue des zones déjà arides et le glissement des limites actuelles des zones climatiques de quelques centaines de kilomètres vers les pôles (environ 100 kilomètres par degré centigrade de réchauffement), glissement dont seules les contrées froides du nord de l'hémisphère tireront avantage, on redoute avec le réchauffement, une accentuation de la dynamique climatique et d'éventuels scénarios catastrophe.

En guise de conclusion, retenons la déclaration solennelle publiée en juin 2005 par les Académies des Sciences des grands pays industrialisés, auxquelles se sont jointes celles de la Chine, de l'Inde et du Brésil, déclaration signée par des scientifiques de renom, dont plusieurs prix Nobel[2] :

« Les températures accrues vont probablement augmenter la fréquence et la gravité des événements météorologiques comme les vagues de chaleur et les grosses chutes de pluie. Elles pourraient conduire à des effets à grande échelle tels que des modifications des flux de l'océan Atlantique (avec des conséquences majeures pour le climat de l'Europe du Nord) et la fonte des grandes calottes glaciaires (avec des effets majeurs sur les régions de basse altitude dans le monde entier). »

2. Disponible sur Internet à l'adresse suivante : http://www.academie-sciences.fr/actualites/communiques.

C H A P I T R E 2

D'hier à aujourd'hui : pourquoi le climat change-t-il ?

Aussi loin que les archives géologiques nous projettent dans le passé, le climat changeant de la planète s'est maintenu dans une étroite fourchette de température compatible avec la vie. Tout dérapage de la température déclenche la mise en action de forces de rappel qui la ramènent, à peu de choses près, à son niveau initial. Ainsi, par leurs émissions massives de gaz à effet de serre, les crises volcaniques majeures provoquent une flambée de la température, mais l'altération en surface des roches d'origine profonde se charge de rafraîchir l'atmosphère. En effet, ce processus absorbe efficacement le gaz carbonique atmosphérique... à l'échelle de 100 000 ans. C'est une précision d'importance sachant que la crise climatique qui s'annonce s'inscrit dans ce type de fluctuations naturelles du climat. Qui sont les responsables de cette crise ? L'enquête retient deux suspects dont les relations équivoques sont bien connues : l'activité solaire et les gaz à effet de serre. Disculpant le premier, elle désigne le second et derrière lui, accuse, grâce à des indices géochimiques déterminants, l'homme.

Le rayonnement solaire au-dessus du Pacifique. (Image prise par la station orbitale internationale le 21 juillet 2003.)

Au fil des temps géologiques et aussi loin que l'on puisse remonter dans le temps avec une certaine confiance, soit à l'âge respectable de plus d'un milliard d'années, le climat de la planète a continuellement changé, tout en restant dans une fourchette de température ne dépassant pas, semble-t-il, la dizaine de degrés autour de celle d'aujourd'hui. Peut-être même bien moins, si l'on en croit une étude fondée sur une analyse isotopique de coquilles marines aux latitudes équatoriales (pour la technique, voir l'encadré p. 49) publiée en 2000 dans la revue *Nature*, qui estime ces variations entre – 4 °C et + 2 °C.

Les causes de ces changements climatiques, bien évidemment indépendants de l'activité humaine, sont soit géologiques, faisant écho à la vie propre de la Terre (volcanisme, tectonique des plaques), soit externes, en relation avec les variations de l'ensoleillement de la planète. Nous exclurons ici la chute de météorites géantes, telle celle qui a contribué à la disparition des dinosaures à la fin du Crétacé, car leur influence climatique, aussi déterminante soit-elle pour la biosphère, est éphémère (quelques années au plus).

Que les causes soient externes ou internes, l'effet de serre est – directement ou non – un acteur majeur de l'évolution du climat. Aussi, une incursion dans les processus qui sous-tendent la variabilité naturelle du climat va nous permettre de saisir les causes et les enjeux essentiels du réchauffement que nous avons enclenché depuis moins de deux siècles avec nos rejets de gaz à effet de serre.

Les variations de l'ensoleillement

L'ensoleillement n'est-il pas intuitivement la première cause à laquelle on songe s'agissant des variations climatiques ? La Terre baigne en effet dans un énorme flux d'énergie en provenance du Soleil. On affirme d'ailleurs que l'énergie brûlée par l'humanité au cours d'une année ne dépasse pas celle que nous dispense notre étoile en une heure.

Le flux énergétique solaire est modulé par deux facteurs. L'un est la variation de l'activité du Soleil elle-même, l'autre ce que l'on appelle le forçage astronomique. Le mot «*forçage*», apprécié des climatologues, exprime bien l'idée du contrôle des variations climatiques par une cause extérieure, dans ce cas précis, les variations d'ensoleillement dues à des perturbations dans la rotation de la Terre autour du Soleil.

Notons que l'activité solaire et le forçage astronomique sont indépendants l'un de l'autre et entretiennent des relations distinctes avec le climat. L'activité solaire, dont l'influence climatique n'est pas vraiment établie, s'organise autour d'un cycle de onze ans, agissant donc sur de courtes périodes (allant du siècle à quelques siècles), tandis que les perturbations orbitales, dont les effets climatiques sont indiscutables, ont des conséquences se mesurant à l'échelle de dizaines de millénaires.

Les bouffées de chaleur du Soleil

La présence de taches à la surface du Soleil (**figure 2.1**) passe, tous les onze ans, par un maximum qui coïncide avec une émission d'énergie plus intense. Les variations du flux énergétique associées à ce cycle sont encore assez mal connues, car la mesure précise par satellite de l'irradiation solaire n'est effective que depuis un quart de siècle. Ces variations sont faibles, de l'ordre de 0,1 à 0,2 % sur la période de onze ans, et ne peuvent directe-

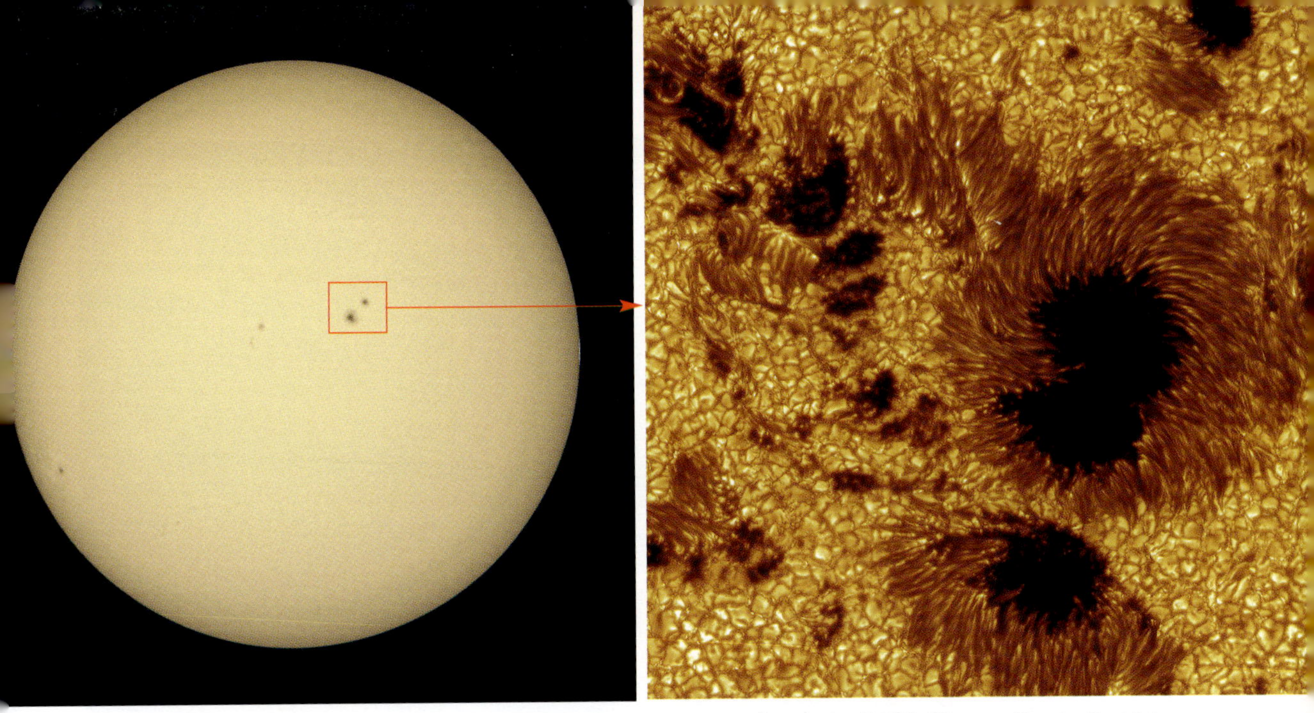

2.1. Des témoins de l'activité cyclique du Soleil : les taches solaires. Alors que la température de la partie la plus sombre (appelée « ombre ») est de 4 200 °C, celle de la partie externe, de structure « fibreuse » (la pénombre) est de 5 200 °C et celle de l'extérieur granuleux et plus clair de 6 200 °C. Les taches solaires ont des dimensions variables, leur diamètre pouvant atteindre 50 000 km.

ment induire que des fluctuations de la température atmosphérique globale de l'ordre de quelques fractions de degré à l'échelle de l'année ou la décennie.

On ne se soucierait pas des variations d'activité solaire si l'on pouvait exclure que, par réaction avec d'autres agents climatiques, elles ne soient amplifiées. Nous en reparlerons bientôt, mais retenons déjà que les scientifiques demeurent divisés quant à l'incidence de l'activité solaire sur le climat. Certains tentent de lui attribuer le petit âge glaciaire qui a sévi entre la Renaissance et le milieu du XIXe siècle, une période pendant laquelle la température moyenne s'est établie à environ 0,6 °C au-dessous de la moyenne actuelle (voir figure 1.4). De fait, cet âge a coïncidé avec une période d'activité solaire moindre et, en particulier, une absence de taches solaires pendant 70 ans. Outre que c'est une courte durée pour quatre siècles de froid, cette interprétation est discutée car, pour expliquer de tels effets, le calcul suggère que la variation d'activité solaire aurait dû être plus de deux fois supérieure à celle qui accompagne les cycles de onze ans.

De leur côté, les partisans de l'activité solaire font observer que le début de l'ère industrielle et du réchauffement actuel, à la sortie du petit âge glaciaire des siècles précédents, coïncide avec une augmentation de l'activité solaire qui s'est poursuivie, de concert avec l'augmentation de la température moyenne, jusqu'en 1980. Toutefois, depuis cette date, l'activité solaire est stationnaire, tandis que la température croît de plus belle. Aussi, la plupart des partisans de la théorie solaire rejoignent les autres scientifiques pour attribuer le réchauffement accéléré actuel à l'augmentation de la teneur atmosphérique des gaz à effet de serre. En fait, dans le réchauffement antérieur à 1980, la part de l'activité solaire pourrait correspondre au quart ou au tiers de celle des gaz à effet de serre, puisque l'on voit que modèles et mesures avant 1980 concordent mieux si l'on mélange dans ces proportions le forçage anthropique (c'est-à-dire les émissions de gaz à effet de serre par

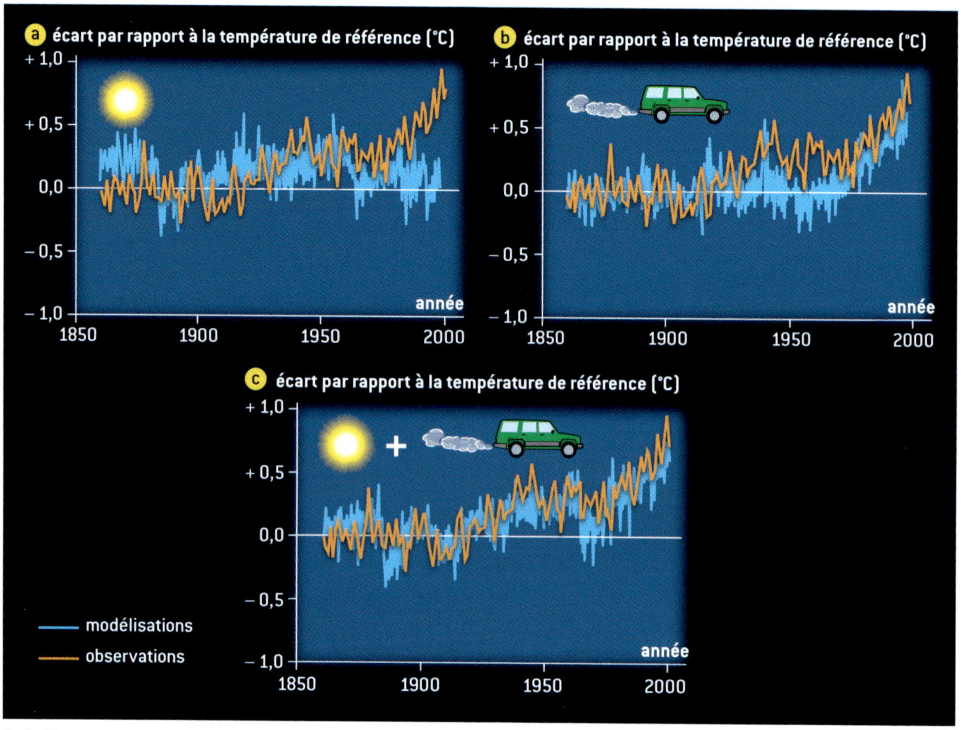

2.2. Une analyse des contributions de l'activité solaire et des gaz à effet de serre à l'augmentation de la température depuis le début de l'ère industrielle. En orange, variations de la température atmosphérique mesurées depuis le début de l'ère industrielle et en bleu, celles que prévoient les modèles prenant en compte les modifications de l'activité solaire **(a)**, celles de la teneur en gaz à effet de serre **(b)** et la combinaison gaz à effet de serre et activité solaire **(c)**. On constate, sur la figure c, la bonne coïncidence des variations de température modélisées et des variations mesurées. Si un accord existe pour attribuer aux gaz à effet de serre l'envolée de la température depuis 1980, on ne peut exclure, sur la base de ces données, une influence de l'activité solaire entre le début de la révolution industrielle et cette date. La référence (le zéro) correspond à la température moyenne entre 1961 et 1990.

l'homme) et le forçage solaire que si l'on prend uniquement en compte l'un ou l'autre de ces deux paramètres (**figure 2.2**). On n'en est que plus impressionné par l'envol de la contribution des gaz à effet de serre depuis 1980.

Terminons-en avec l'activité solaire en observant que son rôle dans l'évolution du climat est un sujet aux frontières de nos connaissances, ce qui autorise les divergences d'analyse entre les scientifiques. La conclusion que nous venons d'énoncer quant aux responsabilités respectives des gaz à effet de serre et des « bouffées de chaleur » du Soleil dans le réchauffement observé depuis 150 ans reflète l'opinion de la communauté scientifique tel que son forum officiel, le GIEC (Groupe intergouvernemental sur l'évolution du climat), s'en est fait l'écho dans son rapport de 2001. Depuis, cette position se précise. À l'issue d'une réunion préparatoire au rapport de 2007, qui s'est tenue début 2006, le groupe annonçait : « *La communauté scientifique n'a identifié aucun facteur naturel qui soit susceptible d'avoir contribué significativement au réchauffement de 0,6 °C observé sur les 30 dernières années [...]* », précisant que les variations de l'intensité solaire avaient été négligeables et mettant ainsi clairement en accusation les émissions anthropiques de gaz à effet de serre.

C'est une prise de position importante dans un débat à forte connotation politique. En effet, en mettant le réchauffement actuel au crédit de l'activité solaire, certains scientifiques ont apporté leur caution à ceux qui nient le rôle des gaz à effet de serre dans l'évolution climatique, au premier rang desquels, bien sûr, les milieux politiques américains, en conflit sur ce sujet avec une partie des citoyens de leur propre pays et avec la quasi-totalité des scientifiques. Nous verrons au dernier chapitre que ces manœuvres de diversion cachent mal la vraie raison du refus de ce pays de signer le protocole de Kyoto : l'incapacité à changer « *the american way of life* ».

La course de la Terre autour du Soleil et les cycles glaciaires du Quaternaire

La principale cause des variations de l'ensoleillement n'est pas l'activité du Soleil elle-même. Elle est d'ordre astronomique, liée à de faibles modifications quasi périodiques de l'orbite terrestre autour du Soleil et de la rotation de la Terre sur elle-même le long de cette orbite. Dans les archives climatiques, les conséquences de ces modifications sont à la fois indiscutables et de grande ampleur : ce sont les cycles glaciaires du Quaternaire.

2.3. a. Le conditionnement d'une carotte de glace dans la station Concordia (calotte glaciaire antarctique, programme EPICA). b. La glace observée au microscope. En noir, les bulles d'air qui y sont prisonnières (cristaux colorés à l'arrière-plan).

Grâce à Joseph Adhémar et James Croll, on sait en effet depuis le milieu du XIXe siècle que certaines perturbations de l'orbite terrestre entraînent des variations d'ensoleillement dont l'incidence climatique est notable. Mais c'est au géophysicien serbe Milutin Milankovitch que ces phénomènes vont demeurer associés, après qu'il eut démontré, en 1924, la remarquable coïncidence entre des modifications cycliques de la course de la Terre autour du Soleil (voir l'encadré p. 32) et les cycles glaciaires du Quaternaire, appelés depuis cycles de Milankovitch.

De quoi s'agit-il? Depuis 1,7 million d'années, on reconnaît 17 cycles principaux comprenant une période glaciaire et une période interglaciaire (cycles glaciaire-interglaciaire). Les plus anciens d'entre eux ont été analysés grâce à l'étude de sédiments lacustres, alors que les plus récents ont été plus finement étudiés à partir de carottes forées dans les glaces polaires, surtout celles de l'Antarctique. Les bulles d'air qu'elles

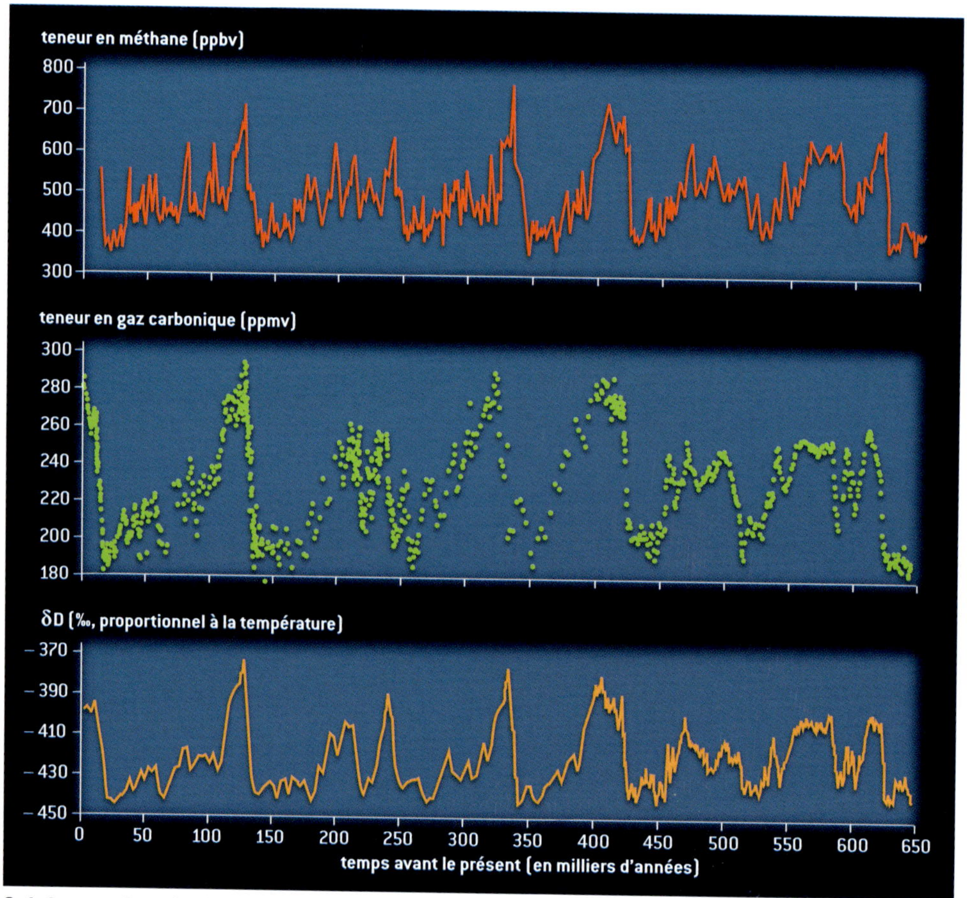

2.4. Les cycles glaciaire-interglaciaire mis en évidence par le forage EPICA en Antarctique jusqu'à – 650 000 ans. Fin 2006, ce forage au cœur de la calotte glaciaire est encore en cours d'étude. Les analyses sont complètes pour le gaz carbonique (points verts), le méthane (en rouge) et la température (en orange), qui est estimée à partir des rapports isotopiques de l'hydrogène et du deutérium (δD). Les analyses issues d'EPICA prolongent les données plus anciennes obtenues à partir de la carotte de Vostok au-delà de 400 000 ans. La périodicité principale est de 100 000 ans jusqu'à – 400 000 ans puis elle devient moins nette au-delà. Ppmv/b : parties par millions/milliard en volume.

renferment (**figure 2.3**) livrent aux chercheurs la composition de l'atmosphère contemporaine de la formation de la glace. Grâce à la mesure des isotopes de l'oxygène ou de l'hydrogène (voir l'encadré p. 49), ces derniers déterminent ensuite la température moyenne de l'air qui régnait à l'époque. Les carottes glaciaires peuvent également contenir des poussières, témoins de phénomènes lointains comme des éruptions volcaniques majeures. Elles fournissent donc aux climatologues de fidèles enregistrements d'événements climatiques et géologiques successifs.

Plus le forage est profond, plus les archives glaciaires que l'on ouvre sont anciennes. Jusqu'à une époque récente, les climatologues ne pouvaient pas remonter le temps au-delà de 400 000 ans. La carotte EPICA (*European Project for Ice Coring in Antarctica*), dont le forage s'est achevé en 2005, au pied de la nouvelle station franco-italienne Concordia située au milieu du continent Antarctique, prolonge désormais l'incursion dans les climats anciens jusqu'à plus de 800 000 ans. Fin 2006, EPICA est encore en cours de dépouillement. Les données déjà disponibles sont en accord avec les résultats des précédents forages, surtout ceux de la célèbre carotte de Vostok (**figure 2.4**). Le fort couplage entre les teneurs en gaz à effet de serre et la température (estimée ici à partir de mesures portant sur les isotopes de l'hydrogène) est également confirmé, ainsi que la périodicité de 100 000 ans des cycles glaciaire-interglaciaire entre – 400 000 ans et le temps présent. En revanche, une certaine rupture intervient au-delà de – 400 000 ans : on note un moindre écart entre les périodes froides et chaudes, ces dernières étant aussi plus longues, et la périodicité de 100 000 ans est perturbée par des pseudo-périodes plus courtes. Le raccord entre les données issues des forages Vostok et EPICA se produit lors d'une période interglaciaire située entre – 400 000 ans et – 420 000 ans, deux fois plus longue que les suivantes et qui évoque par sa durée l'interglaciaire actuel, un rapprochement étayé par une configuration similaire de l'orbite terrestre autour du soleil pour ces deux périodes. Notons au passage que les données issues de la carotte EPICA tendent à disqualifier une hypothèse évoquée dans *2050, Rendez-vous à risques* : celle d'une origine humaine du réchauffement de l'Holocène, il y a 10 000 ans, consécutive aux débuts de la déforestation et de la riziculture qui entraînèrent l'injection de gaz à effet de serre dans l'atmosphère.

Les cycles glaciaires du Quaternaire sont donc clairement corrélés avec les cycles astronomiques. Cependant, les variations de température enregistrées dans les glaces entre une phase glaciaire et une phase interglaciaire sont de l'ordre de 5 °C environ. Or, le calcul montre que les variations de la température induites par les variations d'ensoleillement selon les phases des cycles de Milankovitch ne devraient pas excéder le degré. Pourquoi une telle différence ?

C'est la signature d'un processus qualifié au chapitre 1 de *rétroaction positive*. L'amplification de l'augmentation de température résulte en effet d'interactions entre deux variables climatiques : l'ensoleillement et la teneur en gaz à effet de serre (en particulier gaz carbonique et méthane). En clair, une augmentation du premier (et donc de la température) induit un accroissement de la seconde.

Nous allons maintenant disséquer ces processus de rétroaction qui lient température atmosphérique et évolution de l'effet de serre, car ils sont riches d'enseignements pour l'avenir climatique des hommes du XXIe siècle.

Une Terre qui ne tourne pas rond : le forçage astronomique

En une année, la Terre décrit dans l'espace une trajectoire correspondant presque exactement à une ellipse dont le Soleil occuperait l'un des foyers. Aussi, notre planète peut-elle se trouver plus ou moins éloignée du Soleil. Toutefois, les variations annuelles de la distance Terre-Soleil ne sont pas la cause de la succession des saisons – qui dépend de l'inclinaison de l'axe de rotation de la Terre sur son orbite, axe incliné « vers le Soleil » en été et « hors du Soleil » en hiver – et encore moins celle des variations climatiques à longue période dont témoignent les cycles glaciaire-interglaciaires. Dans les premières décennies du XXe siècle, Milutin Milankovitch s'est intéressé aux variations des paramètres astronomiques (liées à l'influence de l'attraction gravitationnelle exercée par les autres planètes) dont les combinaisons règlent la distribution du rayonnement solaire baignant la Terre et stimulent les variations climatiques. Examinons ces paramètres (**figure 2.5**).

Le cycle de l'excentricité (100 000 ans)

L'*excentricité* de l'orbite terrestre, c'est-à-dire le caractère plus ou moins allongé de l'ellipse qu'elle décrit, varie d'une valeur nulle (cercle) à une valeur maximale de 7 % avec des périodes de 100 000 et 413 000 ans. Les *absides* sont les deux extrémités du grand axe de l'orbite ; elles correspondent à la distance minimale (*périhélie*) et à la distance maximale (*aphéhie*) entre la Terre et le Soleil.

Le cycle de l'obliquité (41 000 ans)

L'axe de rotation de la Terre sur elle-même en 24 heures est oblique sur l'*écliptique* (plan dans lequel le système couplé Terre-Lune se déplace autour du Soleil) avec laquelle il fait un angle moyen de 23°27′. Cet axe décrit un cône autour de l'axe de l'écliptique en 26 000 ans, et la valeur de son inclinaison varie de 22°02′ à 24°32′ suivant une période de 41 000 ans. Ce paramètre détermine des variations cycliques de la distribution des saisons et de leur contraste dans les deux hémisphères.

Le cycle de la précession des équinoxes (environ 20 000 ans)

L'orbite terrestre est faiblement inclinée sur le plan de l'écliptique. Son axe tourne en sens direct autour de l'axe de l'écliptique en 124 000 ans : c'est la rotation des absides (extrémités du grand axe de l'orbite). Ceci conduit à la *précession des équinoxes*, c'est-à-dire à leur lent glissement sur l'ellipse orbitale. La précession des équinoxes, de périodes 19 000 et 23 000 ans, est responsable du fait que l'enchaînement des saisons est complètement découplé de l'éloignement de la Terre par rapport au Soleil. Par exemple actuellement, le périhélie se situe en janvier, c'est-à-dire en plein hiver boréal. Nous sommes dans une situation qui adoucit les hivers et tempère les étés dans l'hémisphère Nord, à l'inverse de l'hémisphère Sud. Il y a 8 000 ans, lors de l'Optimum climatique de l'Holocène, période chaude dans l'hémisphère Nord (pour lequel les données sont surtout disponibles), le périhélie coïncidait avec le solstice d'été boréal, et les températures estivales de l'hémisphère Nord étaient donc supérieures à celles d'aujourd'hui.

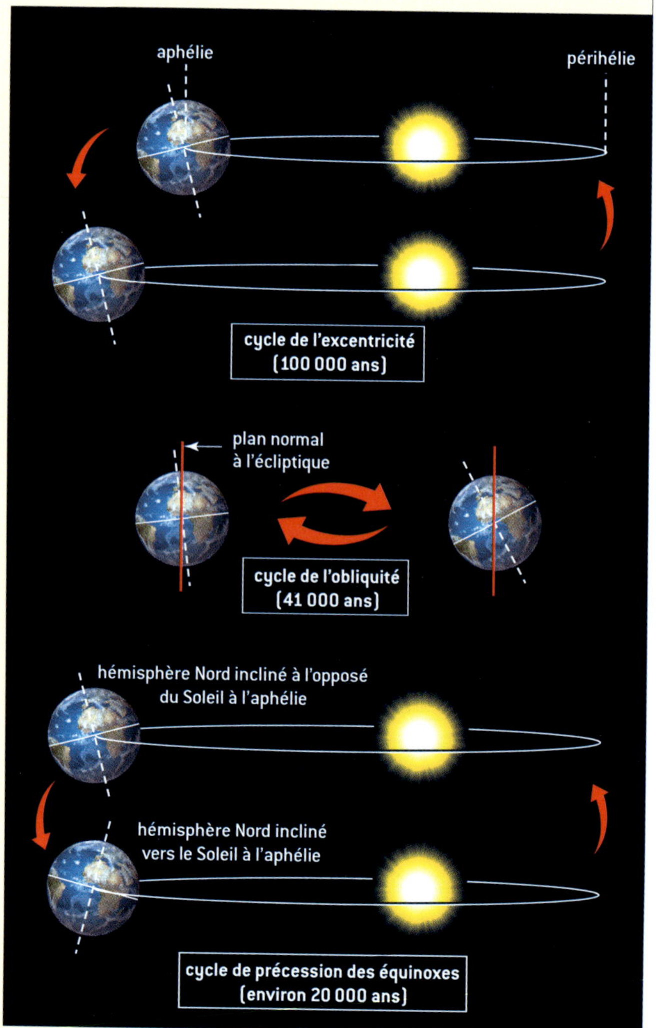

2.5. Les variations cycliques des paramètres orbitaux de la Terre : cycle de l'excentricité, cycle de l'obliquité et cycle de précession des équinoxes.

Gaz à effet de serre et température, une relation équivoque

L'assassinat de l'archiduc d'Autriche François-Ferdinand de Hasbourg, héritier présomptif de l'Empire austro-hongrois, et de son épouse, le 28 juin 1914 à Sarajevo, peut être considéré comme une modeste perturbation en regard des conséquences qu'il entraîna : près de 15 millions de morts et, à la sortie de la Première Guerre mondiale, un monde bouleversé. Pour en arriver là, il fallut qu'une succession de facteurs amplificateurs s'exerce en cascades de plus en plus puissantes. Quand il s'agit non plus de géopolitique, mais de climat, les climatologues parlent de rétroactions, positives si elles contribuent à éloigner le système Terre d'un équilibre initial et négatives si elles tendent à l'y ramener. Pour que les rétroactions s'exercent, il faut déjà que l'équilibre initial soit instable. C'était bien la situation à la veille de la Grande Guerre avec, en particulier, l'instabilité de l'Empire austro-hongrois, miné par la volonté d'émancipation des peuples sous tutelle. C'est en permanence le cas du climat, fruit d'un équilibre précaire, comme le montre son histoire, que celle-ci soit récente avec les glaciations du quaternaire que nous venons d'évoquer, ou très ancienne comme la fin de ce chapitre nous l'apprendra (voir figure 2.8).

Comment amplifier une modeste perturbation et bouleverser un équilibre apparemment stable ?

L'*albédo* d'une surface (son pouvoir de réflexion des rayons solaires) va tout d'abord nous permettre d'illustrer les deux types de rétroactions, positives et négatives. Rappelons que plus l'albédo d'une planète est élevé, plus celle-ci réfléchit le rayonnement solaire, moins elle reçoit de chaleur et plus elle se refroidit.

Avec le chimiste britannique James Lovelock, commençons par considérer l'intervention de rétroactions négatives ramenant un système à son point d'équilibre. C'est en s'appuyant sur l'albédo de la planète « Daisyworld », la planète des pâquerettes, que Lovelock illustre sa théorie « Gaïa » (**figure 2.6**). Gaïa, du nom d'une divinité grecque incarnant la Terre nourricière, est ici synonyme de Vie, une Vie qui contrôle le climat de sa planète au mieux de ses intérêts. Supposons que la température fraîchisse sur « Daisyworld ». Les pâquerettes dépérissent et sous leur tapis blanc, apparaît la terre plus sombre. L'albédo de la planète diminue. Recevant plus de chaleur de son soleil, cette dernière se réchauffe.

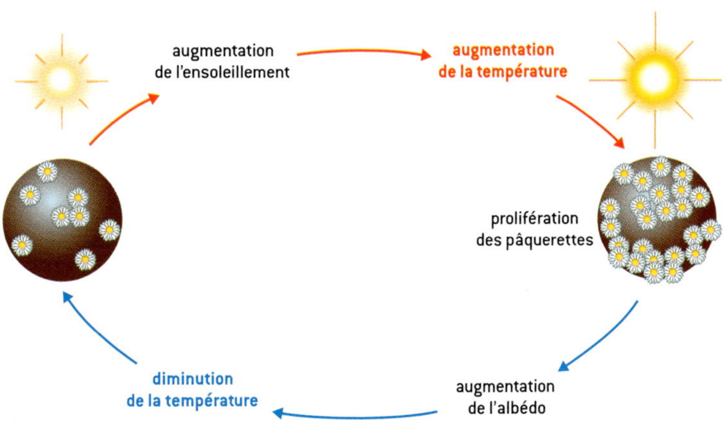

2.6. La planète Daisyworld de James Lovelock, dont la température est auto-régulée par les rétroactions négatives orchestrées par Gaïa : un réchauffement de Daisyworld se traduit, pâquerettes aidant, par une augmentation de l'albédo qui induit en retour un refroidissement et un retour à l'équilibre initial.

Gaïa a mis en œuvre une rétroaction négative ramenant le système pâquerettes-Daisyworld vers son équilibre initial. Et si la température augmentait ? Les pâquerettes, qui aiment la chaleur, envahiraient la surface de la planète. L'albédo augmenterait, la chaleur reçue diminuerait et, ce faisant, la température reviendrait à l'équilibre antérieur, par une nouvelle rétroaction négative.

Pour James Lovelock, Gaïa exerce un contrôle identique sur le climat terrestre. La Terre serait ainsi un « superorganisme », au sein duquel s'exprimerait, entre le climat et la vie, une complicité fondée non sur une quelconque conscience, mais sur une auto-organisation à base de rétroactions négatives. Cette idée présente le mérite de proposer une explication au fait qu'aussi loin que les géologues puissent retrouver les empreintes du climat dans le passé, celui-ci s'est maintenu dans l'étroite fourchette de température autorisant la vie, soit aux alentours de 17 °C (valeur moyenne pour les trois derniers milliards d'années). Cette douce température représente un équilibre métastable entre les deux situations d'équilibre (en termes savants, les deux creux de potentiel) que nous avons décrites dans *2050, rendez-vous à risques* : soit une planète glacée à – 100 °C, comme le satellite de glace de Jupiter, Ganymède, soit une planète brûlante, comme Venus avec sa température excédant 400 °C en surface.

Mais cette belle théorie, si elle est adaptée à Daisyworld, ne l'est probablement pas à une Terre au fonctionnement beaucoup plus complexe. Avec l'actuelle inflation de la teneur atmosphérique en gaz carbonique et celle de la température, dont nous sommes responsables, nous éloignons le système Terre de son point d'équilibre climatique, sorte de nid douillet que la vie se serait en quelque sorte ménagé. Alors, la vie elle-même peut-elle l'y ramener ?

Il est vrai qu'une telle perturbation peut susciter des rétroactions négatives orchestrées par la biomasse. Par exemple, le gaz carbonique atmosphérique en excès peut stimuler l'activité végétale car cette molécule représente un véritable engrais aérien. En dopant l'activité photosynthétique des plantes vertes, elle induit une réduction de sa propre teneur atmosphérique, le gaz carbonique étant incorporé dans la matière organique. Outre leur effet probablement limité, le point essentiel est que ces réactions ne portent que sur le court terme. Nous expliquerons au prochain chapitre que l'excès de carbone, certes ainsi absorbé en quelques décennies, est rendu à l'atmosphère au bout d'un temps guère plus long.

Restons sur Terre et présentons cette fois un exemple de rétroaction positive liée à l'albédo, poussant le système de plus en plus loin de son équilibre initial. La neige possède un albédo beaucoup plus élevé que l'océan ou la plupart des surfaces continentales. Imaginons une légère baisse de la température atmosphérique, par exemple d'origine solaire. Elle entraîne une modeste augmentation de la surface enneigée, donc de l'albédo global qui, à son tour, diminuant la chaleur reçue par la Terre, amplifie le refroidissement initial (**figure 2.7**). Par l'effet de cette rétroaction positive, le système peut s'emballer. Et effectivement, un tel scénario a joué dans un passé très lointain. Il y a 700 millions d'années, notre planète se trouva complètement couverte de glace, avec une température de – 40 °C : c'est l'épisode de la Terre « boule-de-neige ».

Nous l'avons expliqué au chapitre 1, la prédiction climatique se heurte à cet obstacle que les facteurs de rétroaction sont nombreux et leurs effets amplificateurs difficiles à évaluer. Là pourrait être le principal frein à la modélisation des climats du futur. Telle est, du moins, la crainte des chercheurs qui ont publié les beaux modèles climatiques de la figure 1.11. Ainsi, comme nous allons maintenant le découvrir, il n'est pas évident de distinguer la cause de son effet dans l'enchaînement des variations des deux éléments climatiques clés que sont température et intensité de l'effet de serre, car ces derniers sont liés par des rétroactions positives complexes.

Effet de serre et température : qui mène la danse ?

Observons attentivement la figure 2.4 : les variations de température lors des cycles glaciaire-interglaciaire sont concomitantes de variations de la teneur atmosphérique en gaz à effet de serre. Alors, qui mène la danse ?

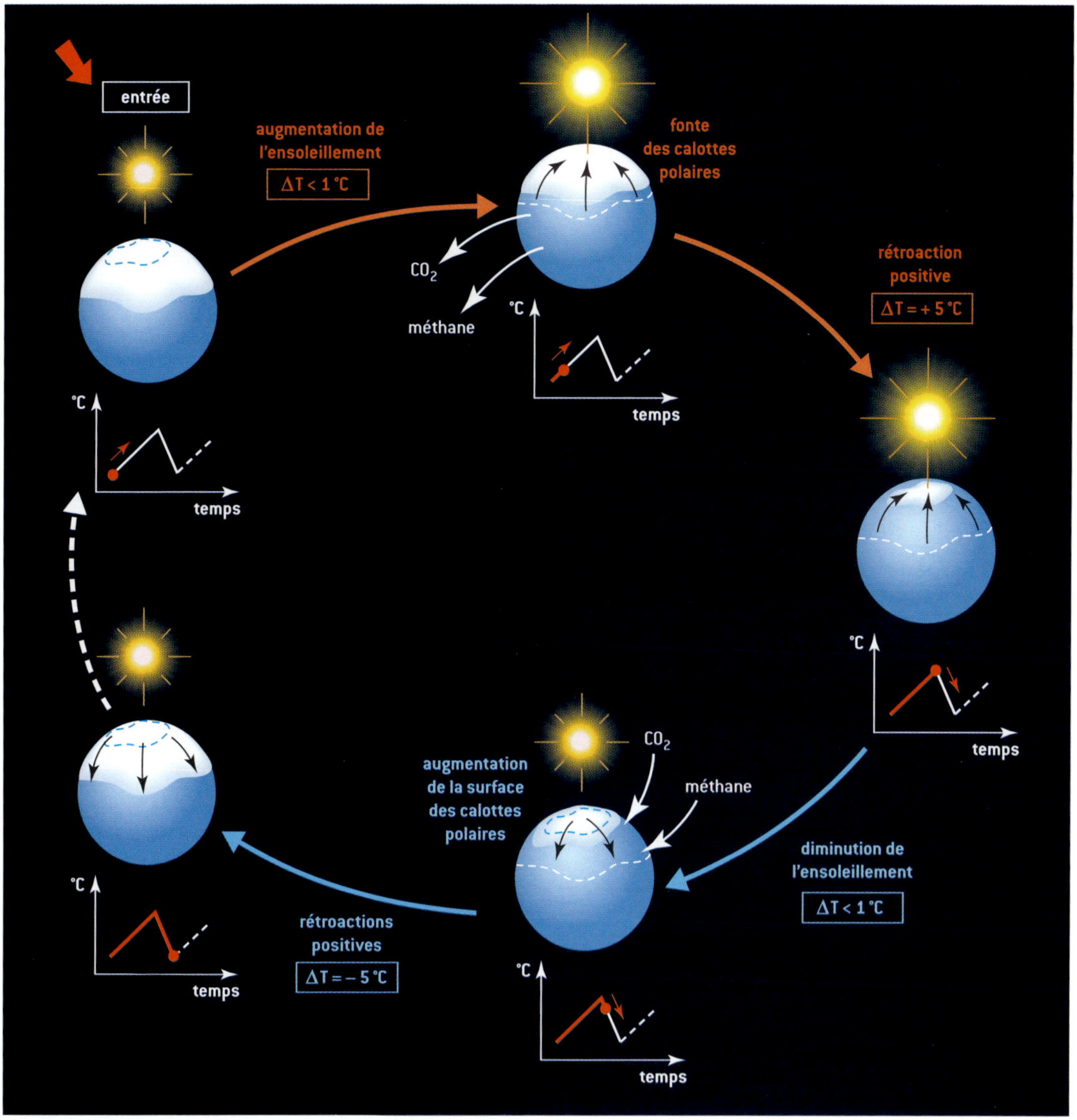

2.7. Cycle glaciaire-interglaciaire : les variations de l'insolation et leur amplification par les principales rétroactions. L'augmentation de teneur atmosphérique en méthane et en gaz carbonique se traduit par un effet de serre accru, et la fonte des calottes polaires joue dans le même sens en induisant une diminution de l'albédo de la Terre. Ces deux rétroactions positives amplifient une modeste augmentation de température initiale liée à un ensoleillement accru de la planète. Lors d'une glaciation, ces rétroactions jouent en sens inverse.

Ici, c'est bien le forçage astronomique qui est l'événement déclencheur : les variations de paramètres orbitaux induisent par exemple, une augmentation de l'ensoleillement, annonçant la fin d'une période glaciaire. La température augmente, d'abord modestement (d'une valeur inférieure au degré Celsius). Seulement voilà, cette modeste perturbation est tout de suite amplifiée par plusieurs rétroactions positives qui se donnent le mot (**figure 2.7**). Évoquons tout d'abord l'amorce de réchauffement entamant la couverture neigeuse qui, pendant la période glaciaire, couvrait des basses latitudes, d'où une diminution de l'albédo terrestre et une augmentation de la température. Citons également une perte d'efficacité de la « pompe biologique à gaz carbonique » qui, à travers l'activité chlorophyllienne du phytoplancton (voir chapitre 3), transfère ce gaz depuis l'atmosphère jusque dans l'océan. Sans oublier l'augmentation de la température des eaux océaniques, qui diminue la solubilité du gaz carbonique, et, enfin, la mise à nu de terres marécageuses et de surfaces touchées jusqu'alors par le permafrost (englacement permanent des sols) conduisant à un dégazage de méthane.

Conséquence : l'augmentation de la température induit celle de la teneur atmosphérique en gaz à effet de serre et avec elle, une nouvelle augmentation de la température, qui va à son tour jouer sur la teneur atmosphérique en ces gaz et ainsi de suite. La variation de température initiale est ainsi amplifiée jusqu'à atteindre, dans le cas des cycles glaciaire-interglaciaire, une valeur d'environ 5 °C.

Incidemment, notons que la sortie d'une période glaciaire, opérant selon les modalités que nous venons d'esquisser en 4 000 ans, est géologiquement beaucoup plus brutale que le refroidissement qui se poursuit durant le reste d'un cycle de 100 000 ans. Les périodes interglaciaires elles-mêmes sont normalement courtes avant que n'interviennent des forces de rappel amorcées par de nouvelles variations cycliques de paramètres orbitaux de la Terre (**figure 2.7**).

Face à la conjugaison de ces rétroactions positives, il existe toutefois une puissante rétroaction négative : le rayonnement infrarouge émis par la Terre vers l'espace (voir plus loin). Mais, par essence, cette force de rappel n'intervient efficacement qu'après une sérieuse augmentation de la température.

Les crises de la Terre

Afin de prendre la mesure de l'instabilité du climat, il est éclairant de plonger dans un passé bien plus lointain que le temps des glaciations considéré jusqu'ici, qui se compte en dizaines ou centaines de milliers d'années. Avec ce recul, nous comprendrons aussi mieux le rôle que les phénomènes géologiques s'apprêtent à tenir dans la crise climatique ouverte par l'homme avec la révolution industrielle.

Dans *2050, rendez-vous à risques*, nous avons détaillé les effets climatiques des crises internes ponctuant la vie de notre planète : les déplacements des continents induits par la tectonique globale modifient la circulation océanique et atmosphérique ; ces mouvements affectent l'albédo de la Terre, permettant ou non, suivant la position des masses continentales par rapport aux pôles, la formation de calottes glaciaires à l'image de celle qui recouvre actuellement l'Antarctique ; les crises volcaniques augmentent la teneur en gaz carbonique de l'atmosphère ; les reliefs tectoniques exacerbent l'altération des roches, dont nous allons voir le rôle climatique discret mais très efficace. Les géologues découvrent ainsi chaque jour un peu plus cette connivence entre la vie propre de la Terre et son climat.

Nous souhaitons revenir ici sur le volcanisme et l'altération de roches formées en profondeur, dont on pense maintenant qu'ils ont été les principaux régulateurs du climat à travers les âges, l'enfermant dans une étroite fourchette de température (**figure 2.8**).

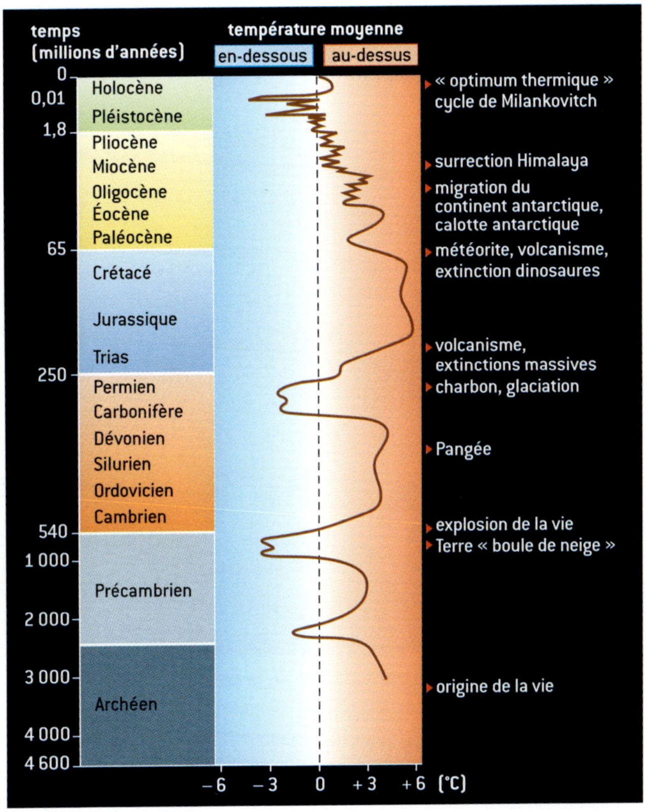

2.8. Variations de la température moyenne de la surface de la Terre au cours de l'histoire géologique et corrélations avec des évènements géologiques. Les variations de température, ici simplifiées, se déduisent des teneurs atmosphériques passées en gaz carbonique, elles-mêmes estimées à partir de mesures dans les paléosols et les fossiles végétaux. Ce faisant, on étend à des périodes reculées la relation entre gaz carbonique et température de l'atmosphère qui n'est aujourd'hui solidement démontrée que pour le Quaternaire. On relève une bonne corrélation entre certains événements géologiques et paléontologiques avec les crises climatiques. L'échelle des temps choisie (mesurée en millions d'années) est logarithmique, c'est-à-dire qu'elle dilate énormément les périodes récentes, exerçant un effet de loupe sur ces périodes mieux connues.

Un climat bien volcanique

Les caprices des volcans figurent en bonne place parmi les événements indépendants de l'homme dont l'influence climatique est déterminante. Les volcans en activité crachent d'épais nuages de gaz (vapeur d'eau, gaz carbonique et dioxyde de soufre) et de particules dans l'atmosphère. Ces dernières peuvent être solides et de toutes tailles, allant jusqu'à des poussières extrêmement ténues, ou bien liquides, constituées de gouttelettes d'eau et d'acide sulfurique issues de la condensation des gaz volcaniques. Le mélange de très fines poussières et de gouttelettes en suspension forme les *aérosols* (**figure 2.9**).

Le gaz carbonique, qui échappe à toute condensation, se disperse dans l'atmosphère où il joue son rôle de gaz à effet de serre. Quant au voile d'aérosols, il atteint la stratosphère, partie supérieure de l'atmosphère située à des dizaines de kilomètres au-dessus des nuages les plus élevés, où il peut se maintenir plusieurs années et couvrir tout le globe. Ce voile contribue à abaisser la température atmosphérique en raison de son pouvoir réflecteur sur les rayons incidents du Soleil (il augmente l'albédo de notre planète). Ainsi, au mois de juin 1991, le Pinatubo, volcan des Philippines, connut une éruption dont les effets climatiques ont pu être enregistrés. En une dizaine de jours, un nuage d'aérosols ceintura complètement la Terre et, durant les deux années qui ont suivi, la température globale diminua de 0,2 °C.

Les effets des aérosols et du gaz carbonique sur la température de l'atmosphère sont donc antagonistes, mais ils opèrent à des échelles de temps très différentes. Le refroidissement de l'atmosphère dû à l'émission d'aérosols par les volcans dure le temps que ces

2.9. Vue par satellite de la colonne de cendres et d'aérosols volcaniques émis par le volcan Cleveland (qui appartient à l'arc insulaire des Aléoutiennes, au large de l'Alaska) lors de son éruption du 23 mai 2006. Deux heures après le début de l'éruption, le nuage atteignait une altitude de six kilomètres.

derniers persistent dans l'atmosphère, soit quelques années pour les particules les plus fines. En revanche, le gaz carbonique injecté par ces mêmes volcans pourra exercer son rôle de gaz à effet de serre pendant des siècles, voire beaucoup plus (chapitre 3). Dès lors, si les émissions volcaniques sont massives, au-delà du bref refroidissement initial, le climat subira donc un réchauffement durable.

L'histoire de la Terre est ponctuée par des périodes d'activité volcanique intense qui, bien que géologiquement brèves (quelques milliers à quelques centaines de milliers d'années), injectent dans l'atmosphère d'énormes quantités de gaz carbonique. Quelles furent les conséquences de ces crises volcaniques ? Tout d'abord de longues saisons de froid et d'obscurité, causées par l'épais voile d'aérosols atmosphériques – ce que l'on appelle « l'hiver nucléaire » par référence aux effets attendus d'un conflit nucléaire généralisé (**figure 2.10**) – puis des périodes de forte augmentation de la température, d'une durée plus longue que celle de la crise volcanique même. Ces caprices climatiques pourraient avoir des effets dévastateurs sur la biodiversité et être à l'origine de véritables crises biologiques s'exprimant par des extinctions massives.

2.10. L'hiver nucléaire selon le dessinateur Ptitluc.

Une pompe à gaz carbonique inattendue : l'altération des roches

L'idée que l'activité volcanique puisse contribuer à réchauffer notre climat est assez intuitive. On sera peut-être davantage surpris d'apprendre qu'un effet climatique inverse est associé à l'altération des roches formées en profondeur (granites de la croûte continentale, basaltes et autres roches provenant du manteau) lorsqu'elles sont portées à la surface des continents par les mouvements tectoniques (voir l'encadré p. 41) et ainsi mises en contact avec l'atmosphère.

En effet, en présence d'eau et au contact de l'air, les silicates, minéraux constituant ces roches profondes, s'altèrent et se décomposent en libérant, outre la silice, divers éléments. Parmi eux, retenons le calcium et le magnésium, qui réagissent avec le gaz carbonique atmosphérique pour donner naissance aux calcaires (où domine le carbonate de calcium ou calcite) et aux dolomies (riches en dolomite, un carbonate mixte de calcium et de magnésium). La principale réaction chimique s'écrit, en simplifiant :

$CaSiO_3$ (silicate calcique) + CO_2 (atmosphérique) → $CaCO_3$ (calcite) + SiO_2 (silice pouvant cristalliser en quartz).

L'altération des roches profondes est ainsi une véritable pompe à gaz carbonique. Elle est exacerbée par l'existence de reliefs soumis à l'érosion. Ces derniers sont créés par les mouvements des plaques lithosphériques, qui soulèvent des chaînes de montagnes (**figure 2.11**) où affleurent surtout les roches granitiques de la croûte, et par le volcanisme, qui

2.11. L'érosion est indirectement responsable de la séquestration du gaz carbonique atmosphérique. Parce qu'elle favorise l'altération des roches silicatées formées en profondeur en roches sédimentaires, l'érosion, fruit de la tectonique, est l'agent de la séquestration naturelle du gaz carbonique atmosphérique via la formation de carbonates. Ces images satellitaires montrent deux structures géologiques en proie à une intense érosion : une chaîne granitique dans la cordillère des Andes (**a**) et un plateau basaltique, initialement continu, mais désormais rongé par l'altération en Patagonie (**b**, image radar, fausses couleurs, les zones de rouge à blanc correspondant à des altitudes croissantes et le jaune-vert aux zones les plus basses).

émet surtout des roches basaltiques (voir figure 2.12). L'altération est également sensible à l'humidité, à la chaleur et, facteur moins attendu et peut être sous-estimé, à l'activité biologique. L'action de cette dernière, avec en particulier les lichens qui rongent les roches, pourrait être d'une intensité comparable à celle de l'altération purement chimique. En outre, on ne peut pas ignorer la nature des roches soumises à l'altération. Ainsi, le basalte s'altère dix fois plus vite que le granite ou les gneiss de la croûte continentale. Enfin, sans être soumis à l'érosion, les basaltes émis aux dorsales océaniques subissent une forte altération, stimulée par une circulation hydrothermale où l'eau de mer s'infiltre dans les fractures de la roche et se trouve réchauffée par l'intense activité volcanique qui règne en ces zones de formation du plancher océanique, pouvant alors atteindre quelques centaines de degrés. Selon le géologue Jérôme Gaillardet (*in* De Wever, *Les climats passés de la Terre*), la contribution du basalte océanique à la séquestration du gaz carbonique serait égale au septième de celle des silicates continentaux.

La valeur du flux de gaz carbonique absorbé par l'altération des roches silicatées est une donnée importante pour qui tente de comprendre les caprices du climat. Jérôme Gaillardet estime qu'elle peut atteindre 0,14 GtC/an (GtC pour milliard de tonnes de carbone), une estimation dix fois supérieure aux chiffres souvent cités. Nous la retenons néanmoins, car elle a le mérite d'être le résultat d'une compilation récente concernant des sites géologiques variés dont l'altération est mesurée, indirectement mais de façon compréhensive, grâce à l'étude des eaux et des sédiments issus de cette altération et transportés par les cours d'eau drainant le bassin au pied du site considéré.

Cette pompe à gaz carbonique, qu'avec notre myopie nous pourrions avoir tendance à sous-estimer tant les durées sont difficilement palpables à l'échelle humaine, est un facteur climatique essentiel, puisqu'il suffirait théoriquement, en se fondant sur un flux de 0,14 GtC/an, de 5 000 ans pour pomper définitivement les 720 GtC de carbone contenues dans l'atmosphère.

L'altération des silicates apparaît donc comme un puissant moyen géologique de ramener à des températures plus clémentes un système qui s'enflammerait. Nous y reviendrons, car les durées que nous venons d'évoquer, du millier à la centaine de milliers d'années, pourraient bien être celles qui vont s'avérer être nécessaires pour éliminer… le gaz carbonique d'origine anthropique. Cela signifie que, dans le cas du réchauffement actuel et de son impact sur l'humanité, le temps de réaction de ce frein climatique est bien trop long. Nous verrons toutefois au chapitre 4 qu'il semble possible de le réduire à notre horizon.

Notons pour finir qu'aux effets de l'altération des silicates, s'ajoutent ceux du lessivage en surface des carbonates, qui draine 0,29 GtC/an vers l'océan, amplifiant d'autant le rôle climatique de l'altération des roches. Toutefois, si la dissolution des carbonates préludant à leur transport fixe du gaz carbonique atmosphérique, leur dépôt dans l'océan met en œuvre la réaction inverse et libère donc du gaz carbonique. À terme, la contribution des carbonates au bilan global du gaz carbonique est donc nulle :

$$CaCO_3 + H_2O + CO_2 \leftrightarrow Ca^{2+} + 2HCO_3^- \leftrightarrow CaCO_3 + H_2O + CO_2$$

Dissolution des carbonates — Transport — Dépôt océanique

Parce qu'elle aspire le gaz carbonique atmosphérique, l'altération des silicates, qui s'attaque aux roches exhumées lors de la surrection de chaînes de montagnes (comme

La tectonique globale

La Terre est composée d'enveloppes externes fluides – l'atmosphère et l'océan – et d'enveloppes internes. On distingue ainsi, depuis la surface vers le centre : la *croûte* (croûte continentale jusqu'à – 35 km de profondeur et croûte océanique jusqu'à – 6 km) , le *manteau* situé en dessous et enfin le *noyau*, entre – 2 900 km et le centre de la terre (– 6 400 km). La croûte continentale est de composition moyenne granitique. Quant au manteau, il est, dans sa partie supérieure, riche en *olivine*. Il s'agit d'un minéral (un silicate magnésien, également appelé péridot) qui a donné son nom aux roches du manteau supérieur : les *péridotites*. Le noyau est composé d'alliages de fer, liquides vers la surface, et solides dans la zone la plus centrale (appelée *graine*).

La croûte et le manteau jusqu'à 100 km de profondeur sont relativement froids, formant un ensemble de plaques rigides : la *lithosphère*. Ces plaques lithosphériques glissent sur le manteau sous-jacent (appelé *asthénosphère*), qui se déforme à l'état solide, comme un métal chaud. La croûte et la lithosphère océaniques sont créées le long des *dorsales océaniques*, elles-mêmes issues des *rifts* qui déchirent les continents. Glissant sur l'asthénosphère, la lithosphère océanique s'enfonce et disparaît dans le manteau à l'aplomb des *zones de subduction*. On parle de *tectonique globale* (qualifiée naguère de « dérive des continents ») pour décrire les mouvements relatifs des différentes plaques de lithosphère.

Zones de subduction et dorsales sont les zones où est localisé l'essentiel du volcanisme. Celui-ci trouve sa source dans la fusion du manteau, vers – 100 km de profondeur. Le volcanisme des zones de subduction est explosif, à l'opposé du volcanisme des dorsales et des rifts, qui s'étale en coulées de basalte fluides.

Indépendamment de ces activités volcaniques liées à la tectonique globale, il existe un volcanisme issu de la montée à travers le manteau de *panaches*, solides mais très chauds, qui s'enracinent très profondément, jusqu'à la limite manteau-noyau. Les panaches engendrent d'énormes volumes de basalte, se traduisant en surface par des « *points chauds* » comme celui d'Hawaï.

celles des Alpes et de l'Himalaya) et aux basaltes qui sont émis par les crises volcaniques, pourrait être la principale force de rappel ayant, au travers des âges, stabilisé le climat de la planète dans une fourchette étonnamment étroite. Les deux exemples qui suivent vont nous en convaincre.

Un équilibre entre volcanisme soufflant le chaud et altération soufflant le froid

Considérons l'effet atmosphérique des crises volcaniques majeures qui ont déversé à la surface de la Terre les basaltes des plateaux, constituant ce que les géologues appellent les LIP (*Large Igneous Provinces*). Ces épisodes, dont l'origine est attribuée à de puissantes montées de magma pouvant provenir de l'interface entre le manteau et le noyau de la Terre, à 2 900 kilomètres de profondeur, se traduisent par l'injection de masses considérables de gaz carbonique dans l'atmosphère. Avec le cas des traps du Deccan (**figure 2.12**), vastes épanchements basaltiques localisés en Inde, examinons de plus près l'une de ces crises, qui s'est produite à la charnière entre le Mésozoïque et le Cénozoïque, il y a 65 millions d'années, et qui a coïncidé avec la disparition des dinosaures. Elle a été très étudiée par plusieurs équipes françaises qui soupçonnaient, avec Vincent Courtillot de l'Institut de physique de globe de Paris, que la crise biologique contemporaine de cette crise volcanique ne relevait pas seulement de la chute d'une météorite, dont l'impact avec la Terre est bien documenté. Deux raisons justifiaient – et justifient toujours – cette position : la coïncidence extraordinaire des dates de la crise volcanique à l'origine de ces traps et de la disparition des derniers dinosaures, et l'effet destructeur pour la vie d'émissions d'aérosols volcaniques monstrueux par l'effet « hiver nucléaire » évoqué plus haut.

Une troisième découverte allant dans le même sens nous intéresse plus directement ici. Il s'agit de la brièveté de la crise volcanique, totalement inattendue pour un événement d'une

2.12. Des témoins d'une crise volcanique majeure : les traps du Deccan. Lors de la crise volcanique, deux kilomètres de basaltes furent rapidement émis, formant les empilements de lave visibles sur le cliché **a**. L'épisode s'est accompagné d'émissions massives de gaz carbonique dans l'atmosphère, qui se réchauffa de 4 °C. S'attaquant à ces basaltes, l'altération, dont on détecte la marque avec les reliefs émoussés visibles sur le cliché **b**, fixa le gaz carbonique atmosphérique, qui revint lentement à sa teneur initiale (voir figure 2.13).

telle ampleur. Selon une étude originale publiée en 2006, qui se fonde sur la vitesse de croissance des cristaux dans les laves, la durée totale de la vingtaine d'émissions successives qui ont empilé plus de deux kilomètres de basaltes aurait été de 10 000 à 20 000 ans. Autre estimation : d'après Vincent Courtillot et ses collègues, cette crise n'aurait guère été plus longue que 5 000 ans. Ces auteurs considèrent que les émissions de dioxyde de soufre (SO_2) qui accompagnent celle du gaz carbonique portent de lourdes responsabilités dans le désastre biologique et climatique. Suivons-en le déroulement sur la **figure 2.13**. La crise volcanique couvrit de laves une surface égale à celle de la France, injectant dans l'atmosphère, en un temps géologiquement très bref, environ 20 000 GtC. La teneur atmosphérique en gaz carbonique a alors crû de plus de 1 000 ppm, soit plus de 10 fois l'augmentation due aux émissions anthropiques actuelles, si préoccupantes. On estime que la température grimpa de 4 °C, pour revenir ensuite à la valeur initiale… en un peu plus d'un million d'années.

C'est bien l'altération des roches profondes silicatées qui a ramené le système atmosphérique à son équilibre d'avant la crise. Sa réponse efficace et géologiquement rapide s'explique par l'effet des deux moteurs évoqués plus haut : des reliefs de plusieurs kilomètres créés par les émissions, qui exacerbent l'érosion, et une forte augmentation de la température qui, entraînant celles de l'humidité et de l'activité biologique, favorise l'altération. De surcroît, les immenses surfaces couvertes de laves volcaniques sont des proies plus faciles pour l'altération que les roches granitiques qu'elles sont venues recouvrir, les basaltes étant, nous l'avons vu, bien plus altérables que les granites. La « queue » de la perturbation, au-delà du million d'années dans le cas de la crise des traps du Deccan, s'exprime par un refroidissement global de l'ordre de 0,55 °C, établi pour des millions d'années. Il ne s'agit là que de la poursuite au ralenti de l'altération des basaltes, peu après son paroxysme. Entrant en scène après une envolée de la teneur atmosphérique en gaz carbonique, l'altération des silicates est donc une puissante force de rappel, une rétroaction négative – plus il fait froid, moins il y a de gaz carbonique dans l'atmosphère – mais qui, avec beaucoup de « sagesse », desserre son emprise, une fois atteint le retour à l'équilibre antérieur, en raison de la perte de rendement de ses deux moteurs (les reliefs s'empâtent et la température baisse).

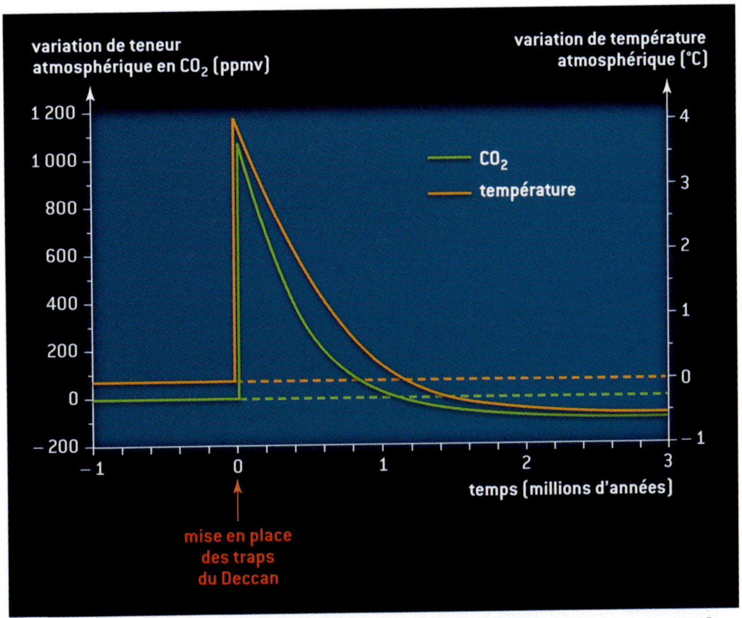

2.13. Les effets de la crise volcanique des traps du Deccan sur la température et la teneur en gaz carbonique de l'atmosphère. L'injection des laves volcaniques – rapide à l'échelle géologique – provoque, selon ce modèle fondé sur des données très récentes, une augmentation de 1 000 ppm de la teneur atmosphérique en gaz carbonique et de 4 °C de la température. Le retour de l'atmosphère à la situation de départ est étonnamment rapide, toujours à l'échelle géologique : environ un million d'années. Le pompage du gaz carbonique atmosphérique par altération des silicates se poursuit au-delà d'un million d'années et du retour à la « normale », s'accompagnant d'un léger refroidissement. Ppmv : parties par million en volume.

Par sa brièveté, la crise qui a marqué la fin du Crétacé illustre la relation forte entre le volcanisme et l'altération des silicates : on parlera d'un *système couplé*. Ainsi, une perturbation majeure et quasi instantanée causée par l'injection massive de laves fut-elle effacée en seulement un million d'années.

Tectonique des plaques et altération des roches profondes

L'auto-régulation à l'œuvre dans le système volcanisme-altération des silicates s'adapte à d'autres perturbations, cette fois de durées géologiques et d'origine tectonique. Ainsi, la surrection de la chaîne de l'Himalaya, en exacerbant l'érosion-altération et, par conséquent, la fixation du gaz carbonique atmosphérique, a-t-elle conduit en dix millions d'années à une diminution de moitié de la teneur atmosphérique en gaz carbonique. Cette baisse s'est traduite par une période de froid intense qui culmina au Pléistocène, il y a environ 2 millions d'années (voir figure 2.8). Il est intéressant de remarquer que cette crise climatique, liée à la surrection de roches crustales et granitiques, fut dix fois plus longue que celle précédemment évoquée (qui dura un million d'années), associée à l'émission de roches volcaniques basaltiques, en accord avec l'estimation d'une altération du granite 10 fois moins rapide que celle du basalte.

D'autres scénarios de perturbation existent, par exemple en relation avec la latitude des masses continentales. Ainsi, les températures et les précipitations élevées sur les continents situés sous des basses latitudes favorisent leur altération, « soufflant le froid », en raison de la baisse de la teneur atmosphérique en gaz carbonique qui en résulte. À l'inverse, si les continents migrent vers les hautes latitudes, l'altération se réduisant, teneur en gaz carbonique atmosphérique et température auront tendance à croître.

L'ange gardien veillant sur les climats

Si le système tentait, néanmoins, d'échapper à tout contrôle, un puissant stabilisateur du climat, un ange gardien que nous avons déjà évoqué, extérieur à ce petit monde, ne manquerait pas d'intervenir. Il intervient sous la forme du rayonnement infrarouge réémis par la Terre vers l'espace, en retour du rayonnement solaire incident qui a été absorbé. Le rayonnement infrarouge dissipe dans l'espace d'autant plus de chaleur que la Terre est plus chaude et, par conséquent, si sa surface et son atmosphère ont été réchauffées, il tend à les refroidir et vice-versa.

La mésaventure de Vénus, la planète sœur de la Terre, montre qu'une fois au moins, dans l'histoire du système solaire, notre ange gardien s'est laissé surprendre. Parce qu'elle est plus proche du soleil et reçoit plus d'énergie que la Terre, Vénus possédait une atmosphère initiale plus chaude et plus riche en vapeur d'eau qui est, rappelons-le, un puissant gaz à effet de serre retenant très efficacement les rayons infrarouges. Ainsi s'est engagée une rétroaction positive, l'augmentation de la température entraînant celle de teneur en vapeur d'eau atmosphérique et son effet d'écran au rayonnement infrarouge.

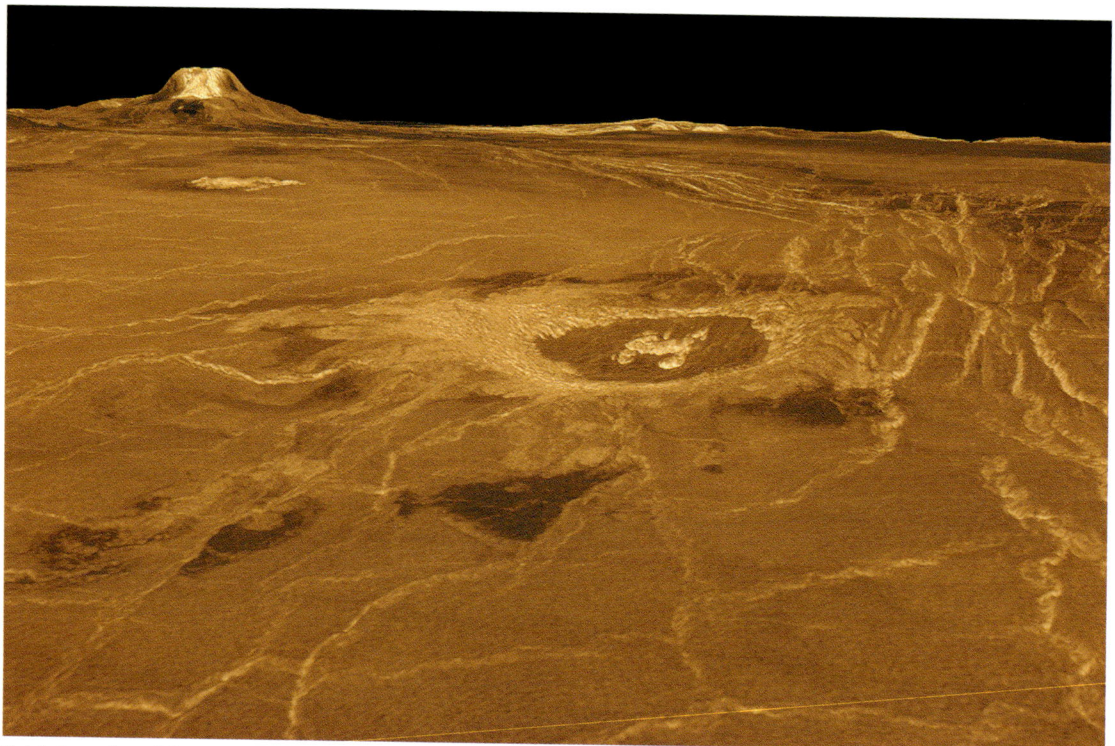

2.14. Un volcan à la surface de Vénus : la température au sol est supérieure à 400 °C. Cette image de synthèse a été réalisée à partir de données radar prises par le satellite américain Magellan. Les tons sont inspirés de vue plus anciennes prises par la sonde soviétique Venera.

Les océans ne purent se former comme il arriva sur Terre. Dans ces conditions, les réactions d'altération des roches silicatées s'effectuent bien, mais en l'absence d'océan, le gaz carbonique atmosphérique ne peut se fixer dans des calcaires marins et il finit par être rendu à l'atmosphère (nous détaillerons les rouages d'un tel raisonnement au chapitre 3). C'est seulement quand la température au sol atteint plus de 400 °C qu'un équilibre est atteint entre la rétention de chaleur par effet de serre et la dissipation dans l'espace par le rayonnement infrarouge (**figure 2.14**).

Le voyage au centre de la Terre

Montrons, pour conclure, un dernier aspect du cycle volcanisme-altération des roches. Le carbone atmosphérique piégé dans les sédiments siliceux, argileux et carbonatés peut être appelé à un long périple vers l'intérieur de la Terre s'il est avalé en leur compagnie par une *zone de subduction* qui, en milieu océanique, voit s'enfoncer la lithosphère dans le manteau (voir l'encadré p. 41 et la figure 3.5, chapitre 3). Ces sédiments, chauffés et écrasés, se transforment en roches métamorphiques silicatées. C'est la même réaction que celle de l'altération des silicates vue plus haut, mais lue en sens contraire : elle libère du dioxyde de carbone. En mobilisant de la silice, cette réaction formera des schistes ou des gneiss à partir de sédiments siliceux et carbonatés, laissant, toutefois, indifférents les calcaires les plus massifs. Si la plongée se poursuit dans un manteau de plus en plus chaud, celui-ci entre en fusion à une centaine de kilomètres de profondeur sous la zone de subduction, fusion aidée par la déshydratation des anciens sédiments. Le magma issu de cette fusion monte rapidement vers la surface, pour être craché par des volcans comme ceux de la ceinture de feu du Pacifique, qui surmontent les zones de subduction. Le flux de gaz carbonique ainsi rendu à l'atmosphère par le biais du volcanisme n'est pas négligeable (environ 0,1 GtC/an). S'il a échappé à ce retour géologiquement rapide, le carbone issu de notre gaz carbonique s'enfonce et se dilue dans le manteau, dont il peut éventuellement s'extraire en s'incorporant dans un magma basaltique.

Victimes, coupables ou complices ?

Dans le cas des crises volcaniques, le gaz carbonique monté des entrailles de la Terre est responsable d'une poussée de chaleur et la force qui ramène le climat à son équilibre est l'altération des roches. Lors des cycles glaciaires-interglaciaires du Quaternaire, ce sont, à l'inverse, des variations de l'orbite terrestre qui déclenchent les mêmes effets, avant de créer des forces de rappel. C'est alors la température qui mène la danse et les variations de la teneur en gaz carbonique ne sont pas cause du réchauffement, mais conséquence, résultant des rétroactions qui lient ces deux variables.

Aujourd'hui, température et gaz à effet de serre augmentent de concert : qu'est-ce qui nous permet d'affirmer, comme nous l'avons fait chapitre 1, que l'augmentation de température est causée par l'augmentation de la teneur en gaz à effet de serre et non l'inverse ? Leur corrélation peut en effet jouer dans les deux sens. Terminons donc ce chapitre en posant la question : sommes-nous victimes ou coupables ?

La réponse à cette dernière question est sans équivoque : nous sommes bien des coupables et non de malheureuses victimes d'une augmentation de la température induite par des facteurs non anthropiques (astronomiques par exemple) et qui, en retour, se traduirait par une augmentation de la teneur en gaz à effet de serre. Ci-dessous, nous allons fonder cette affirmation sur une analyse de deux isotopes du carbone dans des prélèvements atmosphériques, qui met clairement en évidence l'empreinte anthropique portée par le gaz carbonique de notre atmosphère. Toutefois, cette conclusion doit être quelque peu nuancée – nous serions aussi complices – car nous avons vu plus haut que, jusqu'en 1980, l'activité solaire pourrait également avoir une certaine responsabilité dans le réchauffement. En revanche, depuis cette date, l'ensoleillement décroissant et le réchauffement tendant à s'accélérer, cette cause doit être écartée. Nous sommes bien face à notre ennemi, le gaz carbonique, et il serait criminel vis-à-vis des générations à venir de ne pas le reconnaître.

Cette remarquable corrélation entre température et teneur atmosphérique en gaz à effet de serre, l'une entraînant l'autre suivant les cas, est en effet lourde de menace pour notre avenir. Ainsi, l'augmentation en cours de la température liée à celle de la teneur atmosphérique en gaz carbonique que nous avons initiée entraînera une nouvelle augmentation de la concentration en gaz carbonique et, par effet d'amplification (rétroaction positive), un redoutable emballement. Les climatologues redoutent un scénario catastrophe tel que, les eaux de surface de l'océan s'étant réchauffées, celui-ci fixerait moins de gaz carbonique qu'actuellement et pourrait même, à terme, rejeter du gaz carbonique, contribuant ainsi à en augmenter la teneur atmosphérique. On dit encore que de puits, l'océan deviendrait source. Nous reviendrons sur ce scénario au prochain chapitre. D'autres rétroactions positives concourant au réchauffement sont à craindre, comme celle, à l'œuvre aujourd'hui dans les régions arctiques, d'une baisse de l'albédo en raison de la fonte des glaces. L'étroite corrélation entre température et gaz à effet de

2.15. Spectromètre de masse à émission ionique secondaire (SIMS). Cet instrument permet l'analyse isotopique à l'échelle microscopique de l'oxygène dans les minéraux. C'est grâce à lui que l'on peut reconstituer certaines températures du passé (voir l'encadré p. 49).

serre entraîne, dans un système déstabilisé, la prédominance de rétroactions positives sur les rétroactions négatives qui, elles, ne s'imposeront que plus tard, à l'approche d'un nouvel équilibre.

La meilleure preuve de la culpabilité du carbone « fossile », donc anthropique, dans le réchauffement actuel provient de la signature isotopique qu'il laisse dans l'atmosphère. L'encadré p. 49 définit la notion d'isotope et décrit les trois isotopes du carbone (carbones 12, 13 et 14). Retenons ici que le carbone 14 (^{14}C) est radiogénique, c'est-à-dire qu'il se décompose avec le temps, et que le carbone 13 (^{13}C) est stable. Par leur proportion très faible, mais variable par rapport au carbone « normal » – c'est-à-dire l'isotope stable le plus abondant, le carbone 12 (^{12}C) – ces deux isotopes témoignent de l'âge et de l'origine du carbone considéré.

Ainsi, lorsqu'elles fixent, au cours de la photosynthèse, le gaz carbonique contenu dans l'atmosphère, les plantes tendent à s'appauvrir en carbone 13 et à s'enrichir en carbone 12 (c'est le fractionnement isotopique). Dans les combustibles fossiles qui, d'une façon ou d'une autre, sont tous issus de végétaux, on mesure donc que le rapport $^{13}C/^{12}C$ est inférieur à celui du gaz carbonique atmosphérique moyenné. Depuis le début de l'ère industrielle, l'introduction dans l'atmosphère et, indirectement, dans l'océan, de gaz carbonique issu de la combustion du charbon, du pétrole ou du gaz naturel a conduit à une baisse de 0,15 % du rapport $^{13}C/^{12}C$ dans le gaz carbonique atmosphérique par rapport à la période « préindustrielle ». Cette diminution est expliquée par un effet de dilution du gaz carbonique préindustriel par celui qui est issu des combustibles fossiles. Nous jouons ici sur des fractions infimes puisque, déjà, le carbone 13 ne représente qu'environ 1 % du carbone 12 et que le fractionnement entre les deux isotopes lors de la photosynthèse porte sur des fractions bien plus faibles encore. Mais les spectromètres modernes ont une telle résolution (0,005 %) que la fiabilité des résultats ne peut être mise en cause (**figure 2.15**). Jamais depuis 10 000 ans, le rapport isotopique $^{13}C/^{12}C$ n'a été aussi bas qu'aujourd'hui, signe d'une dilution notable du gaz carbonique préindustriel, en relation avec un taux d'émission du gaz carbonique fossile d'origine anthropique également considérable.

Avec le carbone 14 nous allons tenir un raisonnement comparable. Sa teneur étant considérablement plus faible, les mesures sont encore plus difficiles, mais, finalement, la démonstration est d'autant plus forte. Créé à tout moment par le rayonnement cosmique et progressivement détruit par transmutation, c'est-à-dire par transformation en un nouvel élément chimique, le carbone 14 contenu dans le gaz carbonique de l'atmosphère avait, avant l'ère industrielle, une concentration correspondant à un équilibre dynamique. Or on constate que le rapport isotopique $^{14}C/^{12}C$ a baissé de 2 à 2,5 % entre 1850 et 1950. Cette diminution est qualifiée d'effet Suess, du nom du chercheur qui l'observa le premier, en 1955. Elle a été interprétée par celui-ci et ses successeurs comme étant la conséquence d'une dilution du gaz carbonique atmosphérique « préindustriel » par du gaz carbonique fossile d'origine anthropique. En effet, parce que la transmutation du carbone 14 est quasi complète au bout de 50 000 ans, les combustibles fossiles, qui se sont formés il y a des dizaines ou des centaines de millions d'années, en sont dépourvus. Avec les avancées des techniques d'analyse, nous sommes aujourd'hui capables d'estimer les différences régionales de teneur atmosphérique en carbone d'origine anthropique qui résultent d'une consommation de combustibles fossiles géographiquement variable (**figure 2.16**).

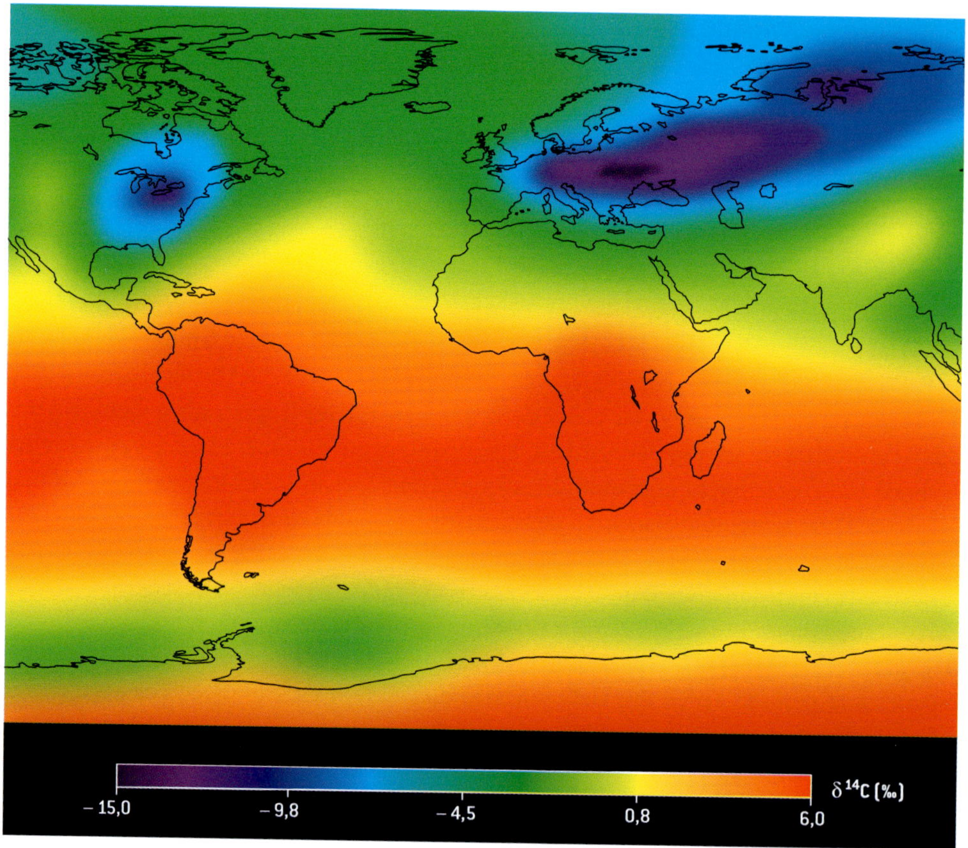

2.16. Le gaz carbonique anthropique trahi par sa signature isotopique : variations régionales de la fraction de carbone 14 contenue dans l'atmosphère. Selon la modélisation proposée ici, cette fraction serait plus basse (tons jaunes à rouge) au-dessus des régions développées et industrielles, comme la partie est des États-Unis et l'Europe (le panache s'étirant vers la Sibérie résulte des vents dominants). La baisse s'explique par un effet de dilution du carbone 14 préindustriel par le carbone issu des combustibles fossiles, dépourvu de cet isotope. Cette carte fournit ainsi une image en négatif de la répartition du carbone d'origine anthropique dans l'atmosphère. Ce sont donc bien les émissions accrues de gaz carbonique (liées aux activités humaines) qui expliquent l'augmentation de température actuelle et non l'inverse. Les différentes couleurs traduisent la valeur du $\delta^{14}C$ (en ‰), c'est-à-dire l'écart des fractions actuelles de l'isotope considéré par rapport à sa fraction préindustrielle.

Les conclusions des études fondées sur les deux isotopes du carbone – le carbone 13, traceur du milieu d'origine, et le carbone 14, horloge radiogénique – convergent donc. Elles démontrent la présence dans l'atmosphère d'une fraction croissante de carbone issu d'une matière organique très ancienne : c'est le carbone des combustibles fossiles que nous brûlons.

Cela prouve de façon indiscutable que l'augmentation de la teneur atmosphérique en gaz carbonique est d'origine anthropique et non « naturelle » : elle ne constitue pas une réponse à une sollicitation de la température, mais une conséquence directe de l'action de l'homme. Cela nous place, sans échappatoire, devant nos responsabilités.

Les traceurs isotopiques

Un élément chimique se caractérise par le nombre de protons contenus dans son noyau, généralement associé à un nombre variable de neutrons. Les *isotopes* d'un même élément diffèrent les uns des autres par leur nombre de neutrons. Par exemple, à côté de l'oxygène 16, composé de 8 protons et de 8 neutrons et qui est *l'isotope stable* le plus commun, il existe, en particulier, l'oxygène 18, qui contient deux neutrons de plus. Cet isotope est plus lourd, propriété dont nous allons voir qu'elle est mise à profit par les chercheurs pour le distinguer des autres isotopes. Pour ce qui est du carbone, l'isotope le plus répandu après le carbone 12 est le carbone 13. C'est un isotope stable, à la différence du carbone 14, beaucoup moins commun, qui est *radioactif (ou radiogénique)*, c'est-à-dire qu'il se décompose avec le temps.

Les isotopes radiogéniques : des horloges du passé

La décomposition d'un isotope radiogénique s'opère de façon exponentielle : chaque isotope radiogénique se désintègre avec une *période* caractéristique (demi-vie) qui correspond à la durée nécessaire pour que la moitié de ses atomes se soit désintégrée. Cette propriété permet de mesurer le temps qui s'est écoulé depuis que le système étudié a cessé d'incorporer cet isotope. Ainsi, le carbone 14 est produit en permanence dans l'atmosphère par le rayonnement cosmique. Il entre donc en proportion faible, mais constante, dans le gaz carbonique atmosphérique. Le carbone 14 assume son rôle de chronomètre sitôt qu'il est soustrait au bombardement atmosphérique (par exemple, en étant encapsulé dans de la glace ou piégé dans les sédiments des fonds océaniques, après son absorption à la surface des océans). La période du carbone 14 est relativement courte : 5 700 ans. On ne peut donc guère utiliser cet isotope du carbone pour des datations au-delà de 50 000 ans, car la fraction de cet isotope encore présente devient insignifiante et son dosage, sur lequel repose la technique de datation, trop imprécis.

Les isotopes stables : des traceurs environnementaux

Un isotope stable plus lourd que l'élément « normal » est moins mobile que ce dernier au cours des réactions chimiques et de certains processus physiques ou biologiques. On dit qu'il « fractionne », c'est-à-dire qu'il a tendance à rester à la traîne derrière l'élément de référence plus léger. Au terme d'une évaporation, il y aura ainsi une petite variation du rapport isotopique dans chaque phase, l'isotope plus lourd étant appauvri dans la fraction évaporée. Autre exemple : au cours de la photosynthèse, la matière organique fabriquée par les végétaux à partir du carbone atmosphérique est appauvrie en carbone 13, un fractionnement isotopique qui est mis à profit pour pister dans l'atmosphère le carbone issu de la biomasse fossile.
Propriété plus subtile et plus difficile à mesurer, mais fort utile : lorsque la température augmente, le fractionnement isotopique devient moins efficace. Ainsi, dans le cas de l'oxygène, quand il fait plus chaud, il y a un moindre appauvrissement en oxygène 18 (l'isotope stable de l'oxygène 16) de la vapeur d'eau par rapport à l'eau liquide dont elle est issue que si le fractionnement avait opéré à température plus basse. En comparant le rapport des deux isotopes dans une eau engagée dans un même processus (par exemple le cycle évaporation-condensation), mais opérant à deux températures distinctes, on peut donc connaître la différence entre ces températures. Grâce au spectromètre de masse, qui assure des mesures extrêmement fines, les chercheurs disposent ainsi d'un thermomètre, d'emploi certes délicat, mais permettant d'estimer, par exemple, la température de l'atmosphère au moment où tombait la neige des calottes glaciaires ou celle de l'océan lorsqu'un foraminifère fixait l'oxygène dans sa coquille de carbonate. Notons que la méthode s'applique à d'autres isotopes stables comme, dans l'eau, l'hydrogène et son isotope lourd, le deutérium.

CHAPITRE 3

Empoisonnement au gaz carbonique

Combien de temps le gaz carbonique que nous émettons en brûlant des combustibles fossiles va-t-il empoisonner l'atmosphère et réchauffer le climat ? De la visite d'une véritable usine à gaz, retenons que le gaz carbonique est engagé dans des cycles emboîtés, au travers desquels il s'échange entre l'atmosphère et différents niveaux terrestres de stockage ou réservoirs. Le réservoir océanique joue un rôle majeur dans son absorption. Il en paye le tribu par une acidification de ses eaux très préjudiciable aux récifs coralliens et par un risque de saturation vis-à-vis du gaz carbonique. Ce gaz parcourt les différents cycles en des temps allant de la décennie jusqu'à la centaine de millénaires dans le cas du réservoir géologique, qui correspond à la croûte et au manteau terrestres. Or le gaz carbonique atmosphérique anthropique est issu de ce réservoir géologique et il ne sera définitivement soustrait à l'atmosphère que lorsqu'il l'aura regagné, soit au terme de dizaines de milliers d'années. Cette échelle de temps est donc, hélas, celle de la crise climatique qui s'amorce.

Usine chimique

Pourquoi un tel intérêt pour le gaz carbonique ?

Les données de l'observation et les modèles climatiques indiquent qu'un réchauffement est bien en cours. Les responsables ont été identifiés au chapitre précédent : ce sont les gaz à effet de serre, au premier rang desquels le gaz carbonique qui résulte de nos émissions (gaz carbonique anthropique) et est issu des combustibles fossiles (pétrole, gaz naturel et charbon).

L'ambition de ce nouveau chapitre est de préciser le niveau d'émissions tolérable en terme de réchauffement futur ou, quitte à dramatiser, celui qui serait incompatible avec la survie de notre espèce. Car l'enjeu pourrait être celui-là. Dans cette perspective, nous allons tenter de préciser, à la lumière de données très récentes, l'ampleur et la durée de la perturbation engendrée par les émissions de gaz carbonique anthropique dans l'atmosphère. C'est un point fondamental, car il donne la mesure des risques futurs que font courir nos émissions actuelles.

La notion de « durée de perturbation » est ambiguë et, aujourd'hui encore, elle reçoit des réponses variées. L'analyse de la durée nécessaire à la restauration des différents systèmes naturels permet d'afficher une relative sérénité vis-à-vis de ceux dont les temps de réponse sont brefs. Considérons ainsi le cas de la pénurie annoncée de l'eau. Le cycle de l'eau se boucle en quelques années seulement. Dès lors, on peut envisager qu'une fois trouvées des solutions assurant une meilleure gestion de cette ressource, mises en œuvre les technologies plus avancées qu'elles requièrent et prises les mesures d'économies qui s'imposent, la menace de pénurie devrait s'éloigner. À l'inverse, nous ne pouvons rien, sinon très ponctuellement, pour régénérer des sols dégradés, sachant que leur restauration demandera des centaines de milliers d'années, une durée bien au-delà de toute possibilité d'action humaine. Ainsi, notre capacité de remédier à la perturbation d'un système naturel dépend de la durée du cycle dans lequel ce dernier est engagé, ce que l'on appelle son *temps caractéristique*, ou s'agissant d'un polluant, son *temps de résidence* (**figure 3.1**).

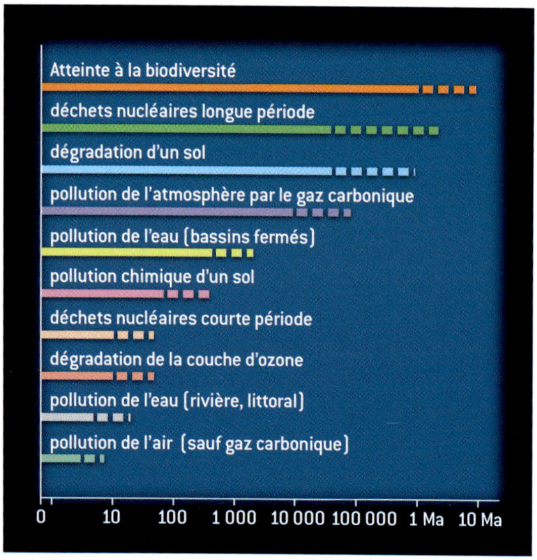

3.1. Temps caractéristiques de restauration de systèmes naturels après une perturbation, en années puis en millions d'années (Ma). On estime ici la durée nécessaire avant qu'un système naturel perturbé revienne à un équilibre aussi proche que possible de l'état initial. On peut, à ce titre, classer les systèmes selon leurs temps caractéristiques. Il y a ceux pour lesquels ce dernier n'excède pas la centaine d'années et qui sont tels qu'une action déterminée de l'homme peut en hâter la restauration, et ceux dont le temps caractéristique se mesure en milliers, voire en millions d'années, qui seront beaucoup plus rebelles à nos efforts.

En ce qui concerne la durée de la perturbation causée par les gaz à effet de serre, la réponse diffère pour les deux principaux fautifs, le gaz carbonique et le méthane. Nous avons vu chapitre 1 que le méthane est chimiquement peu stable dans l'atmosphère. On peut donc parler sans réserve du temps de résidence de ce gaz dans l'atmosphère, puisque ce dernier y réside jusqu'à ce qu'il soit détruit par oxydation en eau et en gaz carbonique. Ce temps est d'environ une dizaine d'années. Si nous trouvions le moyen de cesser toute émission aujourd'hui, le méthane disparaîtrait de l'atmosphère au bout d'un temps guère plus long, et avec lui l'essentiel des 20 % de l'effet de serre qui lui incombe, car il s'agit d'un gaz à effet de serre intrinsèquement bien plus redoutable que le gaz carbonique qu'il relâche lors de son oxydation. En revanche, le gaz carbonique est chimiquement très stable : il n'est jamais détruit. Aussi, le stock de ce gaz injecté dans l'atmosphère par nos émissions pourrait y résider indéfiniment si, comme nous allons le voir, il n'était partiellement, progressivement et lentement – très lentement – piégé lors d'échanges avec un certain nombre de réservoirs terrestres, c'est-à-dire de niveaux de stockage au sein de notre planète. Cela justifie les craintes qu'il suscite et l'attention que nous lui portons.

Deux scénarios contradictoires

Pour lancer le débat, examinons deux positions extrêmes quant à la durée de la perturbation engendrée par nos émissions de gaz carbonique. La première est défendue, peut-être à dessein, par la très officielle Agence américaine pour la protection de l'environnement (*US Environmental Protection Agency*, rapport 2003) qui estime ce temps de résidence entre 5 et 200 ans. La seconde résulte, à l'image de ce dont nous avons déjà discuté au chapitre précédent à propos de la crise qui a marqué la fin de l'époque Crétacé, de la lecture des archives géologiques de notre planète : elles conservent la trace d'une modification du climat qui, il y a 55 millions d'années, semble bien avoir débuté par une injection rapide de gaz carbonique dans l'atmosphère. Et dans ce cas, il fallut 100 000 ans pour que le climat retrouve son niveau d'avant la crise.

Moins d'un siècle pour éponger le gaz carbonique injecté dans l'atmosphère ?

Grâce aux essais nucléaires aériens des années 50, on sait estimer le « temps de séjour » du gaz carbonique dans l'atmosphère. On se fonde sur la durée nécessaire pour que disparaisse de l'atmosphère, au profit d'un réservoir terrestre, l'un des isotopes du carbone créé par ces explosions aériennes (le carbone 14 ou ^{14}C) et intégré dans une molécule de gaz carbonique. Le raisonnement – détaillé dans l'encadré p. 54 – permet de déduire qu'en une trentaine d'années, le gaz carbonique atmosphérique marqué par le ^{14}C issu des explosions nucléaires a été absorbé par deux réservoirs : la biomasse terrestre, c'est-à-dire essentiellement la végétation – qui utilise le gaz carbonique atmosphérique dans le cadre de la photosynthèse pour fabriquer des molécules carbonées plus complexes – et l'océan de surface, où la photosynthèse est exercée par le phytoplancton et dans lequel le gaz carbonique est aussi directement dissous. Que la durée de recyclage du gaz carbonique atmosphérique soit très brève peut plus simplement être estimé à l'aide d'un calcul qui s'apparente à celui du temps nécessaire pour vider la baignoire de notre enfance. Connaissant la taille du réservoir de carbone atmosphérique (l'atome de carbone est, nous verrons bientôt pourquoi, le traceur du gaz carbonique atmosphérique), 720 GtC (GtC, pour gigatonnes de carbone : $1\ GtC = 10^9\ tC$), il suffit de diviser cette masse par le volume annuel du carbone qui en sort (ou flux annuel), que l'on a pu estimer à 60 GtC/an pour les échanges avec la biosphère terrestre et 90 GtC/an pour ceux impliquant l'océan superficiel. Le résultat est de $720/(60 + 90)$, soit environ 5 ans. On retrouve ainsi l'un des chiffres de l'agence environnementale américaine citée plus haut.

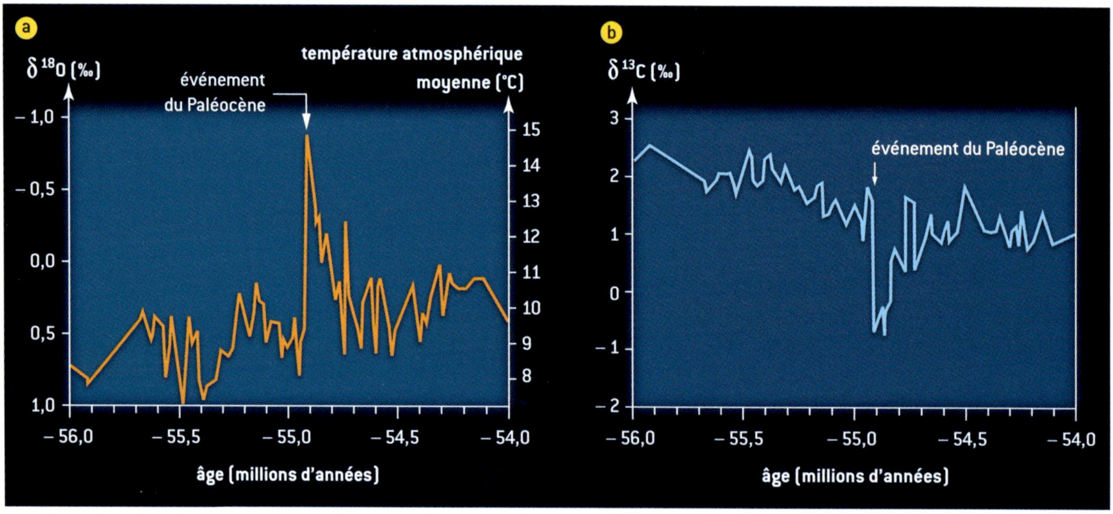

3.4. Des témoins des variations de la température et de la teneur atmosphérique en carbone « fossile » lors de l'événement climatique du Paléocène. La température est déduite des variations isotopiques de l'oxygène (voir encadré p. 49) (**a**). On note ainsi que la crise du Paléocène est marquée par un pic de température supérieur à 5 °C, qui est atteint en 10 000 ans, suivi d'une restauration de la situation initiale en 100 000 ans. On déduit de la signature isotopique du carbone 13 que cet événement pourrait avoir été initié par un largage de méthane : le pic vers le bas observé sur la courbe **b** reflète la contribution de ce combustible fossile.

Sur la piste du ^{14}C

Créant du carbone 14 (^{14}C), un isotope radiogénique du carbone 12 (^{12}C), en quantité bien supérieure au « bruit de fond » naturel produit par l'interaction des rayons cosmiques avec la haute atmosphère de la Terre, les essais nucléaires aériens de l'après-guerre furent responsables d'une brusque croissance de la teneur atmosphérique en cet isotope à partir de 1955. La demi-vie du ^{14}C étant de 5 700 ans, sa décroissance par désintégration radioactive sur les trente dernières années est négligeable.

Les essais aériens furent progressivement interdits à partir de 1962. Dès lors, la teneur atmosphérique en ^{14}C cessa instantanément de croître, puis elle diminua, retrouvant récemment – donc en quelques décennies seulement – un niveau proche de celui d'avant les essais nucléaires (**figure 3.2a**), suite à l'absorption du gaz carbonique contenant le ^{14}C par les réservoirs biomasse continentale et océan. C'est la « gloutonnerie » des végétaux pour le carbone atmosphérique qui nous a offert la possibilité d'enregistrer ces variations rapides.

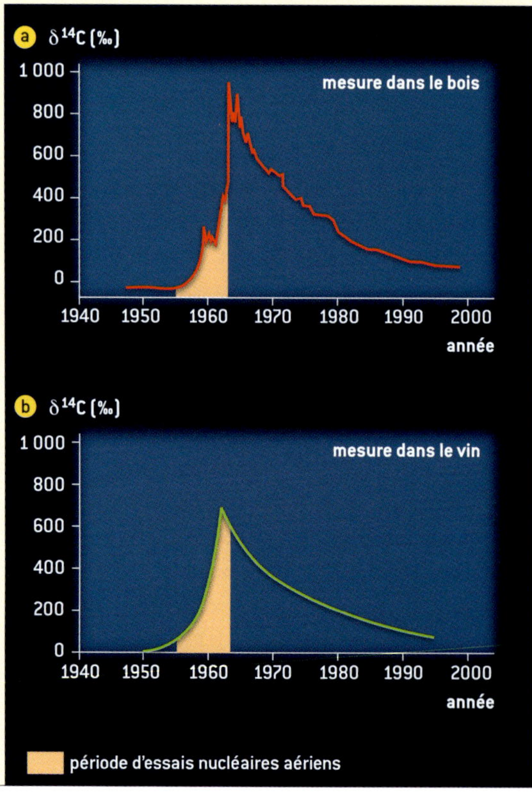

3.2. Évolution de la teneur atmosphérique en carbone 14 entre 1950 et 2000 mesurée par la concentration de cet isotope dans les anneaux de croissance annuelle des arbres (**a**) et dans les vins européens (**b**) ; $\delta^{14}C$: fraction de carbone 14 rapportée au carbone 12.

Ou plutôt 100 000 ans ?

Il y a 55 millions d'années, au Paléocène, la Terre a connu l'une de ces périodes de crise qui ont jalonné son histoire. Elle est décrite plus en détail à la fin de ce chapitre. Retenons ici que cet événement fut marqué par un pic de température géologiquement soudain, associé à un pic d'émission de méthane ou de gaz carbonique. Méthane ou gaz carbonique, c'est presque équivalent puisqu'en une dizaine d'années, le méthane se décompose dans l'atmosphère en libérant du gaz carbonique et de la vapeur d'eau. En 1 000 à 10 000 ans, la température de l'atmosphère augmenta de 5 °C, l'inflation allant jusqu'à 9 °C aux latitudes élevées, et il fallut 100 000 ans avant qu'elle ne revienne à son niveau de départ et que les graves perturbations qui l'accompagnèrent ne soient amorties (**figure 3.4**).

Qui croire ?

La crise du Paléocène montre que le gaz carbonique soudainement injecté dans l'atmosphère y séjourna 100 000 ans ou plus avant sa disparition et un retour au climat initial, tandis que les mesures isotopiques portant sur le carbone atmosphérique semblent indiquer que quelques décennies suffisent pour recycler le gaz carbonique atmosphérique.

Pourquoi un tel hiatus ? Il est intrinsèquement vrai que tout le carbone de l'atmosphère est renouvelé en quelques décennies par échange avec la végétation et la surface de l'océan, mais ce n'est en rien la réponse à la question de savoir pour combien de temps le

On mesure en effet le rapport isotopique $^{14}C/^{12}C$ dans les cernes de croissance annuelle des arbres, bien visibles **(figure 3.3)**, et provenant de variations marquées dans la croissance (vigoureuse au printemps, ralentie en fin de saison). Les arbres absorbent sans discrimination l'atome ^{14}C au cours de la photosynthèse dans des molécules organiques telles que celles du bois. La fraction de cet isotope mesurée dans les cernes reflète donc sa teneur atmosphérique : c'est l'enregistrement de la figure 3.2a.
Une autre technique, mise en œuvre par Gérard Martin, chimiste à l'université de Nantes, est aussi précise, mais plus réjouissante. Ce spécialiste du contrôle des vins mesure également le rapport isotopique $^{14}C/^{12}C$ dans son breuvage favori afin d'en vérifier le millésime. Sa courbe d'étalonnage (**figure 3.2b**), construite à partir de mesures effectuées sur les vins depuis une cinquantaine d'années, coïncide remarquablement avec celle obtenue grâce à l'étude des cernes, confirmant que le millésime 1964 (pointant à 880 ‰ de ^{14}C) correspond bien au pic des teneurs de ^{14}C faisant suite aux essais nucléaires aériens. Rassurons les amateurs distingués qui conserveraient dans leur cave ce millésime : les doses incriminées sont absolument infimes !
Quoi qu'il en soit, à partir de la décroissance de la teneur en ^{14}C, on évalue dans les deux cas à une dizaine d'années la demi-vie du gaz carbonique dans l'atmosphère (durée nécessaire pour que sa teneur soit divisée par deux).

3.3. Les cernes du bois. Ces marqueurs annuels de la croissance permettent de suivre l'évolution dans le temps de la teneur atmosphérique en carbone 14. Sur cette coupe de bois de sapin Douglas, chaque anneau constitue une cerne.

gaz carbonique anthropique séjournera dans l'atmosphère. Car *renouvelé* signifie simplement qu'il est provisoirement absorbé par les réservoirs biomasse et océan : le gaz carbonique ainsi soustrait à l'atmosphère n'est pas *détruit* et il y revient en partie, après avoir suivi des cheminements plus ou moins tortueux à travers les circuits d'une véritable usine à gaz que nous allons décrire. Incidemment, au cours de ces pérégrinations, le gaz carbonique peut être successivement réduit sous la forme de carbone, puis reconstitué par oxydation du carbone. Voilà qui explique pourquoi le traceur convenable (c'est-à-dire l'élément qui permet de bien suivre le cheminement du gaz carbonique) est le carbone lui-même.

Pour répondre à notre question de départ, il faut considérer le « temps de résidence atmosphérique » non de l'atome de carbone, mais celui du stock de carbone anthropique qui a été ajouté au carbone atmosphérique antérieur. À cet égard, il est donc sans intérêt de savoir combien de temps un atome de carbone, ou plutôt une molécule de gaz carbonique d'origine humaine, séjourne dans l'atmosphère, puisque cette dernière va très probablement faire de nombreux allers-retours entre l'atmosphère et des réservoirs terrestres avant d'en être soustraite définitivement (au terme de durées d'ordre géologique, se comptant au minimum en centaines de milliers d'années).

Précisons davantage. En l'absence d'action humaine ou d'événement géologique majeur, l'atmosphère est à l'équilibre. La teneur en gaz carbonique, dont les entrées et sorties se compensent, y est stable. Mais c'est un équilibre fragile – on dit *métastable* – qui est rompu quand l'homme introduit un excès de gaz carbonique : un certain temps sera nécessaire avant que le gaz carbonique excédentaire, suivant les méandres de l'usine à gaz, ne soit absorbé sans possibilité de retour rapide à l'atmosphère. C'est ce temps-là que l'on cherche à connaître.

Aussi, que ce stock de carbone anthropique « tourne » en 30 ans ou moins dans le cycle temporaire considéré plus haut – qui n'est qu'un des rouages de notre usine à gaz – ou même en 500 ans dans le cycle intermédiaire examiné plus loin, ne permet pas de savoir combien de temps il faudra pour que ce stock s'épuise et disparaisse de l'atmosphère. Dans le cas du gaz carbonique, la notion de « temps de résidence dans l'atmosphère » ne devrait donc pas être employée, car elle est ambiguë et responsable de la circulation de chiffres fantaisistes.

La réponse à la question du temps de résorption du stock de carbone anthropique atmosphérique est cruciale et elle passe par une meilleure compréhension de la cascade des cycles du gaz carbonique entre les différents réservoirs terrestres. Se fondant sur cette compréhension, nous pourrons construire des scénarios pour le futur, qui, hélas, convergent pour montrer que l'enregistrement géologique de la crise du Paléocène est celui qui nous apporte la réponse correcte.

Les circuits du gaz carbonique en bref

Une véritable usine à gaz

Le gaz carbonique atmosphérique est en communication, directe ou indirecte, avec quatre réservoirs (**figure 3.5**) :

– l'**atmosphère**, à laquelle nous rapportons les échanges. C'est notre point de départ ;

– les **réservoirs superficiels**. Ils sont constitués par la biosphère terrestre ainsi que par celle de la surface de l'océan, fixant un carbone dit organique, et par la surface de l'océan

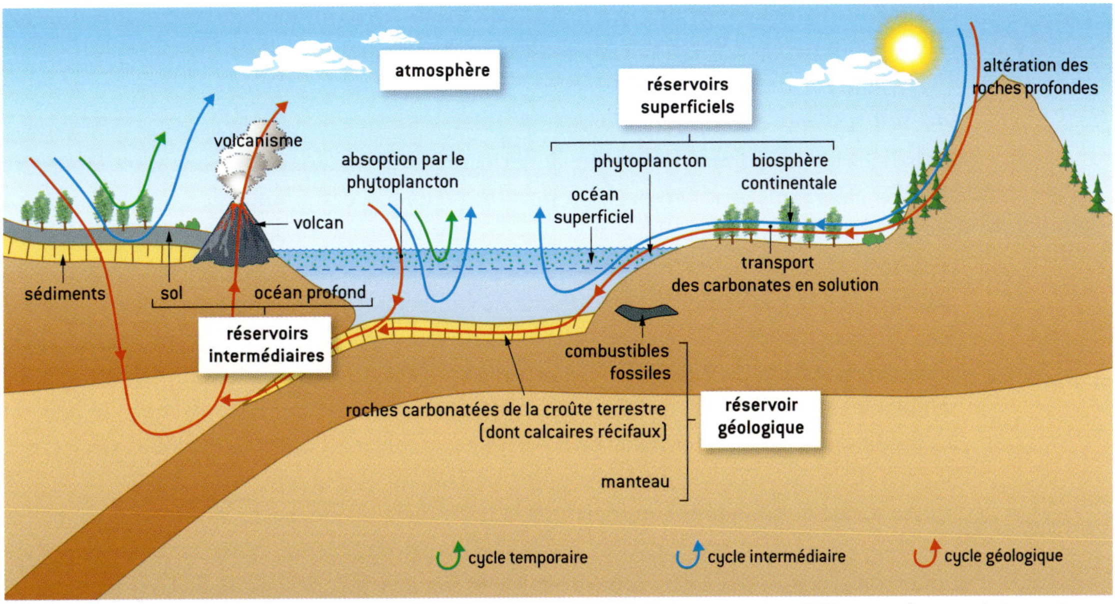

3.5. L'usine à gaz en bref: les différents réservoirs terrestres avec lesquels le gaz carbonique est, directement ou non, en communication. Biomasse continentale, phytoplancton et surface océanique constituent des réservoirs superficiels. L'océan et les sols sont des réservoirs intermédiaires. Le réservoir géologique est constitué par les roches des différents niveaux de la croûte et du manteau terrestre. Sont reportés sur cette figure, les cheminements d'un atome de carbone issu d'une molécule de gaz carbonique atmosphérique décrits dans le paragraphe « Les pérégrinations d'un atome de carbone » (p. 58).

elle-même qui, par dissolution du gaz carbonique atmosphérique, incorpore un carbone dit inorganique. Comme nous venons de le voir, le gaz carbonique de ces réservoirs s'échange sur le rythme de quelques années seulement avec l'atmosphère. Osons l'image d'une respiration haletante. Mis à part quelques courts-circuits, ces réservoirs sont les points de passage obligés entre l'atmosphère et des réservoirs que l'on peut qualifier d'intermédiaires;

– les **réservoirs intermédiaires**. Ils sont constitués d'une part par les sols – issus de l'altération des roches et de la décomposition de la biosphère terrestre qu'ils supportent et avec qui ils échangent activement (beaucoup plus activement qu'avec le réservoir géologique) – et, d'autre part, par l'océan profond, qui échange avec les eaux de surface et communique avec le réservoir géologique. La respiration du gaz carbonique de ce réservoir est « plus profonde »;

– le **réservoir géologique,** où le carbone est fixé de façon pérenne, soit dans les différents niveaux de la croûte terrestre, soit, au-delà de 10 à 30 kilomètres de profondeur, dans le manteau sous-jacent. Dans la croûte, le carbone est surtout concentré dans les roches carbonatées que nous avons déjà évoquées chapitre 2. Il est présent en faible quantité dans les autres roches sédimentaires et, accessoirement, dans les combustibles fossiles (pétrole, gaz, charbon) qui ont encore échappé à notre quête.

Ces différents réservoirs échangent du gaz carbonique, définissant ainsi une cascade de cycles ayant chacun leur période propre. Au cours de ces cycles et suivant la nature du réservoir, le gaz carbonique peut être successivement réduit sous la forme de carbone, puis reconstitué par oxydation du carbone. Étant convenu que notre traceur est le carbone lui-même, rappelons que l'unité de compte est le milliard de tonnes (de symbole GtC, une unité égale à celle des scientifiques, le pétagramme, Pg).

Les pérégrinations d'un atome de carbone

Pour fixer les idées, tentons de suivre les pérégrinations et tribulations d'un atome de carbone circulant dans l'atmosphère sous forme de gaz carbonique.

Au bout d'un délai ne dépassant pas quelques années, s'étant approché trop près de la surface terrestre, le voici absorbé par les stomates, ces petits orifices par lesquels une plante aspire la molécule de gaz carbonique qui portait notre atome de carbone (**figure 3.6**). Si cette plante, qui « respire » elle aussi du gaz carbonique, ne la rejette pas très vite dans l'atmosphère, la molécule est brisée et notre atome rejoint une cohorte de ses semblables pour entrer dans la matière organique qui constitue, par exemple, le bois ou les feuilles du végétal. Il y séjourne un temps variable, de l'année à quelques siècles, qui dépend de la durée de vie de son support végétal, du climat, etc.

Au terme de son emprisonnement, à la mort de la plante, notre atome de carbone est transformé en litière et en matière organique morte dans le sol. S'oxydant en gaz carbonique sous l'action de la décomposition microbienne (qui consomme de l'oxygène atmosphérique), il est enfin libéré et, porté par les ailes de ses deux atomes d'oxygène, il s'envole vers l'atmosphère en vue de nouvelles aventures terrestres. Mais si l'oxygène manque, un destin plus sombre le guette. Fixé alors au sol, notre carbone s'y enfouit,

3.6. Gros plan sur l'une des portes d'entrée du gaz carbonique dans le cycle du carbone : un stomate, orifice situé sur la face inférieure des feuilles par lequel une plante effectue ses échanges gazeux (vue au microscope optique, x 700).

participant ainsi à sa composante organique. Le temps de séquestration y est très variable selon que le sol est rapidement érodé, libérant notre carbone par oxydation en gaz carbonique avec retour dans l'air, ou qu'au contraire, il se trouve enfoui sous d'autres apports, végétaux ou sédimentaires. Pris dans ces sédiments, un destin très improbable pour notre atome de carbone est de les suivre dans un voyage vers l'intérieur de la Terre. Il ne reverra plus le jour avant des millions d'années, quand les couches qui l'étreignent, comprimées dans une chaîne de montagnes en gestation, remonteront vers la surface, ou quand, au terme de sa descente aux enfers, au sein du manteau terrestre, il sera capté par le magma d'un volcan, craché dans l'atmosphère puis, de nouveau, oxydé en gaz carbonique. Une destinée singulière pour l'atome de carbone enfoui dans les profondeurs du manteau au-delà de 120-150 kilomètres, au sein de son hôte le graphite, serait de participer à la recristallisation de ce dernier en diamant (**figure 3.7**). L'aventure devient exceptionnelle si ce diamant est éjecté à la surface de la Terre par des roches volcaniques bien particulières, les kimberlites.

3.7. Le diamant, la forme cristallisée la plus noble du carbone. Ce diamant brut de 616 carats, haut de 6 centimètres, fut trouvé à Kimberley, en Afrique du Sud. Opportunément appelé « SixOneSix », c'est le plus beau et le plus grand cristal conservé à l'état naturel.

De retour dans l'atmosphère et avec une probabilité égale à celle d'une brève incursion dans le monde végétal, la molécule de gaz carbonique portant notre atome de carbone peut cette fois s'approcher trop près de la surface de l'océan. Dans une mer brassée par le vent, elle est alors captée puis dissoute dans les eaux de surface. Elle peut également être assimilée par photosynthèse par le *phytoplancton*, cet ensemble d'organismes généralement unicellulaires vivant dans les couches superficielles de l'océan.

S'il a été dissous dans l'océan de surface, les chances pour le gaz carbonique de retourner vers l'atmosphère sont grandes, puisque les eaux peuvent de nouveau le relâcher. Un nouveau cycle temporaire est ainsi bouclé. Toutefois, notre atome de carbone est aussi susceptible d'être entraîné vers l'océan profond. Cette nouvelle aventure va durer environ 500 ans, le temps que les courants de fond le remontent à la surface, dans les eaux chaudes intertropicales où l'essentiel du gaz carbonique dissous est dégazé. Notre atome de carbone retournera ainsi de nouveau dans l'atmosphère. Mais s'il s'est écarté de ces courants, il devient captif de l'océan, dissous dans les eaux profondes.

Si l'atome de carbone a été capté par le phytoplancton, il peut s'intégrer dans des sédiments formés par la pluie continue de matière organique ou de squelettes calcaires issus de ces organismes une fois morts (**figure 3.8**) et, ainsi, parvenir au réservoir géologique où son destin rejoint celui de ses congénères prisonniers de calcaires récifaux ou des sédiments

3.8. Les squelettes calcaires du phytoplancton marin : des micromoteurs de la pompe biologique à gaz carbonique. Ces magnifiques éléments calcaires sont constitués de carbonates de calcium (calcite le plus souvent), des minéraux formés à partir du gaz carbonique dissous dans l'eau. De la sorte, l'atome de carbone d'une molécule de gaz carbonique atmosphérique peut être capté par le phytoplancton et s'intégrer sous forme de carbonates dans des sédiments formés par la pluie continue des squelettes calcaires. L'individu photographié (*Emiliana huxleyi*) appartient à la famille des coccolithophoridés. De tels clichés sont obtenus au microscope électronique à balayage (x 10 000).

provenant des sols, c'est-à-dire celui d'une séquestration de durée géologique, mesurée en millions d'années.

De retour dans l'atmosphère au terme de l'une ou l'autre de ces péripéties et survolant des montagnes en proie à une intense érosion, notre carbone peut encore tomber dans un piège improbable mais fatal, celui de l'*altération des silicates.* Rappelons que ces minéraux d'origine profonde sont instables et, au contact de l'air, ils se décomposent, formant en particulier des carbonates, par emprunt de gaz carbonique à l'atmosphère.

3.9. Triste retour sur terre pour un atome de carbone, à travers la torchère d'une raffinerie de pétrole.

Victime d'une telle mésaventure, notre atome de carbone est transporté dissous sous forme de carbonates (de calcium ou de calcium/magnésium) par les eaux de ruissellement, puis par les rivières et les fleuves. Ces carbonates rejoignent les mers et océans, où ils vont se déposer et participer à la formation de sédiments calcaires. Notre carbone aura ainsi regagné le réservoir-cimetière géologique.

Et si notre atome de carbone provenait des combustibles fossiles ? Extrait du sol par un derrick, puis brûlé, c'est-à-dire oxydé en gaz carbonique, dans un moteur à explosion ou dans une usine (**figure 3.9**), il voit enfin le jour et l'atmosphère après un séjour souterrain long de millions d'années. Là, il se comporte comme tous ses congénères et s'engage dans les divers cycles que l'on vient de décrire.

Visite de l'usine à gaz dans ses recoins

Les palpitantes aventures d'un atome de carbone de l'atmosphère vous en auront convaincu : le gaz carbonique atmosphérique est constamment recyclé au sein de chacun des divers réservoirs terrestres. Les cycles courts sont emboîtés dans les cycles plus longs, c'est-à-dire

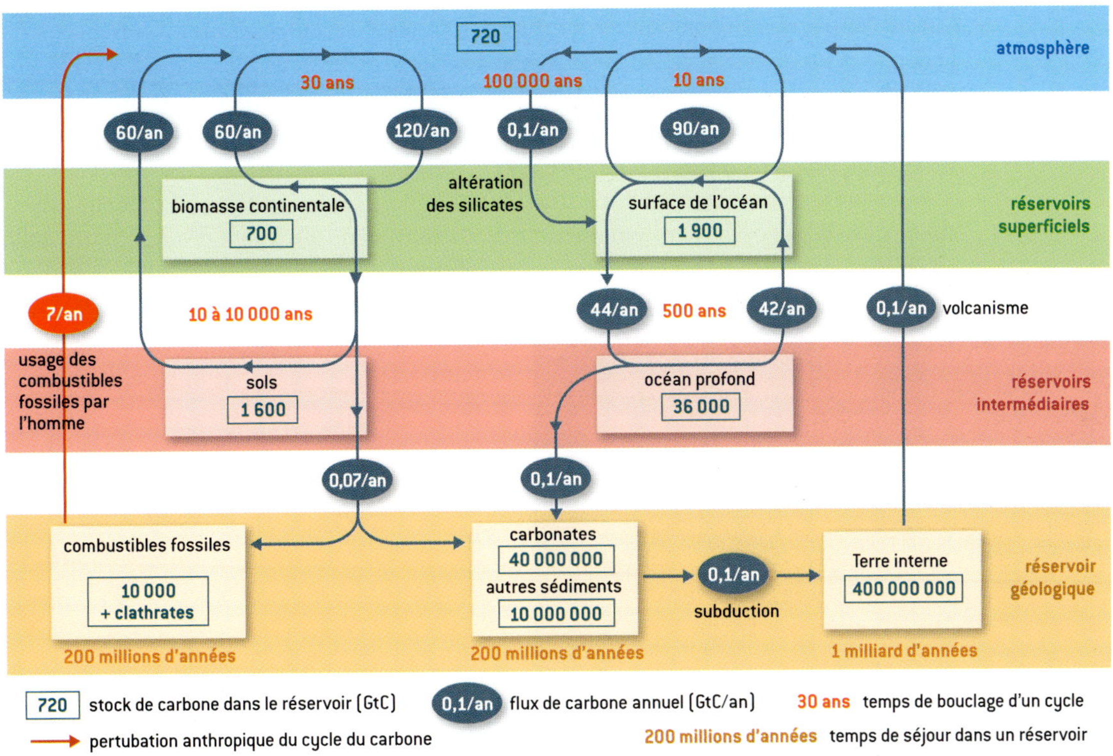

Fig. 3.10. L'usine à gaz. Les échanges du carbone atmosphérique entre l'atmosphère et les différents réservoirs terrestres sont ici chiffrés et précisés (durée des stockages et des transits). Les masses de carbone sont exprimées en milliards de tonnes de carbone (GtC) et les flux, qui correspondent aux masses passant à travers une surface déterminée par unité de temps, en GtC/an. Toutes ces données diffèrent quelque peu selon les auteurs, certaines étant d'estimation très difficile. Ainsi, le bilan des flux de carbone entrant et sortant du réservoir « Terre interne », que l'on aimerait voir équilibré, ne l'est pas (excès des entrées de 0,07 GtC/an).

que le gaz carbonique atmosphérique aura pu «circuler» plusieurs fois dans un cycle court avant de quitter l'atmosphère pour s'engager dans un cycle plus long. C'est donc une véritable usine à gaz que nous allons parcourir. De cette visite, nous retiendrons les propriétés des divers réservoirs du carbone et leurs interactions: masses de carbone contenues dans chaque réservoir, durée de leur stockage, flux annuels entre réservoirs et durée des transits, quand ces données sont disponibles ou qu'elles ne divergent pas exagérément (**figure 3.10**).

Sur cette figure complexe, notons quelques faits saillants. La différence est considérable entre les réservoirs géologiques, où les masses sont énormes et les flux très faibles, et les réservoirs plus temporaires, où les masses sont faibles et les flux énormes. À cet égard, l'atmosphère, où le carbone ne séjourne que quelques dizaines d'années avant de s'engager dans un cycle avec l'un des réservoirs temporaires, est le réservoir le plus petit et le plus actif.

Comparé aux autres flux impliquant l'atmosphère, celui du carbone anthropique (issu des activités humaines) et objet de nos appréhensions, soit 7 GtC/an (flèche en rouge sur la figure 3.10), apparaît bien modeste… sauf si on le compare aux flux associés aux réservoirs géologiques, puisqu'il leur est 70 fois supérieur. Au vu de cette donnée, peut-on être vraiment surpris que l'équilibre d'ensemble exprimé par le diagramme soit aujourd'hui compromis?

Une pierre de Rosette liant énergie et climat

Créant le lien entre deux univers qui furent longtemps étrangers l'un à l'autre, ceux de l'énergie et du climat, il existe pour Robert Socolow, professeur à l'université de Princeton, une «pierre de Rosette». C'est la relation montrant que la combustion de 2,1 GtC d'origine fossile injecte mécaniquement dans l'atmosphère 1 ppmv (partie pour million en volume) de gaz carbonique (**figure 3.11**).

Pourtant, ce n'est pas 2,1 GtC que l'homme doit brûler pour voir la teneur atmosphérique en gaz carbonique augmenter de 1 ppmv, mais environ 4. Pourquoi une telle différence? C'est qu'aujourd'hui encore – peut-être plus pour longtemps, comme nous le verrons – les deux réservoirs temporaires de gaz carbonique, la végétation terrestre et l'océan superficiel, absorbent en moyenne, mais sur un rythme annuel très irrégulier, la moitié de la masse de gaz carbonique émis (**figure 3.12**). Nous allons maintenant quelque peu nous attarder sur les cycles qui sont ici en jeu.

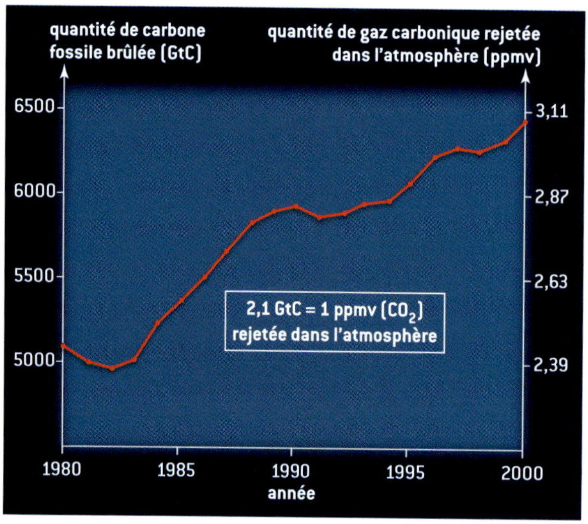

3.11. Une pierre de Rosette: la relation entre la quantité de carbone fossile brûlée et la fraction volumique de gaz carbonique injectée dans l'atmosphère sur les 20 dernières années. GtC: milliard de tonnes de carbone. Ppmv: partie par million en volume.

Les cycles temporaires du carbone

Les échanges de gaz carbonique entre l'atmosphère et les réservoirs temporaires, biomasse et océan superficiel, opèrent sur un rythme élevé (**figure 3.13**). Nous évoquions plus haut une respiration haletante. Dans la biomasse continentale, ils transitent par les végétaux terrestres qui, empruntant à l'atmosphère du gaz carbo-

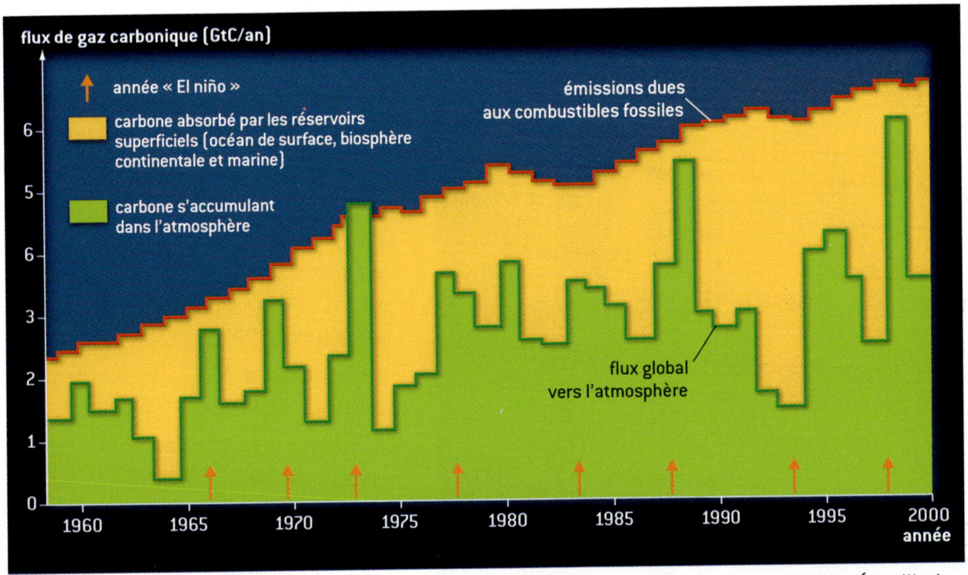

3.12. L'absorption naturelle du gaz carbonique anthropique : évolution du flux annuel de gaz carbonique issu des combustibles fossiles entrant dans l'atmosphère (courbe rouge) au cours des quarante dernières années, et du flux annuel de ce gaz absorbé par les réservoirs temporaires (domaine en jaune). Cette absorption est très irrégulière car elle dépend d'aléas climatiques annuels, comme El Niño (oscillation cyclique d'une nappe d'eau chaude dans l'océan Pacifique). Néanmoins, elle soustrait à l'atmosphère environ la moitié de la masse de gaz carbonique émis, limitant à l'autre moitié, la masse finalement ajoutée par an au réservoir atmosphérique (courbe verte). GtC : milliard de tonnes de carbone.

nique, l'incorporent par photosynthèse dans les composés organiques (en particulier la cellulose) de leurs cellules et tissus. Tandis qu'une moitié de ce gaz retourne immédiatement dans l'atmosphère par la respiration végétale, l'autre est fixée dans la biomasse. Nous l'avons déjà souligné, la durée du stockage du carbone par cette biomasse avant qu'il ne soit libéré, suite à la combustion ou à la décomposition *post mortem*, varie énormément selon la latitude. Ainsi, dans les régions équatoriales produisant beaucoup de feuillage qui se décompose rapidement (**figure 3.14**), cette durée est inférieure à l'année, tandis qu'elle peut aller du siècle au millénaire dans les régions boréales, où le carbone est surtout fixé dans le bois des forêts de conifères à longue durée de vie. En outre, le carbone des forêts est en grande partie réémis dans l'atmosphère si la forêt vient à disparaître, par incendie ou par défrichage au profit de terres agricoles.

La surface de l'océan, c'est-à-dire la tranche des 50 à 100 premiers mètres, éclairée par le soleil et bien brassée, est alimentée en carbone d'une part grâce à l'intense activité biologique de la biomasse marine – surtout constituée par

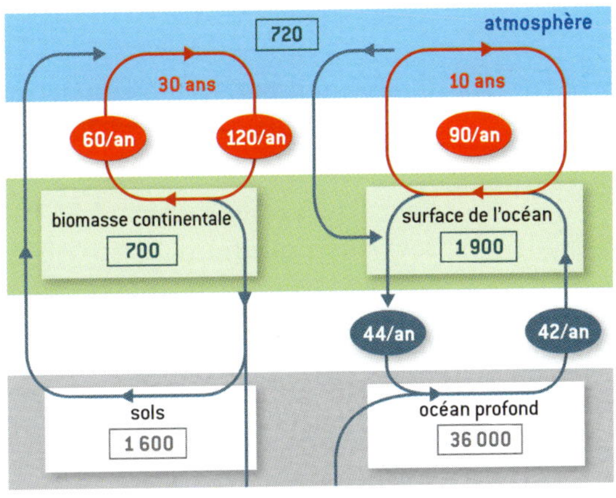

3.13. Les cycles temporaires du carbone. Détail de la figure 3.10. GtC : milliard de tonnes de carbone.

3.14. Une forêt tropicale humide. Cette forêt de Nouvelle-Calédonie est dite secondaire, la forêt primitive ayant été détruite au cours des derniers siècles. De telles forêts produisent un abondant feuillage qui, sous un climat chaud et humide, se décompose rapidement une fois au sol. Aussi, elles ne soustraient le carbone au réservoir atmosphère que pour un temps très court (moins d'une année).

le phytoplancton (on parle de *pompe biologique*) – et, d'autre part, suite à la dissolution dans les eaux de surface du gaz carbonique dont la teneur s'équilibre avec celle de l'atmosphère (on parle de *pompe de solubilité*). Ce pompage du gaz carbonique atmosphérique par l'océan superficiel (fonction « puits de carbone ») s'observe surtout dans les eaux froides des hautes latitudes (**figure 3.15**), ainsi que dans les zones d'upwelling, où des courants de fond remontent vers la surface (voir figure 4.4). Pourquoi ? Il s'agit d'abord d'un effet physique simple : l'eau dissout d'autant plus de gaz carbonique et de sels minéraux qu'elle est plus froide. La richesse en gaz carbonique et en sels minéraux favorisent en outre le développement du phytoplancton et donc l'activité de la pompe biologique.

La masse de phytoplancton qui, dans l'océan, prélève le gaz carbonique atmosphérique n'est que de 3 GtC. La pompe biologique est donc minuscule, mais elle est très active : le flux de carbone qu'elle absorbe est de l'ordre de 45 GtC/an, comparable à celui qui résulte de la dissolution directe, puisque le flux annuel total entre l'atmosphère et l'océan superficiel atteint 90 GtC. Cette pompe biologique est double, fixant surtout le gaz carbonique atmosphérique par photosynthèse dans les cellules de ces microorganismes, mais également dans leur squelette (quand ils en ont un), construit en carbonate de calcium (le plus souvent la calcite).

Les cycles intermédiaires du carbone

Les deux réservoirs intermédiaires, l'océan profond et les sols continentaux, constituent le principal trait d'union entre les réservoirs temporaires et le réservoir géologique (**figure 3.16**).

Dans les eaux de surface agitées, le temps de résidence d'une partie du gaz carbonique dissous n'est que de quelques années avant son retour dans l'atmosphère (nous en avons

3.15. Le pompage du gaz carbonique atmosphérique par l'océan superficiel. Les mers froides sont particulièrement riches en phytoplancton, comme le prouve la figure **a**, où l'on peut observer la concentration planctonique dans les eaux froides et minéralisées autour de l'île de Kerguelen. La photo **b** montre le « Marion Dufresne » en train de sillonner ces eaux de l'océan austral. Il s'agit du plus grand navire océanographique français. Il a accueilli en 2005 une équipe de chercheurs de l'Institut national des sciences de l'univers du CNRS (INSU) qui étudiaient dans ces parages le transfert du carbone vers les profondeurs, en particulier par l'intermédiaire du phytoplancton.

donné une preuve dans l'encadré p. 54). Toutefois, lorsque ces eaux plongent vers l'océan profond, elles entraînent avec elles la partie épargnée du gaz carbonique dissous. Le gaz carbonique organique (celui fixé dans la biomasse) et le gaz carbonique inorganique (dissous dans l'eau) subissent alors des sorts distincts.

Le premier, s'il n'est pas dissous lors de cette plongée, s'accumule dans des boues carbonatées et/ou riches en matière organique qui sont vouées à rejoindre le réservoir géologique. Le flux annuel de carbone ainsi soustrait « définitivement » – à l'échelle géologique – à l'atmosphère est très faible (0,1 GtC/an). N'oublions pas le carbone organique

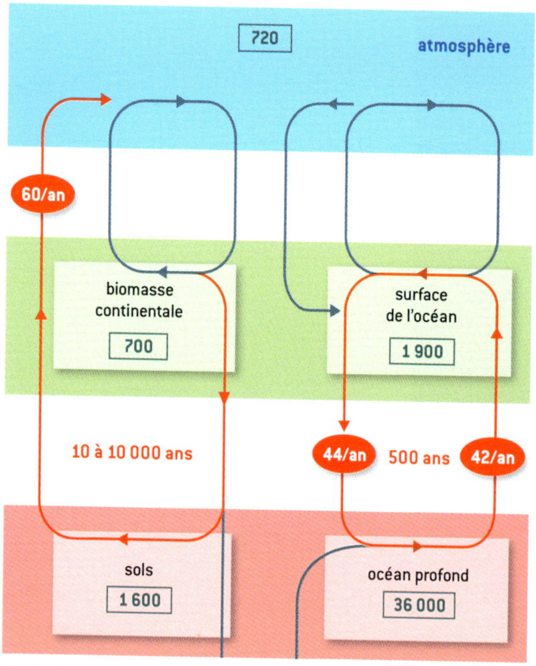

3.16. Les cycles intermédiaires du carbone. Détail de la figure 3.10. GtC : milliard de tonnes de carbone.

de ce monde de bactéries vivant dans le premier kilomètre sous le plancher océanique et dont le volume pourrait être supérieur à celui de toute la biomasse vivant à la surface de la Terre. Le méthane dégagé par la décomposition de ces organismes après leur mort se fixerait, avec son carbone organique, dans les clathrates des marges continentales et des terres gelées boréales (voir l'encadré ci-contre).

Le second, le gaz carbonique dissous dans les eaux profondes et froides, peut s'accumuler et y rester prisonnier pour des temps indéterminés. S'il est entraîné par la bande convoyeuse des courants marins (**figure 3.17**), il remonte avec elle dans les eaux chaudes équatoriales où, finalement, il sera partiellement relâché dans l'atmosphère, en raison de la moindre capacité de dissolution des gaz dans les eaux chaudes. Dans ce cas, le temps de séjour du carbone dans le réservoir océan profond aura été d'environ 500 ans.

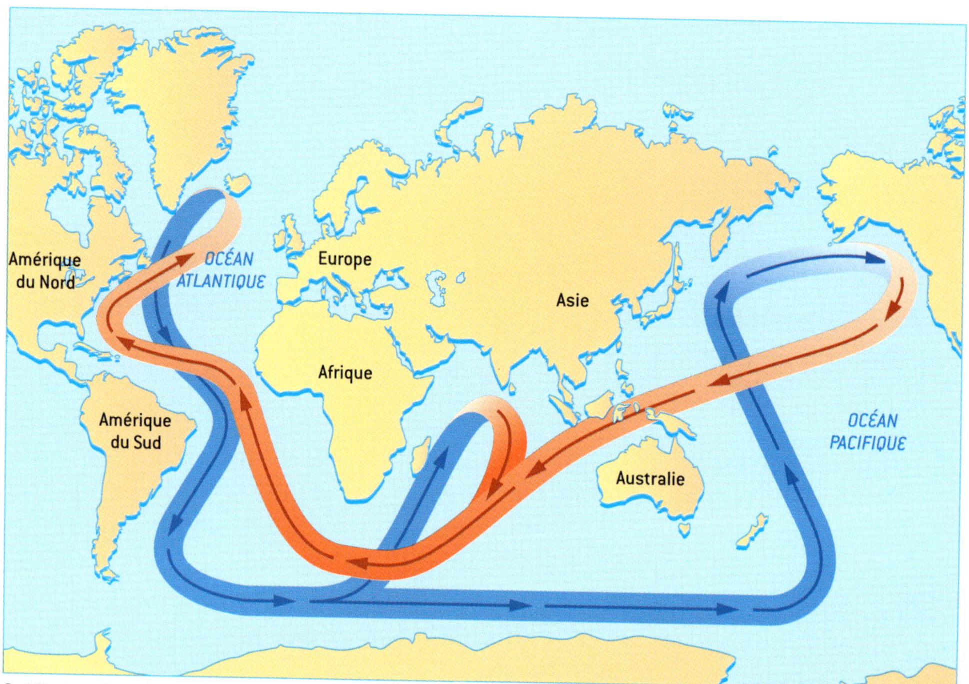

3.17. La bande convoyeuse des courants marins. Ce courant brasse l'ensemble des océans de la planète jusqu'à leur plancher et redistribue ainsi l'énergie solaire, qui est surtout reçue dans les eaux de surface intertropicales. En rouge, le courant chaud de surface, plus rapide et plus circonscrit, et en bleu, le courant froid de fond, plus paresseux et plus diffus. Le temps de parcours de l'ensemble du circuit est estimé à 500 ans.

L'origine des combustibles fossiles

Le précurseur de tous les combustibles fossiles est le kérogène, une substance issue de l'évolution de la matière organique accumulée dans des dépôts sédimentaires dépourvus d'oxygène (ce qui la préserve de l'oxydation). Suite à l'enfouissement et sous l'effet de l'augmentation de la température, le kérogène subit une pyrolyse : il se scinde en composés plus simples, à la façon dont on procède à 500 °C dans une raffinerie pour craquer une huile lourde en différents produits pétroliers, mais beaucoup plus lentement. Entre 50 et 200 °C, et pour une maturation durant de 10 à 100 millions d'années, le kérogène libère de l'eau et du gaz carbonique et se décompose en hydrocarbures fluides (liquides, gaz) et mobiles ainsi qu'en un résidu solide. Si la pyrolyse s'effectue à basse température, elle donne des hydrocarbures liquides. Ces derniers migrent vers des horizons poreux où ils peuvent se fixer dans une roche-magasin, d'où ils seront puisés par forage. S'ils parviennent en surface, les hydrocarbures liquides s'altèrent et laissent un résidu, bitume et huiles extra-lourdes, qui imprègne les sables asphaltiques ou bitumineux. Quant aux schistes bitumineux, ils correspondent à des roches riches en kérogène qui n'a pas subi la pyrolyse.

Selon la nature des apports organiques initiaux, le kérogène livrera lors de la pyrolyse des proportions très différentes d'hydrocarbures. Le kérogène algaire, produit en milieu marin par décomposition de plancton, bactéries et autre sources vivantes, livre ainsi près de 30 % en poids d'hydrocarbures, contre 5 % pour le kérogène issu de végétaux « supérieurs » en milieu continental. Le résidu solide formé dans ce dernier cas, quand sa concentration dans la roche est importante, n'est autre que le charbon. Ainsi, la houille provient-elle en bonne partie de l'accumulation au Carbonifère, dans des bassins continentaux, de la tourbe des marais et sols marécageux ainsi que des restes des arbres de grandes forêts (**figure 3.18**). Elle s'est formée par enfouissement et plissement de ces dépôts lors de l'orogenèse hercynienne, il y a 300 millions d'années.

On estime la masse des différents combustibles fossiles enfouis dans le sol à 5 000 Gt pour le charbon, 300 Gt pour le pétrole, autant pour le gaz, et une quantité mal connue, probablement supérieure à 2 000 Gt pour ce que l'on appelle le pétrole non conventionnel (huiles extra-lourdes et bitume). Notons qu'habituellement, la concentration de matière organique de la masse sédimentaire est inférieure à 1 % et sans intérêt économique.

Associons à ces combustibles fossiles largement exploités, les clathrates, encore appelés hydrates de gaz, combustibles fossiles, dont les gisements ne permettent pas (encore) l'exploitation. Les clathrates forment, dans les sédiments marins et dans les sols polaires gelés, des amas ressemblant à de la glace. Leur structure cristalline est constituée de cages formées par des molécules d'eau pouvant enfermer des molécules de méthane. Ce sont des pièges à méthane extrêmement efficaces, puisqu'un seul mètre cube de clathrates peut contenir près de 170 mètres cubes de méthane gazeux. La quantité de clathrates contenue dans le réservoir géologique est encore mal connue. Elle représenterait une masse, actuellement révisée à la baisse, de l'ordre de 5 000 GtC.

La question de l'origine de telles quantités de méthane ouvre une porte sur un monde à peine connu, celui de la vie sous la surface de la Terre. Les forages océaniques ont révélé la présence d'une vie bactérienne jusqu'à un kilomètre de profondeur environ dans les sédiments et les basaltes des fonds océaniques. Bien que le nombre de bactéries diminue rapidement avec la profondeur, passant d'un milliard par centimètre cube en surface à 1 000 fois moins un kilomètre plus bas, l'intégration de leur nombre sur une telle épaisseur a conduit à la proposition avancée par certains biologistes que la plus grande partie de la biomasse vivante soit enfouie sous Terre et non en surface. Sa décomposition, soit par certaines bactéries, soit par la pyrolyse d'un kérogène, serait à l'origine des masses énormes de méthane piégées près de la surface dans les clathrates.

3.18. Reconstitution de l'une des forêts du Carbonifère ayant donné naissance à la houille.

Actuellement, le bilan global n'est pas équilibré : environ 2 GtC/an, sur les 7 GtC/an de gaz carbonique injecté dans l'atmosphère par nos émissions, plongent vers l'océan profond sans possibilité de retour rapide dans le réservoir atmosphérique.

Quant au carbone issu de la biomasse continentale, les sols épais et riches des forêts en contiennent une grande quantité. Elle est estimée en moyenne à 300 tC/ha soit, pour l'ensemble de forêts de la planète, un total de 1 600 GtC. L'avenir du carbone fixé dans les sols est aléatoire. L'essentiel est repris par la végétation ou réémis dans l'atmosphère, suite à son oxydation. Seule une modeste fraction ayant échappé à l'action corrosive de l'oxygène s'incorpore aux sédiments, rejoignant ainsi le réservoir géologique, pour former, pourquoi pas, des gisements de combustibles fossiles. Dans les forêts boréales, le carbone issu de la biomasse végétale partiellement décomposée en milieu humide et pauvre en oxygène est stocké dans la tourbe pour une durée d'un millier d'années ou plus, rejoignant ainsi le réservoir géologique.

Notons qu'avec le réchauffement climatique et l'activité accrue des micro-organismes qui décomposent l'humus, la fixation du carbone par les sols pourrait décroître. Ce déstockage aurait déjà commencé, si l'on en croit une expérience menée en Grande-Bretagne et publiée dans la revue *Nature* en septembre 2005. Le volume de carbone ainsi perdu par les sols de ce pays – et probablement gagné par l'atmosphère ou dissous dans les eaux de ruissellement – serait de 13 millions de tC/an, ce qui est loin d'être négligeable, puisque cela représente le dixième des émissions industrielles britanniques.

Le cycle géologique du carbone

À ce stade de notre histoire, on aura compris que le stockage du carbone atmosphérique dans le réservoir géologique (**figure 3.19**) s'amorce tout d'abord avec sa séquestration près de la surface dans les réservoirs superficiels (biomasse, océan superficiel), éventuellement suivie d'un transit par les réservoirs intermédiaires (sols et océan profond).

En outre, nous avons vu au précédent chapitre que l'altération des roches silicatées d'origine profonde conduisait, au contact de l'atmosphère, à leur transformation en carbonates, par fixation du gaz carbonique. Les cours d'eau assurent le transport en solution de ces carbonates vers l'océan. Ils se partagent à peu près équitablement suivant deux voies qui mènent le carbone au réservoir géologique.

S'ils se déposent dans les mers chaudes et peu profondes, ils peuvent constituer le squelette calcaire des polypiers (**figure 3.20**), dont l'empilement donne naissance aux récifs coralliens, comme ceux qui couvraient la France au Crétacé ou, aujourd'hui, ceux de la Grande Barrière de corail au large de l'Australie. Si, à l'inverse, les cours d'eau se déversent aux hautes latitudes dans des mers froides, le carbonate dissous servira à constituer le squelette calcaire du phytoplancton qui pullule à la surface de l'océan : c'est notre fameuse pompe biologique, qui est la seconde source de roches carbonatées (**figure 3.21**). Morts, ces organismes plongent vers le fond, entraînés par le poids de leur squelette. La masse de tous ces sédiments carbonatés est colossale : 40 000 000 GtC, mais les flux associés, très faibles : 0,1 GtC/an. Le carbone ainsi fixé ne sera plus rendu à l'atmosphère, sinon au terme de durées géologiques.

Gagnent également le réservoir géologique, le carbone organique des sédiments non carbonatés marins ou continentaux déposés sur le plancher des océans, celui du monde bactérien vivant sous ce plancher, ainsi que celui qui provient des sols continentaux. La masse de carbone issu de toute cette biomasse et séquestré dans le réser-

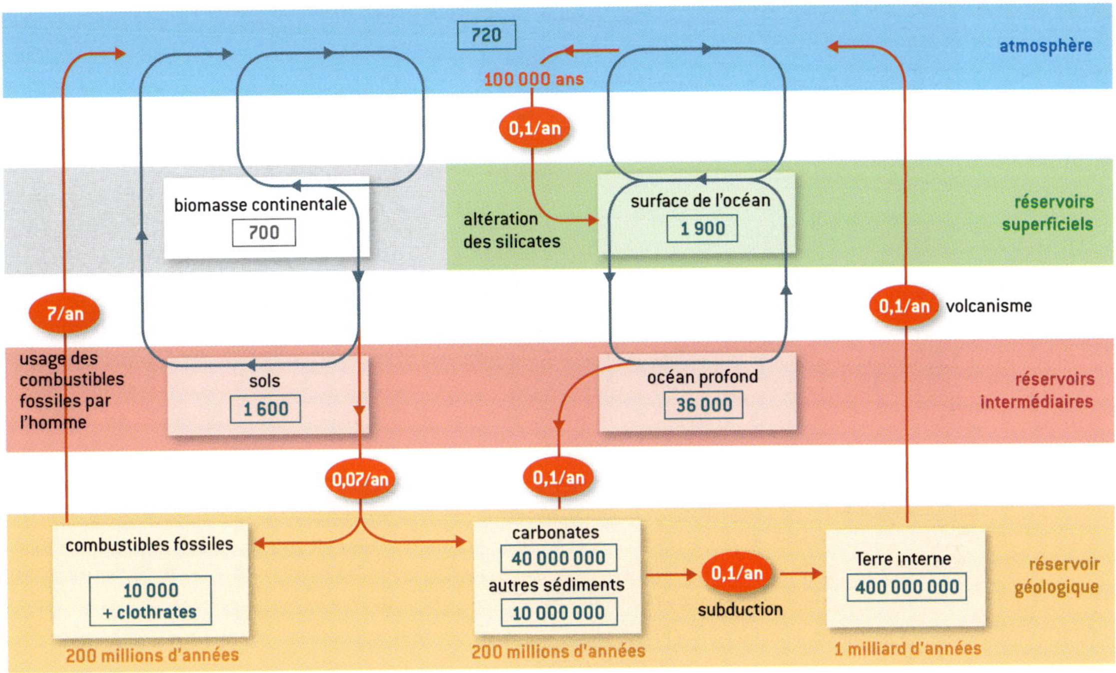

3.19. Le cycle géologique du carbone. GtC : milliard de tonnes de carbone. Légende : voir figure 3.10.

voir géologique est estimée à 10 000 000 GtC. Ces sédiments continentaux et marins qui assurent le transit vers le réservoir géologique contiennent du carbone organique en trace, mais, localement, en quantité telle qu'ils donnent naissance à des gisements de combustibles fossiles (voir l'encadré p. 67) dont la masse est estimée à environ 10 000 GtC.

Nous ne considérons pas ici la masse de carbone retenue dans le manteau entre la base de la croûte (à 10-30 km de profondeur) et le sommet du noyau (2 900 km plus bas). C'est là que gît le principal réservoir terrestre de carbone, sa taille (400 000 000 GtC) étant égale à dix fois celle du réservoir « carbonates », en raison du volume énorme du manteau. Nous avons expliqué au chapitre 2 comment le carbone gagne ce réservoir.

Fig. 3.20. Polypiers à squelette calcaire, construisant les récifs coralliens (île de Zabargad, mer Rouge). Les calcaires récifaux constituent un rouage essentiel du réservoir géologique, dont ils représentent l'une des principales portes d'entrée. Avec les sédiments formés par l'accumulation de squelettes carbonatés issus du phytoplancton, ces calcaires sont un des cimetières du gaz carbonique anthropique capables de le soustraire de l'atmosphère pendant des durées d'ordre géologique.

Les échanges de carbone entre le réservoir atmosphère et le réservoir géologique (fonction « puits de carbone ») correspondent à des flux très faibles, de

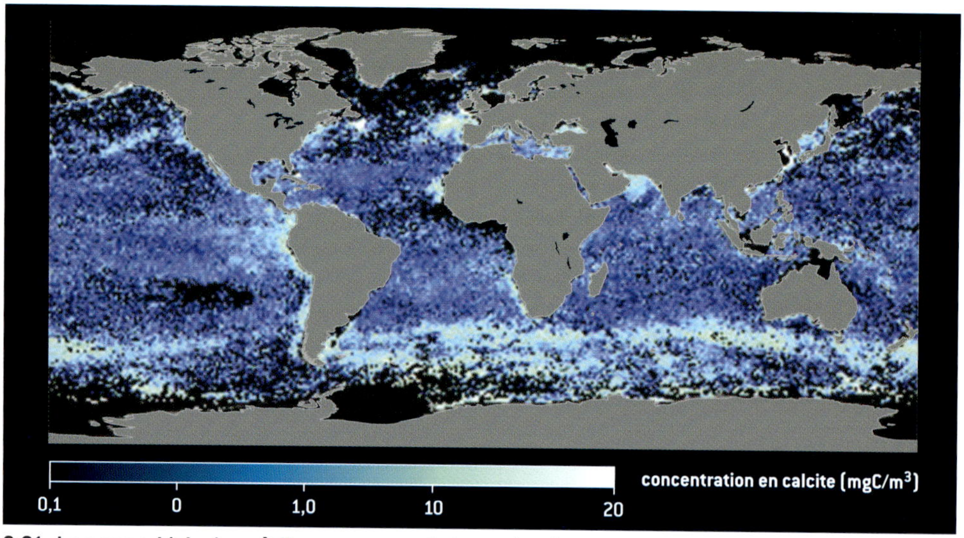

3.21. La pompe biologique à l'œuvre : carte de la production de calcaire par le phytoplancton dans l'océan en mars 2003. Notons, en particulier, la forte production au large de la France à cette époque de l'année, ainsi que la grande activité de cette pompe dans les eaux des mers froides.

sorte que le transfert en masse n'est important qu'à une échelle de temps géologique, celle du million d'années. Le retour du carbone dans l'atmosphère (fonction « source de carbone ») opère à l'occasion d'émissions volcaniques, avec des flux moyens également très faibles. Depuis peu, nous y contribuons avec l'injection d'un flux comparativement beaucoup plus élevé de carbone issu des combustibles fossiles.

Un acteur essentiel : l'océan profond

Revenons maintenant à notre question de départ. Étant donné la complexité de l'usine à gaz carbonique que nous venons de décrire, avec ses cycles emboîtés, combien faudra-t-il de temps pour absorber l'excès de carbone que nous introduisons dans l'atmosphère en brûlant des combustibles fossiles ?

Ce carbone appartient au réservoir géologique, au même titre que les carbonates ou le carbone organique piégé dans les sédiments. La durée nécessaire à son élimination devrait donc être, en toute logique, de l'ordre de plusieurs centaines de milliers d'années, temps nécessaire pour que des processus naturels l'aient fixé dans un réservoir géologique, par exemple les coraux de l'océan tropical ou la tourbe des régions septentrionales. Cette affirmation est d'une logique biblique : « Tu es terre et tu retourneras à la Terre. » Ne disposant pas d'un temps géologique, cherchons à nuancer. Les réservoirs que nous avons identifiés plus haut peuvent, en quantité variable et pour les durées qui les caractérisent, stocker le gaz carbonique injecté en excès par rapport à l'équilibre antérieur aux émissions anthropiques.

Dans le réservoir biomasse continentale, les différentes formes de végétaux absorbent massivement ce gaz atmosphérique, mais en rendent une très grande partie à l'atmosphère dans des délais de l'ordre de la décennie ou, au plus, de quelques centaines d'années. C'est donc un stockage temporaire, mais il convient de ne pas le négliger, comme nous le verrons dans le chapitre suivant. Le réservoir océan superficiel échange sur un rythme élevé avec l'atmosphère, mais également avec l'océan profond, que nous rangeons dans les réservoirs intermédiaires. Nous avons vu que le gaz carbonique entrant en masse dans ce dernier réservoir n'en ressort partiellement que quelque 500 ans plus tard. En outre, l'océan profond est la principale porte d'entrée vers le réservoir final, géologique. En raison de sa place centrale et du volume de ses échanges avec les autres réservoirs, l'océan profond détient la réponse à notre question, et c'est lui qui nous occupera dans cette seconde partie de ce chapitre.

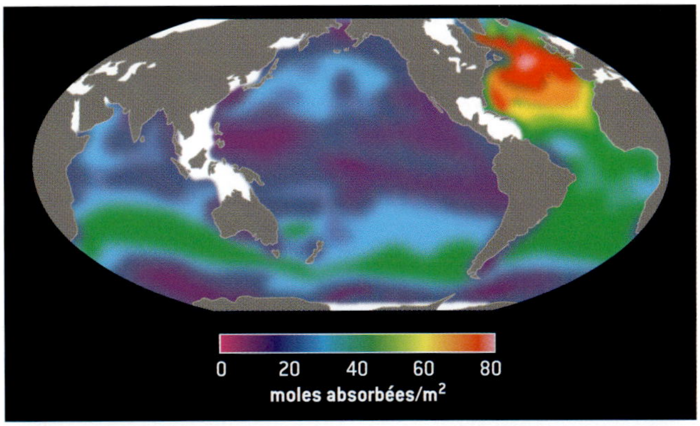

3.22. Répartition de la fraction du gaz carbonique anthropique absorbée par l'océan (toutes profondeurs) depuis 150 ans. L'absorption est surtout forte dans les eaux froides autour de l'Antarctique et dans l'Atlantique Nord, sous l'influence du phytoplancton qui y est particulièrement abondant.

L'océan profond contient une masse de carbone gigantesque – 36 000 GtC – comparée à la masse totale de gaz carbonique injectée par l'homme dans l'atmosphère depuis le début de l'ère industrielle – entre 400 et 450 GtC, selon Didier Paillard, du laboratoire des sciences du climat et de l'environnement (LSCE) de Gif-sur-Yvette. Or rappelons que, sur les 7 GtC/an que représente le flux de gaz carbonique anthropique vers l'atmosphère, l'océan profond absorbe aujourd'hui sans barguigner un flux de 2 GtC/an qui lui arrive à travers les eaux de surface (**figure 3.22**). De la disproportion entre les masses en présence, on peut admettre que l'océan profond est encore aujourd'hui à un niveau de gaz carbonique « préindustriel ».

Quelle est la destinée de ce flux anthropique dans l'océan profond ? Ce réservoir y sera-t-il indéfiniment indifférent, avalant tout ce que nous lui présenterons ? Pourquoi les eaux de surface absorbent-elles aujourd'hui seulement cette fraction et non pas l'ensemble du flux excédentaire ? Ces eaux sont-elles un goulet d'étranglement à l'entrée de l'océan profond et comment, dans ce cas, ce goulet évoluera-t-il avec le réchauffement ? Nous allons tenter de répondre à ces questions avec, en arrière-plan, la question de fond : quelle sera la durée du séjour du gaz carbonique dans l'atmosphère et quelles en seront les conséquences ?

L'océan profond peut-il absorber notre gaz carbonique ?

Un calcul très simple pourrait laisser croire que la totalité de gaz carbonique anthropique est soluble dans l'océan profond. Comparons ainsi à la masse totale d'eau de l'océan, celle qui est nécessaire pour dissoudre la masse totale du gaz carbonique que nous aurons brûlé d'ici à quelques siècles. Cette dernière quantité sera plus loin estimée entre 2 000 et 5 000 GtC. La solubilité du gaz carbonique, c'est-à-dire la fraction de ce gaz qui peut se dissoudre dans les eaux de l'océan profond – eaux salées, froides et sous pression – est d'environ un dixième de

Acidification au gaz carbonique et alcalinisation par la calcite

Voyons pourquoi la dissolution du gaz carbonique (CO_2) dans l'eau rend celle-ci plus acide. Ce gaz réagit en présence d'eau pour former l'*acide carbonique* produit par la réaction :

$$CO_2 + H_2O \rightarrow H_2CO_3$$

Il s'agit d'un acide faible. Il est, néanmoins, la cause de l'acidification que nous constatons au goût un peu piquant des eaux pétillantes, car elles sont chargées en gaz carbonique. L'acide carbonique subit une dissociation dans l'eau :

$$H_2CO_3 \rightarrow HCO_3^- + H^+.$$

Elle produit le *bicarbonate*, HCO_3^-, qui est très important car il fixe la majeure partie du carbone de l'océan dans les conditions normales. Son rôle est également de capter le calcium présent dans l'eau pour former la calcite ($CaCO_3$), minéral qui est le principal constituant des calcaires, suivant la réaction :

$$2(HCO_3^-) + Ca^{2+} \leftrightarrow CaCO_3 + CO_2 + H_2O$$

Si l'on introduit du gaz carbonique dans l'eau, on augmente l'acidité du milieu et on réduit très rapidement la stabilité du bicarbonate, principal absorbant du gaz carbonique. Par conséquent, on réduit aussi la fixation de ce dernier. Pour rétablir l'équilibre antérieur, la calcite est dissoute suivant la dernière réaction, cette fois lue de droite à gauche. Cette réaction absorbe du gaz carbonique, régénère du bicarbonate et rétablit un milieu moins acide (ne prend-on pas du bicarbonate pour soigner les aigreurs d'estomac ?). Elle a, cependant, un prix : celui de consommer de la calcite qui, présente dans le milieu, est dissoute. Ainsi s'expliquent les observations que nous allons discuter dans la suite du chapitre, et qui suscitent nos craintes : on dissout d'autant mieux le gaz carbonique atmosphérique dans l'océan que celui-ci peut lui livrer de la calcite, soit par dissolution en milieu acide, soit par apport extérieur. S'il n'y a plus de calcite disponible, la dissolution du gaz carbonique est moins aisée, ne reprenant que si, du milieu extérieur, parvient du bicarbonate et du calcium. La réaction avec le bicarbonate écrite plus haut peut alors se remettre en marche et la calcite, précipiter. La source de ce calcium et de bicarbonate ne nous est pas inconnue : c'est l'altération des silicates. Nous voyons ici poindre l'antagonisme entre le gaz carbonique acidifiant l'eau et le couple calcium-bicarbonate la rendant alcaline, ainsi que le contrôle que le taux de calcium exerce sur l'absorption du gaz carbonique atmosphérique dans l'océan.

grammes par litre d'eau (0,01 %). Il suffirait alors d'une masse d'eau de 2 000 ou 5 000 GtC / 0,01%, soit 20 ou 50 millions de Gt, ce qui est infime par rapport à la masse de l'océan mondial (1,4 milliard de Gt). En d'autres termes, l'océan pourrait théoriquement dissoudre au moins 30 fois plus de gaz carbonique que ce que nous sommes susceptibles de brûler.

Malheureusement, l'affaire relève aussi de la chimie de ce milieu, plus complexe qu'il n'y paraît. La dissolution du gaz carbonique dans l'eau se traduit par une acidification de cette dernière (voir l'encadré ci-dessus). Or la solubilité du gaz carbonique diminue lorsque l'acidité de l'eau augmente. Notre beau raisonnement s'effondre : l'acidification de l'océan résultant de la dissolution du gaz carbonique atmosphérique anthropique diminuera la solubilité de ce gaz, de telle sorte que la totalité de l'excès du carbone lié à l'utilisation des combustibles fossiles ne pourra être épongée « sans conditions » par l'océan profond. Pour découvrir quelles sont ces conditions, nous allons d'abord nous pencher sur une autre conséquence de l'acidification de l'océan.

L'océan devient plus acide, gros temps sur les récifs coralliens

En milieu acide, non seulement la solubilité du gaz carbonique diminue, mais les carbonates de calcium, ces minéraux caractéristiques des calcaires, sont déstabilisés. Conséquences : la formation de nouvelles roches carbonatées – qui ont l'insigne mérite de fixer définitivement le gaz carbonique, puisqu'elles assurent son retour dans le réservoir géolo-

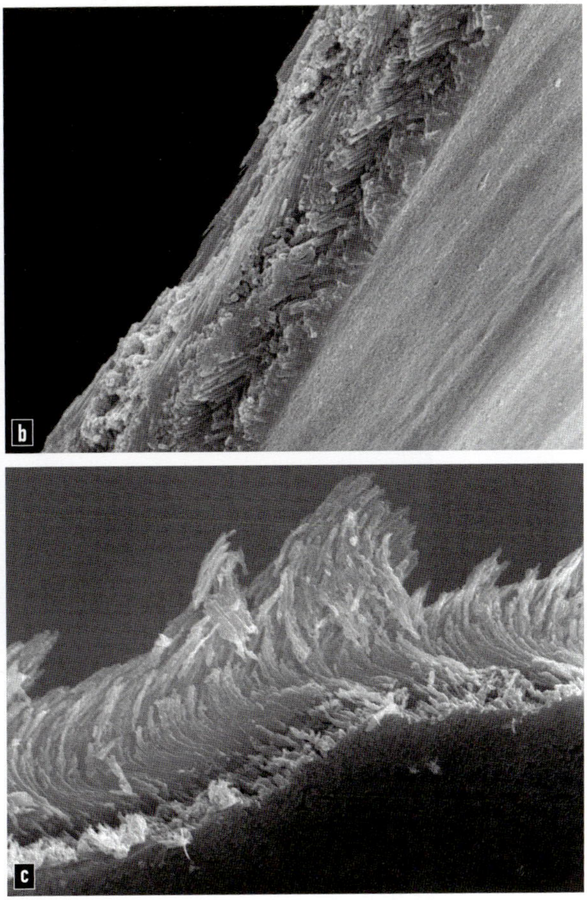

3.23. L'acidification des océans liée à l'absorption du gaz carbonique anthropique menace les organismes marins. Petit mollusque ptéropode (**a**) ; vues au microscope électronique de la surface de la coquille d'un tel ptéropode, dans son milieu marin normal (**b**) et après un séjour de 48 heures dans une eau de mer riche en gaz carbonique : elle est alors fortement corrodée (**c**).

gique – est entravée et, plus immédiatement, la dissolution du calcaire peut gravement affecter certains écosystèmes marins.

D'après des travaux récents – ils se multiplient sur le sujet – les effets de l'acidification des océans pourraient être dévastateurs pour les organismes marins fixant dans leur squelette la calcite et, plus encore, l'*aragonite* (un autre carbonate de calcium moins stable que la calcite). Les premiers à souffrir seront ceux des mers froides car, en dissolvant plus de gaz carbonique que les eaux chaudes (voir figure 3.22), elles tendront à devenir plus acides si, face à l'augmentation de la quantité de gaz carbonique dissous, les apports de carbonates en provenance des continents s'avèrent insuffisants pour maintenir l'alcalinité actuelle (voir l'encadré ci-contre). Les eaux deviendront donc corrosives vis-à-vis des carbonates. C'est ainsi que les mollusques ptéropodes qui, comme ceux de la **figure 3.23**, vivent dans les eaux de surface des mers froides, sont très vulnérables, comme l'ont montré, à l'automne 2005, James Orr et ses collaborateurs dans une note à la revue *Nature*. Il en est de même pour les coraux des grands fonds, où l'eau est également froide et donc susceptible de devenir plus acide. Aurons-nous le temps de bien connaître ces organismes récemment découverts avant qu'ils ne disparaissent, victimes d'un océan trop « corrosif » ? Telles sont les craintes

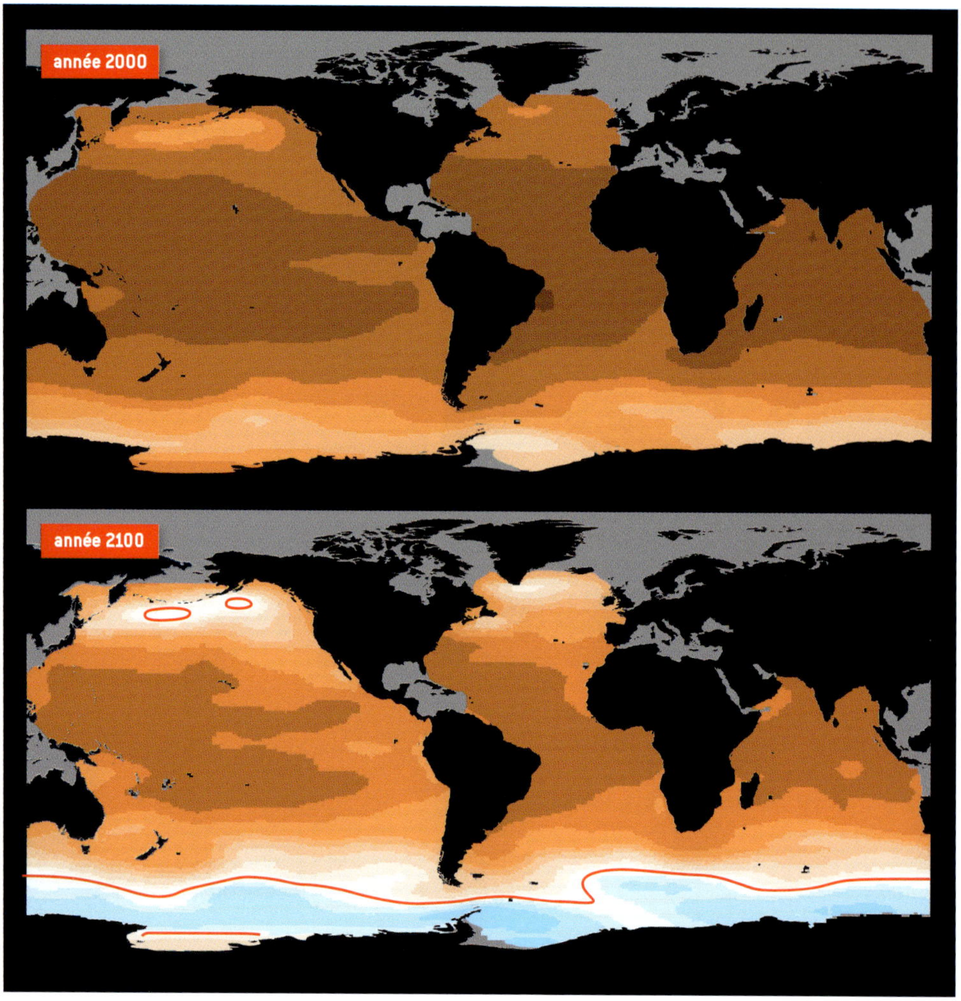

3.24. Des eaux interdites pour les organismes marins à squelette carbonaté en 2100 : les variations de l'acidité des eaux de surface entre 2000 et 2100 (les eaux les plus acides sont dans les bleus). En 2100, l'acidification des parties froides des océans (zones localisées sous ou à l'intérieur du trait magenta) sera telle que les organismes marins à squelette carbonaté ne pourront plus s'y développer. Parmi les premières victimes de ce phénomène : les micro-organismes des eaux de surface – qui prolifèrent aujourd'hui activement dans ces eaux froides – et les coraux des grands fonds.

exprimées à propos de l'acidification des eaux froides de l'océan, d'ici à la fin du siècle (**figure 3.24**).

La situation des récifs coralliens des mers chaudes, aussi emblématiques qu'efficaces puisqu'ils assurent environ moitié de la production de calcaire dans l'océan, est également menacée à terme par le réchauffement et l'acidité croissante de l'eau. On assiste déjà à la mort de récifs, reconnaissable à leur blanchiment, c'est-à-dire la perte de leurs riches couleurs (**figure 3.25**). Selon les données de l'UNER (le programme sur l'environnement des Nations unies), 30 % des coraux seraient aujourd'hui sérieusement endommagés et 60 % pourraient être perdus en 2030.

3.25. Blanchiment d'un récif corallien: corail sain (a), corail blanchi (b). Actuellement lié surtout au réchauffement ainsi qu'à la pollution et la turbidité des eaux, le blanchiment, c'est-à-dire la mort des polypiers, pourrait être accéléré par l'acidification des eaux océaniques qui menace.

Les calcaires, maîtres du jeu

Avant de revenir sur les capacités d'absorption du gaz carbonique anthropique par l'océan profond, précisons plus avant les modèles d'évolution de l'acidité des océans que nous avons effleurés avec la figure 3.24.

On mesure l'*acidité* ou, son contraire, l'*alcalinité* du milieu par le pH. Pour une valeur de 7, le pH est neutre. Il est acide pour des valeurs inférieures et alcalin pour de valeurs supérieures. À l'heure actuelle, quand on analyse le pH des eaux de surface de l'océan, il apparaît qu'elles ne sont pas acides, mais alcalines. Les plus acides, dans les tons bleu-violet sur la **figure 3.26**, correspondent aux remontées des eaux profondes froides et chargées de gaz carbonique, les zones d'upwelling des régions équatoriales. À l'inverse, les eaux les plus alcalines sont celles du nord de l'Europe où les apports continentaux de carbonates, surtout de calcium, permettent de maintenir l'alcalinité, via le bicarbonate. Ces eaux froides dissolvent le gaz carbonique, ce dernier étant également fixé par l'activité biologique du phytoplancton de l'océan dans ses tissus et son squelette sous forme de calcaire.

Par rapport au début de l'ère industrielle, le pH de l'océan de surface a déjà baissé de 0,1 point et le processus risque de s'accélérer. Un rapport de la *Royal Society* (Grande-Bretagne) en date de juin 2005 prévoit qu'en 2100, si les émissions de gaz à effet de serre se poursuivent, l'acidité des eaux de surface (avec un pH ayant baissé de 0,5) serait supérieure à celle de tous les enregistrements depuis des centaines de millénaires. À plus long terme, d'ici à deux ou trois siècles, la baisse du pH dans les eaux de surface pourrait atteindre presque une unité (**figure 3.27**), compromettant la fixation de calcaire par les organismes marins. De surcroît, dans un tel scénario, l'adaptation des espèces sensibles à l'acidité serait d'autant plus compromise que l'acidification de l'océan de surface se produirait à un rythme plus de 100 fois supérieur aux rythmes géologiques antérieurs.

La situation est moins grave et surtout moins urgente en ce qui concerne l'océan profond, où les apports de gaz carbonique – et donc l'acidification – sont différés et la vie moins active. Suivons l'analyse de Didier Paillard, chercheur au LSCE qui nous a déjà guidés quant au devenir au long terme du gaz carbonique dans ce réservoir.

Dans une première étape, l'océan absorbera, surtout par dissolution, une partie du gaz carbonique qui sera émis dans l'atmosphère par l'homme au cours des deux prochains

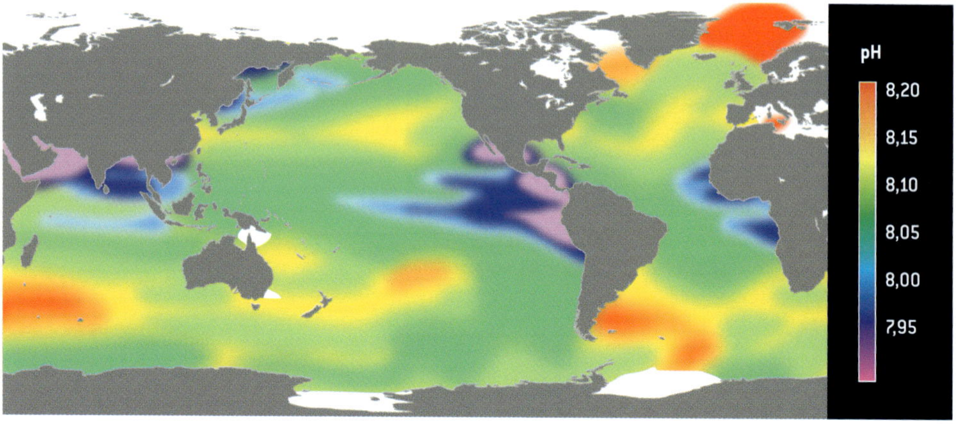

3.26. L'acidité actuelle de l'océan superficiel. Les eaux de surface ne sont pas acides, mais alcalines, surtout dans l'Atlantique Nord. En effet, bien que ces eaux soient enrichies en gaz dissous, car froides, elles reçoivent des continents voisins des ions carbonates qui, réagissant avec le gaz dissous, induisent leur alcalinisation. Ainsi, la plongée du Gulf Stream (l'un des courants de la bande convoyeuse évoquée figure 3.17) dans l'Atlantique Nord entraîne vers l'océan profond les eaux les plus riches en carbone d'origine atmosphérique, mais aussi les plus alcalines. À l'inverse, les eaux les plus acides sont les eaux froides, chargées de gaz carbonique dissous, qui remontent de l'océan profond dans la zone équatoriale où, se réchauffant, elles vont relâcher ce gaz dissous.

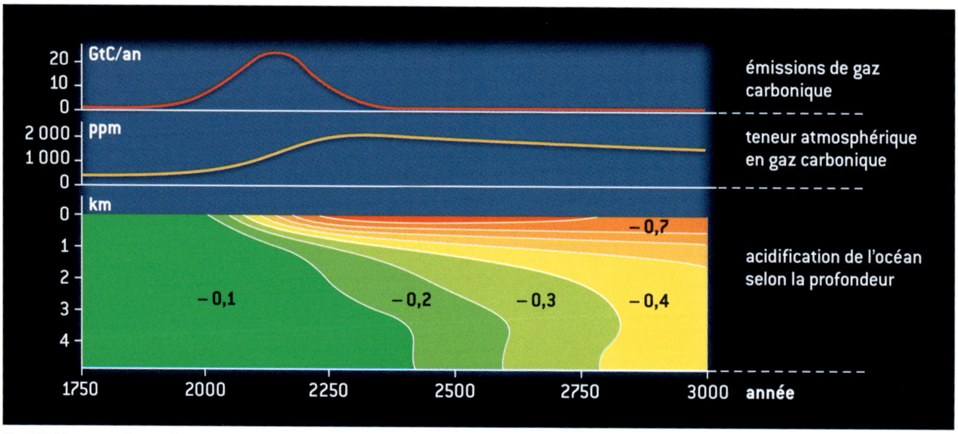

3.27. Une estimation de l'augmentation de l'acidité de l'océan en fonction de sa profondeur entre le début de l'ère industrielle et 3000. Ce modèle résulte du profil d'émissions de gaz carbonique anthropique reporté en haut de la figure, lequel conduit à l'évolution de teneur en gaz carbonique atmosphérique visible sur la partie médiane de la figure. On note la forte acidification de l'océan superficiel qui suit le pic des émissions de gaz carbonique, ainsi que sa lente propagation vers l'océan profond. GtC : milliard de tonnes de carbone. Ppm : parties par million.

siècles. Avec un retard dû à la pénétration très lente de ce gaz jusque dans les profondeurs abyssales ainsi qu'au temps nécessaire au mélange des eaux profondes, c'est seulement vers la fin du présent millénaire que l'océan profond atteindra son acidité maximale. Cette étape franchie, l'acidité de l'océan ainsi induite lui interdirait d'accueillir davantage de gaz carbonique, si le calcaire océanique n'était déstabilisé et ne commençait à se dissoudre.

En effet, la dissolution du calcaire contenu dans les eaux océaniques induit une diminution de l'acidité du milieu, car elle libère, outre des ions calcium (Ca^{2+}), des ions bicarbonates (HCO_3^-) qui rendent le milieu plus alcalin. Cette dissolution aura progressivement ramené l'eau à son alcalinité normale au bout d'environ 10 000 ans, en dissolvant une quantité de calcaire égale à celle du carbone injecté en excès. Cette opération permet de reprendre progressivement l'absorption du gaz carbonique atmosphérique pendant cette période. Sur le long terme, la dissolution du gaz carbonique atmosphérique, ainsi que la reprise du dépôt des calcaires dans l'océan, sont contrôlées par l'apport du calcaire produit par la dissolution des silicates exposés sur les surfaces continentales et soumis à l'altération.

L'encadré p. 78 détaille plus avant les subtilités du jeu entre le gaz carbonique et les calcaires. Résumons et illustrons par un schéma (**figure 3.28**) ce point complexe, mais crucial. De nos jours jusqu'à 1 000 ans, dissolution du gaz carbonique atmosphérique et acidification. De 1 000 à 10 000 ans, dissolution de la calcite océanique, libération de bicarbonate, alcalinisation. Pendant cet intervalle de temps, l'océan peut de nouveau dissoudre du gaz carbonique atmosphérique, avec poursuite de la dissolution de calcite océanique pour éviter l'acidification de l'océan. Puis, après 10 000 ans, cette source de calcaire océanique qui a permis la poursuite de la dissolution du gaz carbonique atmosphérique par l'océan est supplantée par les apports continentaux de calcium et de bicarbonate, issus de l'altération des silicates. On retrouve ainsi les trois

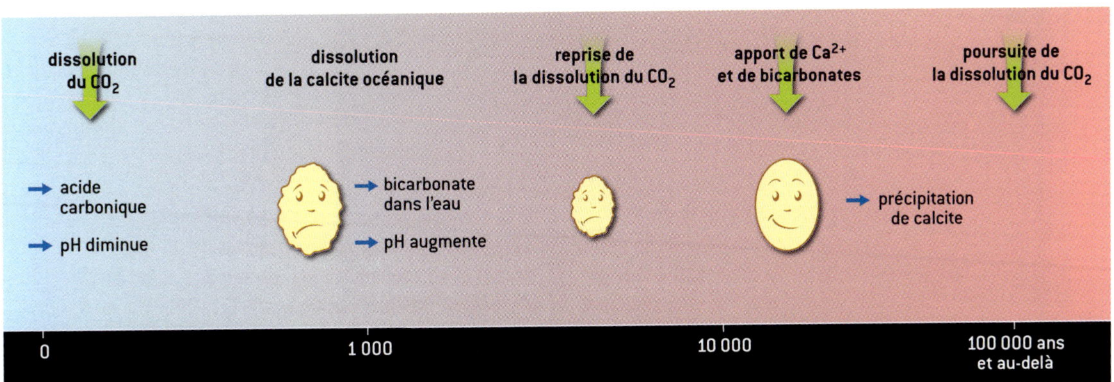

3.28. Les calcaires maîtres du jeu : contrôle par la calcite de l'évolution dans le futur de la dissolution du gaz carbonique par l'océan. D'aujourd'hui à la fin du millénaire : dissolution du gaz carbonique par l'océan qui devient de plus en plus acide. De 1 000 à 10 000 ans dans le futur : dans un océan acidifié où la dissolution du gaz carbonique est compromise, elle passe sous la dépendance de celle de la calcite. Libérant du bicarbonate, celle-ci alcalinise le milieu et autorise la poursuite de la dissolution du gaz carbonique. Vers 10 000 ans et au-delà, ce sont les apports extérieurs de calcium et de bicarbonate dans l'océan qui permettent la dissolution du gaz carbonique, la reprise de la précipitation de calcite et, avec celle-ci, la séquestration définitive du gaz carbonique atmosphérique dans les calcaires marins.

phases de la décroissance de la concentration en gaz carbonique atmosphérique discutées ci-dessous.

Le processus de dissolution de gaz carbonique atmosphérique et de formation de calcaire dans l'océan est donc extrêmement lent. Il se déroule à une échelle de temps géologique. C'est ainsi en dizaines de milliers d'années que risque de se compter la durée nécessaire à la séquestration du gaz carbonique atmosphérique dans le réservoir océan profond et dans le réservoir géologique (calcaires) : bien du temps va s'écouler avant que la Terre n'ait oublié l'épisode anthropique qu'aura été l'usage massif de combustibles fossiles par l'homme.

Valse à trois temps du gaz carbonique et des calcaires

Pendant le prochain millénaire, comme discuté ci-dessus, le gaz carbonique atmosphérique excédentaire peut être entièrement absorbé et dissous dans les eaux profondes de l'océan : c'est le premier temps de la valse. Au-delà, s'ouvre une période nouvelle car l'acidité de l'océan lui ferme la porte. Entrent alors en scène les carbonates, surtout de calcium (les calcaires), présents dans les boues sédimentaires de l'océan profond, dont la dissolution rétablira l'alcalinité de l'eau et permettra la reprise de la dissolution du gaz carbonique. C'est le deuxième temps de la valse (**figure 3.29**).

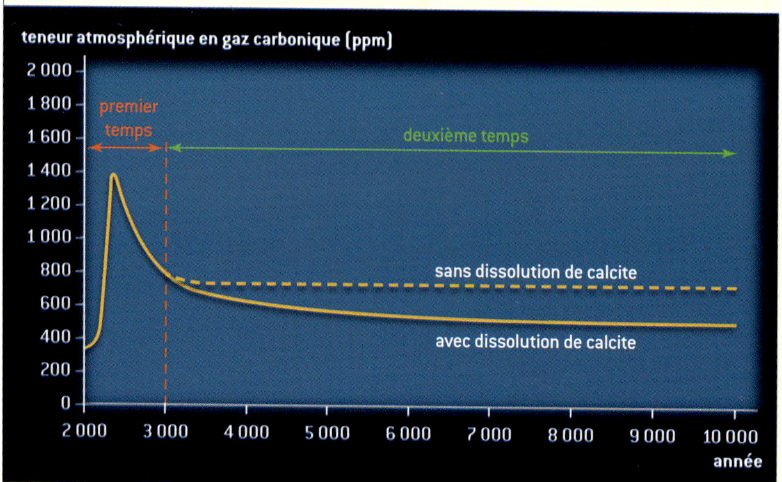

3.29. Les deux premiers temps de l'absorption du gaz carbonique par l'océan, avec et sans l'intervention des calcaires. Si l'on ignore l'action des calcaires (courbe en tirets), la dissolution du gaz carbonique atmosphérique se bloque progressivement, tandis que si la dissolution des calcaires intervient, celle du gaz carbonique atmosphérique se poursuit, sur un rythme certes plus lent que durant le premier temps. Cette modélisation correspond à la dissolution dans l'océan d'un stock de gaz carbonique atmosphérique de 3000 GtC. Ppm : parties par million.

Suivons David Archer, de l'université de Chicago, qui a quantifié le processus de la neutralisation de l'acidité en fond de mer par le calcaire. Il retient une masse de 1800 GtC contenue dans les calcaires du fond de l'océan qui sont exposés à la dissolution. La masse du gaz carbonique qu'il conviendrait encore de dissoudre ne dépasse pas 1 000 GtC (nous verrons toutefois que dans les évaluations les plus hautes, cette masse atteint 5 000 GtC). Dans ces conditions, la dissolution n'affectera que 70-80 % de la masse du calcaire altérable au moment où le système passera, après 10 000 ans, dans le troisième temps de son évolution, pour des raisons complexes surtout liées au fait qu'il a globalement évolué avec la dissolution d'une masse importante de gaz carbonique atmosphérique.

Dans ce dernier mouvement de notre valse, c'est l'altération des silicates continentaux, délivrant des carbonates, qui commande la dissolution dans l'océan des derniers 5-8 % de gaz carbonique atmosphérique, mais à son rythme, géologique, soit sur quelques centaines de milliers d'années. Le premier temps de la valse en aura éliminé 70-80 %, et le deuxième 15 %. Notons au passage que pendant les premiers milliers d'années, la teneur en calcaire des sédiments du fond baissera notablement car les apports de la surface ne compenseront pas leur dissolution.

Gaz carbonique anthropique : condamnation à perpétuité ?

Coke en stock

Tentons maintenant de mettre ensemble les pièces du puzzle présentées dans ce chapitre pour répondre à notre question du temps de résidence forcée du gaz carbonique anthropique dans l'atmosphère.

Suivons l'analyse de Didier Paillard et de David Archer. Leur approche se singularise déjà par un raisonnement non en termes de flux annuel de gaz carbonique d'origine anthropique, comme nous y sommes habitués, mais en termes de masse totale de combustibles fossiles qu'il nous sera possible (ou autorisé) de brûler. La masse de ces combustibles contenus dans la croûte terrestre est objet de spéculation, tout autant que la fraction que nous pourrons en extraire à l'aide de technologies de plus en plus sophistiquées. Partant de l'estimation de 10 000 GtC de combustibles fossiles enterrés dans les couches sédimentaires, à l'exclusion des clathrates, on peut fixer entre 2 000 et 5 000 GtC la masse de ce combustible accessible à l'homme et qu'il pourrait brûler. Il convient de prendre la mesure de ces quantités énormes. Elles sont entre 3 et 8 fois supérieures à la masse du carbone contenu dans l'atmosphère préindustrielle (qui était de 590 GtC, contre 720 aujourd'hui). Sur ces bases, tentons de préciser les processus mis en œuvre et le bilan atmosphérique de ces échanges.

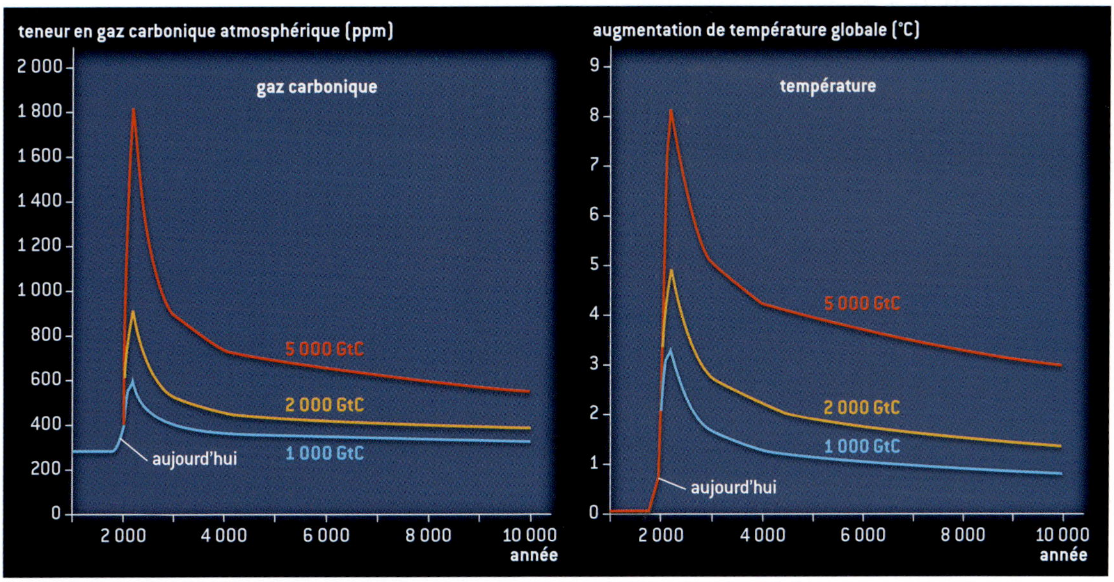

3.30. Des scénarios inquiétants : calcul des augmentations des teneurs atmosphériques en gaz carbonique et des températures au cours des prochaines 10 000 années, selon que la masse totale de combustibles fossiles brûlés par l'homme sera de 1 000 (en bleu), de 2 000 (en jaune) ou de 5 000 GtC (en rouge). Partant à l'origine de la teneur pré-industrielle (en ppm) en gaz carbonique, on observe un pic d'émissions vers 2300, peu après l'épuisement des combustibles fossiles. Dans le scénario intermédiaire (2 000 GtC consommées par l'homme), le pic de teneur en gaz carbonique attendu d'ici 200 à 300 ans est de 1 000 ppm, avec une augmentation de température globale de 5 °C par rapport à la température actuelle. Au tournant du prochain millénaire, la teneur en gaz carbonique serait d'environ 500 ppm et l'augmentation de température de près de 3 °C. GtC : milliard de tonnes de carbone. Ppm : parties par million.

Imaginons donc que l'humanité brûle 2 000 GtC de combustibles fossiles au cours des deux ou trois prochains siècles, puis qu'elle s'en tienne là, faute de carburant ou instruite par son expérience. Pendant cette période d'intenses émissions, l'océan absorbe une certaine partie du gaz carbonique émis et le solde est rejeté dans l'atmosphère : la teneur atmosphérique en gaz carbonique grimpe donc jusqu'à atteindre un pic, qui saluera la fin de l'ère des combustibles fossiles ou le début de l'âge de raison. Ce pic correspondra à une teneur de près de 1 000 ppm de gaz carbonique dans l'atmosphère, entre deux et trois fois la teneur actuelle, et la température moyenne aura augmenté d'environ 5 °C par rapport à la température d'aujourd'hui (**figure 3.30**).

D'ici à 1 000 ans, une durée bien longue en raison de la lenteur des mélanges dans l'océan profond, l'océan aura séquestré par dissolution environ les deux tiers du gaz carbonique issu de la masse totale des combustibles fossiles que nous aurons brûlée dans les prochains siècles. En l'absence de catastrophe imprévue, ce stockage par dissolution serait également définitif.

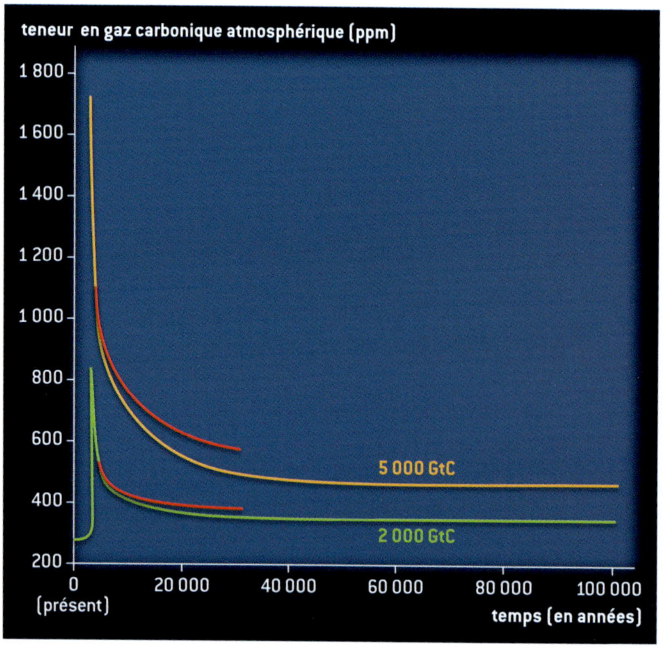

3.31. Des prévisions à très long terme : évolution de la teneur atmosphérique en gaz carbonique sur 100 000 ans, selon que la masse totale de combustibles fossiles brûlés par l'homme sera de 2 000 GtC (courbe verte) ou de 5 000 GtC (courbe jaune) et si l'on prend en compte les effets du réchauffement de l'océan (courbes rouges). Après le pic des émissions d'ici à deux ou trois siècles, si la masse brûlée est de l'ordre de 2 000 GtC, la teneur de l'atmosphère en gaz carbonique tendra vers la teneur d'aujourd'hui pendant des dizaines de millénaires. Au-delà de 100 000 ans, avec une fraction de plus de 6 % de notre gaz carbonique anthropique dans l'atmosphère, la température moyenne serait encore un peu supérieure à l'actuelle. Avec 5 000 GtC brûlées et si l'on prend en compte l'effet de l'augmentation de la température (segment de courbe rouge jusqu'à 35 000 ans), cette teneur atmosphérique serait encore le double de l'actuelle dans 100 000 ans. GtC : milliard de tonnes de carbone. Ppm : parties par million.

Au-delà du millénaire, la petite fraction de gaz carbonique anthropique refusée par l'océan ne baissera que très lentement, empoisonnant l'atmosphère pour des dizaines de millénaires, car elle ne sera que très progressivement réduite, au rythme de la dissolution de la calcite océanique d'abord, puis de l'arrivée de calcium et de bicarbonate dans l'océan suite à l'altération des silicates et à la fixation du gaz carbonique dans les calcaires. Le processus se poursuivrait au-delà de 100 000 ans, avec une fraction d'encore un peu plus de 6 % de notre gaz carbonique anthropique dans l'atmosphère (**figure 3.31**) et une température moyenne toujours supérieure à l'actuelle. Dans sa dernière publication, David Archer reprend et précise des résultats antérieurs et intègre les effets du réchauffement de l'océan profond qui entraînera une baisse de sa capacité à dissoudre les gaz (rappelons que l'on dissout moins de gaz dans une eau plus chaude). Au fil des millénaires, l'océan profond se réchauffant subira donc une perte d'efficacité comme « éponge » de notre carbone (courbes rouges sur la figure 3.31).

Une fermeture progressive de la vanne de carbone vers l'océan profond ?

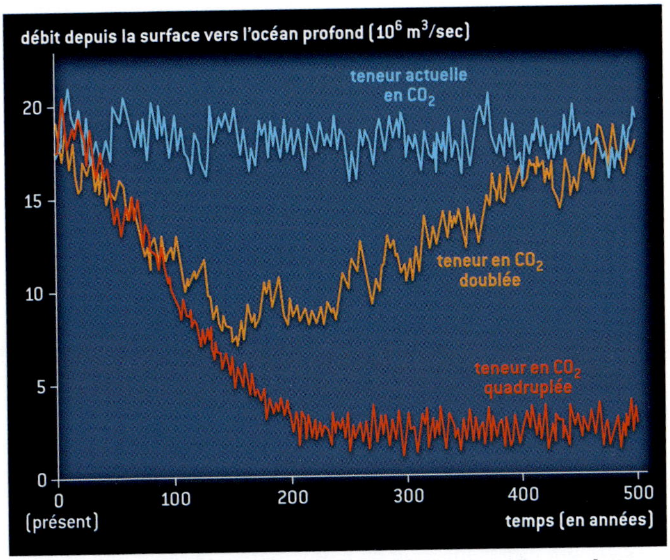

3.32. La stratification croissante de l'océan consécutive à l'augmentation de la teneur atmosphérique en gaz carbonique. Sur cette figure, on mesure la stratification par l'évolution du débit d'eau depuis la surface vers l'océan profond en fonction du temps et de la teneur atmosphérique en gaz carbonique (courbe bleu : teneur actuelle ; courbe orange : teneur doublée ; courbe rouge teneur quadruplée). On observe que le débit en millions de m^3/s depuis la surface vers l'océan profond décroît rapidement et d'autant plus que la teneur atmosphérique en gaz carbonique est plus élevée, pour devenir pratiquement nul pour une teneur multipliée par quatre.

Les estimations précédentes, pour inquiétantes qu'elles soient, sont assez robustes, car elles reposent sur la modélisation de processus physico-chimiques simples et, dans l'ensemble, assez bien connus. Elles rejoignent d'ailleurs des conclusions du rapport du GIEC (Groupe intergouvernemental d'étude du climat) daté de 2001, passées largement inaperçues. Circonstance aggravante, la réaction de l'océan superficiel pourrait en affecter le calendrier. Nous allons comprendre pourquoi.

Nous avons vu qu'une fraction du gaz carbonique atmosphérique se dissout dans l'océan superficiel suivant un équilibre physico-chimique avec le gaz carbonique atmosphérique, puis qu'une partie gagne l'océan profond. À l'heure actuelle, le puits de carbone que constitue le réservoir océanique absorbe plus de 2 GtC sur les 7 GtC émises annuellement par l'homme, limitant ainsi la progression de la teneur atmosphérique en gaz carbonique. *A priori*, la pression atmosphérique en gaz carbonique augmentant, ce gaz devrait se dissoudre davantage dans les eaux de surface de l'océan, au moins dans un futur proche. Or on soupçonne que le flux de gaz carbonique vers l'océan pourrait diminuer, voire s'inverser, avec le réchauffement en cours, à cause d'un blocage – partiel ou total – de la vanne faisant communiquer la surface de l'océan et l'océan profond. Deux phénomènes au moins pourraient en perturber le fonctionnement.

Le premier est lié à ce que l'on appelle la *stratification de l'océan*, c'est-à-dire à sa séparation en une couche superficielle, plus chaude, plus légère et plus agitée, et une couche profonde, plus froide, plus dense et plus calme. La première couche s'identifie avec le réservoir temporaire de l'océan superficiel qui nous est familier et c'est elle que le réchauffement touchera d'abord. L'eau de surface s'en trouvera d'autant moins dense et « flottera » encore mieux sur l'eau profonde, plus froide et plus dense, limitant les échanges avec le réservoir océan profond (**figure 3.32**).

Second phénomène qui est source d'inquiétude : la dissolution du gaz carbonique diminuant quand la température augmente, l'absorption de ce gaz par l'océan de surface pourrait être réduite en proportion. Le réchauffement qui touche déjà l'océan superficiel, avec une augmentation de sa température de 0,5 °C au cours du XXe siècle,

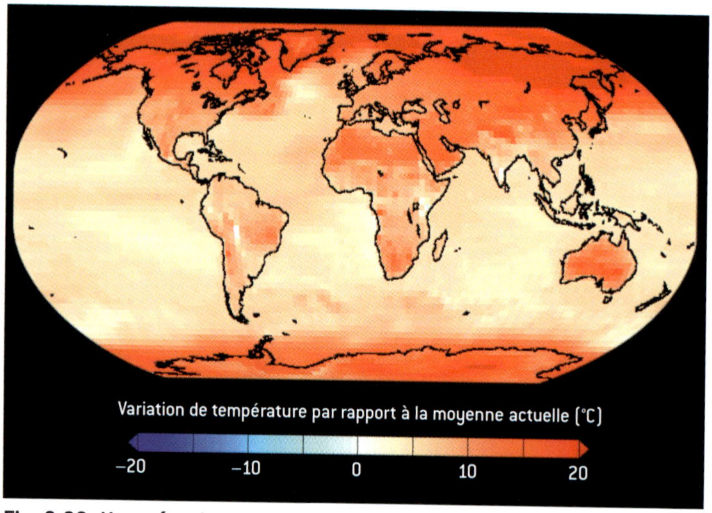

Fig. 3.33. Un scénario-catastrophe : une augmentation dantesque de la température atmosphérique en 2300, suite à la réduction de l'absorption de gaz carbonique par un océan de surface aux eaux plus chaudes. Pour obtenir un tel modèle, avec une température moyenne de près de 8 °C au-dessus de celle d'aujourd'hui, les auteurs partent d'une teneur en gaz carbonique atmosphérique presque quadruplée, intermédiaire entre les deux scénarios de la figure 3.32.

a déjà causé une baisse de 6 % de la fraction de gaz carbonique dissoute en 20 ans. Ainsi, pourrait se fermer progressivement la vanne à travers laquelle le gaz carbonique atmosphérique plonge vers l'océan profond. Voici un nouvel exemple de ces rétroactions positives évoquées au chapitre précédent qui viennent amplifier l'amorce d'un dérèglement. Certains modèles prenant en compte cette diminution de l'absorption du gaz carbonique atmosphérique suite au réchauffement des eaux de surface prévoient des augmentations considérables de la température atmosphérique (**figure 3.33**).

La leçon des crises géologiques

Par l'ampleur qu'elle prend et par sa soudaineté, la crise engendrée par nos émissions de gaz carbonique s'apparente aux crises géologiques du passé, dont certaines ont momentanément altéré le climat et provoqué des extinctions biologiques massives. Un retour sur ces événements anciens peut nous aider à prévoir les conséquences de la crise actuelle dans le cas où des mesures correctives ne seraient pas prises. La plus grande extinction de masse ayant affecté la biosphère, avec la disparition de 80 % des espèces vivantes, marque un changement d'ère géologique : elle s'est produite lors du passage du Permien au Trias. Malheureusement, ses causes en sont encore discutées et sa nature pourrait être fort différente de celle de la crise dans laquelle nous entrons, tout comme de celle qui vit la disparition des dinosaures à la fin du Crétacé, communément attribuée à la chute d'une météorite et/ou à un cataclysme volcanique.

En revanche, nous avons ouvert ce chapitre par l'évocation de la crise du Paléocène, vieille de 55 millions d'années, et montré que par sa durée et son ampleur, elle faisait écho aux prévisions présentées plus haut concernant la crise climatique actuelle. Celle-ci pourrait clore la plus courte période géologique, entamée avec le début de l'ère industrielle – « l'Anthropocène », terme inventé par Paul Crutzen, prix Nobel pour ses travaux sur l'ozone atmosphérique. Quand on étudie l'enregistrement en continu des températures atmosphériques dans des couches sédimentaires prélevées par les forages océaniques, on observe à cette période du Paléocène un pic géologiquement soudain. Cette crise climatique aurait été déclenchée par un épisode volcanique majeur dont on retrouve les traces sur la côte du Groenland et qui accompagne l'ouverture de l'Atlantique Nord. On en détecte les émissions dans les sédiments immédiatement sous-jacents à ceux qui témoignent de l'événement climatique. Le gaz carbonique libéré par ce volcanisme et le réchauffement induit auraient pu entraîner la fonte de clathrates et leur dégazage, se traduisant par une émission massive de méthane. Ce dernier aurait été converti en gaz carbonique et en vapeur d'eau en quelques années, un délai insignifiant au regard des durées ici considérées. Rappelons que l'on pense à une contribution importante des clathrates en raison des anomalies isotopiques du carbone.

Cette hypothèse est encore discutée, mais quoi qu'il en soit, l'événement est brutal, n'ayant duré que 1000 à 2000 ans selon une récente synthèse (voir figure 3.4). La masse émise est estimée, sur la base de mesures des isotopes du carbone, à plus de 2000 GtC par Gerald Dickens et ses collaborateurs de l'université du Michigan. C'est une masse comparable à celle que D. Paillard et D. Archer ont prise en compte pour construire les modèles présentés plus haut (voir figures 3.30 et 3.31).

On ne sera pas surpris d'apprendre qu'une telle masse de gaz carbonique ait pu induire, par acidification de l'océan, une extinction du plancton et une forte baisse de la sédimentation carbonatée. Ainsi, par une analyse des carottes sédimentaires forées dans l'Atlantique publiée en juin 2005 dans la revue *Science*, James Zachos et ses collaborateurs, montrent que la *lysocline* (profondeur limite de dépôt des carbonates,

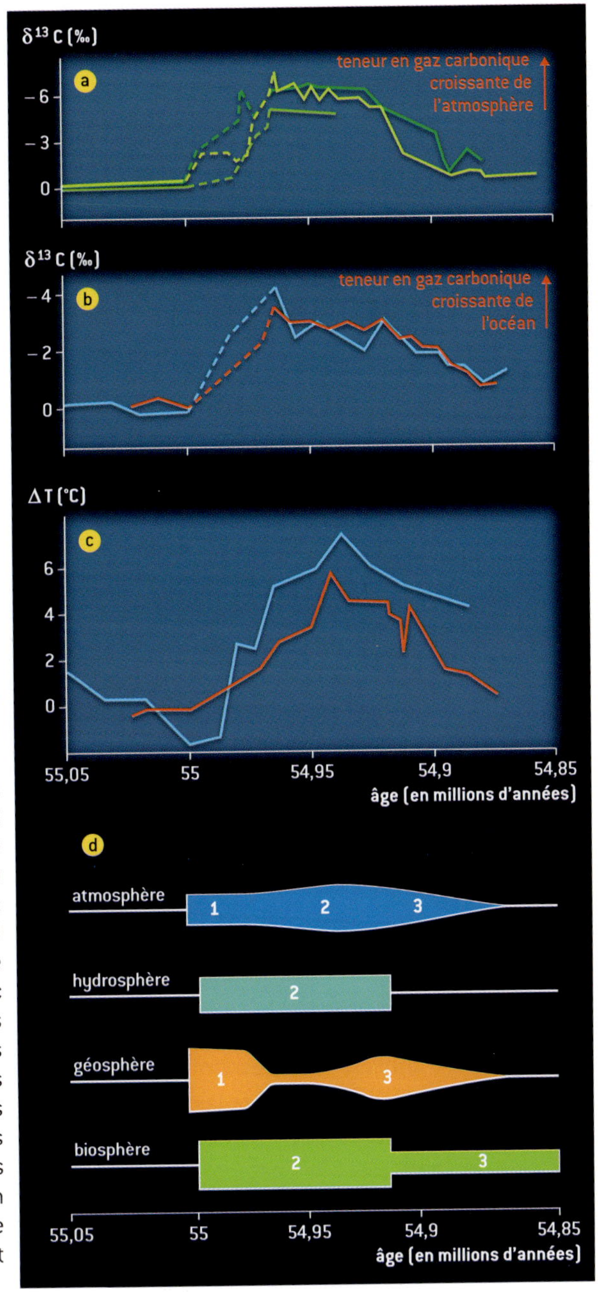

3.34. Différents impacts de la crise climatique du Paléocène (– 55 millions d'années). Cette compilation réalisée par les principaux chercheurs ayant étudié cette crise présente l'évolution de la teneur en gaz carbonique de l'atmosphère mesurée grâce aux isotopes du carbone en milieu continental (**a**, chaque courbe correspond à une région différente) et en milieu océanique (**b**, courbe bleue : Atlantique, courbe rouge : Pacifique). On suit la signature isotopique du carbone 13 ($\delta^{13}C$) : une diminution de la teneur en ^{13}C reflète une contribution de carbone « fossile ». Les courbes **c** montrent les variations de température des océans dans l'Atlantique (bleu) et le Pacifique (rouge). Ces données prouvent que la crise du Paléocène n'a pas duré plus de 100 000 ans et qu'elle fut planétaire. Les blocs de couleur (**d**) illustrent quelques-uns de ses effets sur le système Terre, au début de la crise (1), lors de son paroxysme (2), lors de la phase de restauration (3). Le bloc « géosphère » représente la décharge de carbone organique dans l'atmosphère et son devenir, et le bloc « biosphère » les disparitions d'espèces.

due à leur dissolution sous l'effet de la pression de l'eau) est remontée de 2 kilomètres en moins de 10 000 ans, ne retrouvant son niveau profond initial qu'au-delà de 100 000 ans. Une synthèse récente illustre les principaux aspects de cette crise (**figure 3.34**). Retenons en particulier la poussée de la température qui a atteint jusqu'à environ 5 °C, sinon plus aux hautes latitudes. Les différents auteurs notent, incidemment, que l'émission de gaz carbonique correspondrait à un flux annuel comparable au flux actuel anthropique.

Ainsi, l'analyse géologique et géochimique de cet événement du Paléocène confirme de façon remarquable, en termes de masse de gaz carbonique mise en œuvre, d'élévation de la température, d'acidification des eaux et de durée, les prévisions présentées plus haut et qui proviennent, elles, d'une modélisation physico-chimique, totalement indépendante. Cette crise du Paléocène serait-elle un écho lointain de la catastrophe climatique qui nous menace ? Faut-il ajouter qu'elle s'est accompagnée d'un sévère épisode d'extinction ainsi que d'un renouvellement des espèces végétales et animales marines, aussi bien que continentales ?

Empoisonnement mortel ?

L'ampleur et surtout la durée du réchauffement maintenant envisagées changent les perspectives d'une « crise du gaz carbonique » que l'on pensait ne devoir durer que quelques centaines d'années. Cette myopie permettait d'ignorer les conséquences lointaines de nos émissions actuelles. Il est vrai que sur les figures 3.30 et 3.31, on observe, sitôt après le pic de teneur atmosphérique en gaz carbonique attendu dans 200 à 300 ans et le pic de température qui l'accompagne, une décroissance rapide. Il est donc naturel que le public focalise son attention sur le ou les quelques prochains siècles.

Et pourtant, comment passer sous silence les quelque 20 % de gaz carbonique atmosphérique anthropique qui subsisteront pour des dizaines, voire des centaines de siècles. Leurs effets risquent d'être considérables, vraisemblablement pires que ceux des déchets nucléaires les plus dangereux dont la durée de vie est comparable, mais la masse infiniment moindre. Ainsi, la prochaine glaciation, attendue en raison d'une baisse progressive de l'insolation d'ici 30 000 à 60 000 ans, serait différée. Selon des résultats publiés en 2005 par David Archer et Andrey Ganopolski, cette glaciation, dans laquelle nous aurions dû entrer prochainement, pourrait n'intervenir que dans 130 000 à 500 000 ans (au plus tôt), suivant que le stock de combustibles fossiles que nous aurons consommé dans quelques siècles sera de 2 000 ou de 5 000 GtC. On aura par ailleurs remarqué que dans les modèles présentés figure 3.30, la température atmosphérique moyenne dans 10 000 ans demeurera encore 2 °C plus élevée qu'actuellement.

Il y a aussi des conséquences un peu moins lointaines, bien qu'à l'échéance de milliers d'années, et beaucoup plus redoutables qui sont probablement inévitables. Citons la fonte des calottes polaires, surtout celle du Groenland, entraînant une montée du niveau de l'océan de quelques dizaines de mètres, et la fonte des clathrates, aujourd'hui prisonniers des mers peu profondes, qui pourrait libérer des masses de méthane comparables à celles qui engendrèrent la crise climatique du Paléocène.

Enfin, rappelons qu'à court terme, les modèles que nous avons évoqués ouvrent déjà des perspectives bien inquiétantes. Dans un scénario relativement optimiste, avant qu'une autre source d'énergie ne s'y substitue, la masse de combustibles fossiles brûlés serait de 2 000 à 3 000 GtC, soit environ la moitié du stock accessible. Suite à l'émission du gaz carbonique correspondant, la température devrait monter de 5 °C dans les prochains siècles. Dans le scénario pessimiste où nous utiliserions l'ensemble du stock de combustibles disponible, estimé à 5 000 GtC, le pic de température atmosphérique dans les prochains siècles pourrait dépasser 8 °C et, au cours des prochains millénaires, l'augmentation de la température de l'océan serait à peine inférieure, des conditions pouvant menacer la survie de certains organismes dits « supérieurs ».

C H A P I T R E 4

Le retour du dragon dans son antre

La capture du gaz carbonique puis sa séquestration à long terme figurent en bonne place parmi les actions destinées à lutter contre l'emballement de l'effet de serre. Dans cette perspective, le stockage dans des réservoirs souterrains semble notre meilleur atout. La séquestration dans des roches sédimentaires est assez bien connue : les ingénieurs du pétrole injectent déjà du gaz dans des gisements en fin de vie pour en récupérer les hydrocarbures résiduels. Mais de tels réservoirs seront-ils assez vastes et, surtout, suffisamment étanches ? L'injection dans les basaltes, moins familière, paraît plus prometteuse, car les capacités de ces roches semblent énormes et le gaz carbonique y serait définitivement séquestré. Quoi qu'il en soit, si le succès de la séquestration à grande échelle demeure encore hypothétique, le renouveau du charbon, attendu dans la foulée de la prochaine pénurie du pétrole, pourrait bien doper les recherches dans ce domaine, car ce combustible émet bien plus de gaz carbonique que l'or noir. Une révolution industrielle et sociétale pourrait en résulter.

Le site gazier offshore de Sleipner en mer du Nord, où le gaz carbonique est séparé du gaz naturel auquel il était mélangé puis séquestré par injection dans des couches sédimentaires profondes.

Pourquoi chercher à séquestrer le gaz carbonique ?

En exergue de ce chapitre, citons la phrase prononcée, à la surprise générale, par Lord Oxburgh, un collègue géologue président de la compagnie pétrolière Shell, lors d'une adresse solennelle en juin 2004 : « *La séquestration est difficile, mais si nous n'avons pas la séquestration, je ne vois pas beaucoup d'espoir pour le monde.* »

Pourquoi en ce lieu des paroles aussi fortes ? La situation est-elle si grave ? Oui, c'est ce que nous avons établi au précédent chapitre : si nous brûlons tout le stock de combustibles fossiles qui est à notre portée, soit 5 000 GtC (milliards de tonnes de carbone) d'après les experts, nous allons vers un futur incontrôlé. La séquestration est-elle notre seul espoir ? Oui, car le déploiement de toute la panoplie des autres moyens pour contenir les émissions de gaz carbonique – que nous qualifierons parfois dans ce chapitre de son nom chimique : dioxyde de carbone – ne suffira pas et, comme le président de la compagnie Shell, nous pensons que la séquestration sera prééminente. Mais peut-être pas sous la forme généralement attendue.

Avec le concept des cycles emboîtés dans lesquels le carbone du gaz carbonique atmosphérique circule, nous avons montré au chapitre 3 que la contribution anthropique à l'enrichissement de ce gaz dans l'atmosphère sera encore plus difficile à éradiquer qu'on ne l'admet. En effet, les combustibles fossiles à l'origine de ce gaz carbonique proviennent de gisements souterrains, de ce que l'on a appelé le réservoir géologique. Aussi, pour soustraire complètement à l'atmosphère cette fraction de gaz carbonique anthropique, il est nécessaire de la renvoyer dans ce réservoir, poussant ainsi sous le tapis la poussière que nous avons levée.

Dans cette entreprise, la nature nous offre son aide. Une partie du carbone atmosphérique est captée par la végétation des continents, circulant dans un cycle temporaire dont la période est typiquement de la trentaine d'années. Au-delà, le gaz carbonique nous revient. Nous allons voir que ce stockage est également limité en volume. L'océan nous est d'une aide supérieure en absorbant actuellement le tiers de nos émissions, surtout sous une forme dissoute. Une partie de ce gaz carbonique nous reviendra toutefois après plusieurs centaines d'années, par l'entremise de la circulation océanique générale. Enfin, suite à l'altération des roches silicatées et grâce à des activités biologiques comme celle des récifs coralliens, qui fixent le gaz carbonique dans des constructions calcaires, le réservoir géologique absorbe du gaz carbonique atmosphérique, mais avec une lenteur… géologique, donc de peu de secours pour l'espèce humaine.

La séquestration artificielle apparaît comme un court-circuit, renvoyant à la Terre le carbone que nous lui avons soutiré. C'est le seul moyen de continuer à brûler des combustibles fossiles, théoriquement sans émissions de gaz carbonique puisque le gaz produit serait dans ces conditions, soit stocké, après avoir été capté, au sein de réservoirs souterrains, soit séquestré dans des roches, les atomes du gaz carbonique s'intégrant alors dans la structure cristalline de ces dernières. On parlera plus volontiers de stockage géologique dans le premier cas et de séquestration dans le second.

Dans le contexte actuel de très forte inflation de la demande énergétique, les spécialistes accordent à la séquestration, prise au sens large, une bonne place dans la panoplie des moyens destinés à réduire les émissions de gaz carbonique atmosphérique. Un rapport

4.1. Un puits continental de gaz carbonique : l'altération des silicates. La haute chaîne de l'Himalaya, vue ici par satellite, est dénudée et ciselée par l'érosion, qui prépare l'altération des roches.

détaillé vient d'ailleurs de lui être consacré par le Groupement intergouvernemental sur l'évolution du climat (GIEC) (rapport sur la capture et le stockage du dioxyde de carbone, publié en septembre 2005 et disponible sur Internet: http:// www. ipcc.ch/activity/ccsspm). Il nous servira de point de départ, mais son analyse, comme la plupart de celles qui sont actuellement menées, nous semble réductrice. Nous y reviendrons.

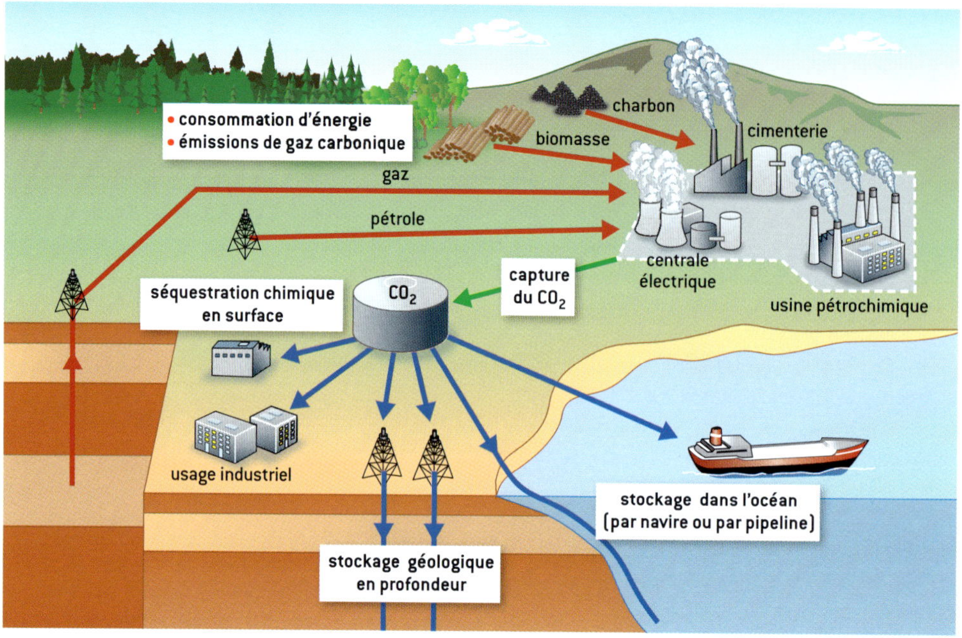

4.2. Économie générale des projets de séquestration artificielle. Les complexes industriels, centrales électriques, cimenteries, complexes pétrochimiques (parc encadré) consomment de grandes quantités d'énergie (flèches rouges) et engendrent des émissions massives de gaz carbonique. Ce gaz est capté sur place, puis transporté (flèches bleues) par pipeline ou navire méthanier. S'il ne trouve pas de débouché industriel, il est soit séquestré en surface, soit injecté dans le sous-sol où il sera stocké pour, on l'espère, des millénaires. Aujourd'hui, la capture puis le stockage du gaz carbonique ne sont pratiqués que pour l'extraction du pétrole.

Dans la séquestration naturelle, le gaz carbonique atmosphérique est sélectivement absorbé par la végétation continentale, par l'océan ou par les carbonates suite à l'altération des silicates (**figure 4.1**).

Dans la séquestration artificielle, il est d'abord nécessaire de capter le gaz carbonique atmosphérique (**figure 4.2**). Cette phase de concentration met en œuvre une technologie lourde et onéreuse sur laquelle nous passerons rapidement (voir p. 104). Sauf invention géniale, on ne sera donc pas en mesure de placer un dispositif de récupération du gaz carbonique sur le pot d'échappement de chaque voiture. Aussi, la technique et, au-delà, la possibilité de stockage géologique du gaz carbonique émis ne s'appliquera qu'à de grosses centrales produisant de l'énergie à partir des combustibles fossiles ou à des complexes industriels majeurs (cimenteries, usines sidérurgiques). C'est une importante limitation pour la voie de la séquestration, sauf si, comme nous le prévoyons (voir chapitre 5), la mise en œuvre massive de la séquestration devait s'accompagner d'une révolution industrielle et sociétale. Une fois capté et concentré, le gaz carbonique doit être transporté sur son lieu de stockage.

Nous allons maintenant montrer les limites de la séquestration naturelle, avant de discuter les diverses formes de la séquestration artificielle. Nous verrons que cette dernière est mieux adaptée à nos exigences en termes de temps et de volumes, qui sont énormes (voir l'encadré ci-contre).

Calcul de coin de table sur les volumes du gaz carbonique émis

Bien que les médias nous le rappellent désormais presque chaque jour, il nous est difficile de concevoir, quand nous ouvrons le chauffage ou remplissons le réservoir de la voiture, que des actes aussi anodins contribuent au malaise de la planète. Pourtant, par de petits calculs accessibles à tous – des calculs que l'on pourrait faire sur le coin d'une table – nous allons facilement montrer que tel est bien le cas. À titre individuel et pour être plus précis, chacun peut calculer ses émissions de gaz carbonique en allant sur les sites http://www.climatecare.org/ ou http://www.climatetrust.org/.

Partons d'abord d'une évidence. Notre action n'est pas individuelle, elle est celle des 6 – bientôt 7 – milliards d'êtres humains, les 6-7 « Gh » qui peuplent la Terre. Bien sûr, tous ne consomment pas, à l'image d'un Français, près de 3 tonnes d'équivalent carbone par an (teC/an, une unité qui permet de convertir une dépense d'énergie, quelle que soit sa forme, en une consommation de carbone exprimée en tonnes), moins encore les 7 teC/an d'un Américain. Provisoirement, les plus pauvres des hommes ne consomment que 0,5 teC/an. On arrive ainsi globalement à un chiffre déjà mentionné au précédent chapitre : les 7 GtC/an injectées dans l'atmosphère du seul fait des activités humaines. Ces évaluations « à la louche » permettent de parvenir à un chiffre important, celui de l'émission annuelle moyenne de carbone par habitant de la planète. Ce chiffre est égal à : 7 GtC /~7 Gh = *1 teC/an/homme*. Une valeur facile à retenir !

Pour fixer les idées, avec un aller-retour aérien Paris-San Francisco, un homme a déjà épuisé son « allocation annuelle » de gaz carbonique. Et tant bien même chaque habitant des pays industrialisés se tiendrait-il à son crédit de 1 teC/an, le taux global des émissions de gaz carbonique ne serait amélioré que pour un temps seulement, celui qui sera nécessaire aux pays émergents pour approcher nos consommations énergétiques. Rappelons aussi que nos émissions annuelles, 7 GtC/an, représentent 1/100e de la masse de carbone contenu dans l'atmosphère, 720 GtC, ce qui est loin d'être négligeable. Nous pesons tellement sur l'atmosphère que, si nous continuons ainsi, en 100 ans, la teneur atmosphérique en gaz carbonique aura doublé. Des calculs bien plus compliqués montrent aussi que ce doublement s'exprimera par une augmentation de la température moyenne de 1,5 à 4 °C.

La séquestration naturelle

Aujourd'hui, près de la moitié du gaz carbonique émis par les activités humaines est engloutie dans les puits naturels que représentent, outre l'absorption directe dans l'océan par dissolution, la biomasse végétale continentale – comme les forêts en croissance – et marine – avec le phytoplancton, abondant dans les premières centaines de mètres des océans. Nous n'évoquons pas l'altération naturelle des silicates, hors course à l'échelle de temps qui nous intéresse ici : son délai d'action, à raison de 0,1 GtC/an prélevée à l'atmosphère, est bien trop long !

La biomasse végétale, une aide temporaire et limitée en volume

Des mesures très récentes effectuées au-dessus de la forêt amazonienne suggèrent que celle-ci n'est pas en équilibre. Elle le serait si elle consommait autant de gaz carbonique qu'elle en relâche. Or actuellement, là où elle n'est pas détruite par l'exploitation forestière, la forêt absorbe globalement du gaz carbonique, ce qui signifie qu'elle est en croissance. L'explication la plus simple de cette observation est que l'augmentation de la teneur en gaz carbonique de l'atmosphère dope opportunément la forêt, cette molécule favorisant la photosynthèse et jouant ainsi le rôle d'engrais aérien.

Vu le réchauffement global attendu, le pompage du gaz carbonique atmosphérique par les écosystèmes végétaux continentaux va-t-il s'inscrire dans la durée ? On s'attendrait à une croissance accrue de la végétation – dopée par l'augmentation de la concentration de gaz carbonique dans l'atmosphère, mais aussi par celle de la température, de la pluviométrie globale et de l'humidité – et donc à une accentuation de son effet « puits de gaz carbonique». Les modèles parviennent pourtant à une conclusion moins optimiste. Celui de l'Institut Pierre-Simon Laplace, comme celui du *Hadley Centre for Climate Prediction and Research*, conclut que, dès 2050, la biomasse continentale, de puits, sera devenue source de carbone, ajoutant ainsi sa contribution en gaz carbonique à celle que nous nous apprêtons à injecter au cours de ce siècle. On évoque plusieurs raisons à cela, comme la désertification accrue des zones tropicales, le glissement des zones climatiques transformant des forêts intertropicales en savanes, plus pauvres en carbone et plus sensibles aux grands incendies et, inattendu mais semble-t-il important, le déstockage en gaz carbonique des sols, qui serait dû à la décomposition accrue des tissus organiques par des micro-organismes.

Sans préjuger d'un futur encore incertain, nous pouvons toutefois envisager de fixer du gaz carbonique atmosphérique dans le réservoir biomasse continentale, le mieux connu des réservoirs de carbone superficiels impliqués dans la séquestration naturelle du gaz carbonique atmosphérique. Tous les types de végétation absorbent du gaz carbonique et, une fois morts, contribuent, au transfert de ce carbone dans le sol sous-jacent. Le milieu forestier est le plus efficace, à la fois pour absorber le gaz carbonique atmosphérique, mais aussi pour fixer le carbone correspondant dans un sol qui est riche en humus et, dans les zones marécageuses septentrionales, en épaisses tourbières. Ainsi, une forêt absorbe en moyenne 3 tonnes de carbone par hectare et par an (tC/ha/an), ce dernier étant surtout piégé dans le bois, qui contient 50% de carbone contre moins de 20% dans le feuillage. À l'inverse, les terres agricoles fixent beaucoup moins de carbone dans le sol car les labours, en aérant le sol, permettent à cet élément de s'oxyder en gaz carbonique et de rejoindre l'atmosphère.

En plantant des forêts, nous absorbons du gaz carbonique atmosphérique, mais seulement pour le temps limité à la période du stockage propre à son cycle, soit en moyenne, une centaine d'années. Cette durée – dont nous avons vu chapitre 3 qu'elle est très variable suivant la latitude, les conditions climatiques, la durée de vie des espèces végétales et la vitesse d'érosion des sols – s'allonge si le bois, au lieu d'être brûlé ou abandonné à la décomposition, est utilisé en tant que matériau.

Planter des forêts, est-ce la solution ?

La limite à l'action de séquestration du carbone exercée par la biomasse continentale n'est pas seulement temporelle, elle est aussi spatiale, comme on peut très simplement le montrer.

Sachant qu'aujourd'hui l'ensemble de la végétation continentale absorbe 60 GtC par an et que 3 à 4 GtC de carbone anthropique s'ajoutent annuellement à l'atmosphère, pour éviter cet apport, de combien faudrait-il augmenter la biomasse continentale ? Il serait nécessaire pour cela d'accroître sa surface annuellement d'environ 3 GtC/60 GtC = 1/20e, en plantant, disons, des forêts qui ont un bon rendement. Au terme de 20 ans, on aurait ainsi doublé la surface totale de l'emprise végétale continentale, quitte à recommencer sitôt que cette forêt aurait cessé sa croissance, puisqu'une forêt adulte rend à l'atmosphère autant de gaz carbonique qu'elle n'en absorbe. Jean-Marc Jancovici, ingénieur-conseil, se livre dans son ouvrage *L'avenir climatique* (2002) à un calcul moins approximatif. Partant de l'estimation qu'une forêt fixe 3 tC/ha/an, qu'elle réclame une centaine d'années pour arriver à maturité, c'est-à-dire cesser de fixer du gaz carbonique et qu'enfin, la plantation de ces zones boisées ferait disparaître des terres qui, déjà, absorbent du gaz carbonique, il estime le rendement vrai de ces formations végétales à environ 2 tC/ha/an. Pour absorber les 3 GtC qui, chaque année, s'accumulent dans l'atmosphère suite aux émissions anthropiques de gaz carbonique, il faudrait donc planter annuellement 15 millions de km^2 (3 $GtC.an^{-1}$/ 2 $tC/ha/an^{-1}$), soit une surface représentant 1/8e de celle des terres émergées ou encore 30 fois la superficie de la France.

Pour approximatives qu'elles soient, les estimations précédentes montrent que la solution n'est pas dans la seule plantation de forêts, d'autant moins que les terres seront de plus en plus convoitées pour d'autres usages. En effet, elles doivent aujourd'hui couvrir les besoins de plus de 6 milliards d'êtres humains et devront en nourrir 9 milliards en 2050. En outre, un autre candidat à l'utilisation des terres pointe : il s'agit du biocarburant, une énergie renouvelable dont le bilan en émissions atmosphériques de gaz carbonique est favorable et qui devient actuellement rentable avec l'augmentation du prix du baril de pétrole. Le biocarburant devrait devenir incontournable, sitôt que le pétrole viendra à manquer.

4.3. La séquestration naturelle à l'œuvre : une porte dans la vieille cité de l'oasis d'Ibra en Oman. Datant probablement du XVIe siècle, cette porte en bois séquestre du carbone depuis cette période.

Retenons néanmoins que le stockage de gaz carbonique dans la biomasse continentale constitue une « soupape de sécurité », pour reprendre l'expression de Vincent Gitz et ses collègues dans une publication du CIRED (Centre international de recherche sur l'environnement et le développement). Cette solution pourrait en effet permettre de séquestrer pour une centaine d'années une fraction de l'excès de gaz carbonique de l'atmosphère et de différer ainsi le pic de la teneur atmosphérique en ce gaz. Illustrée par la vieille porte de la **figure 4.3**, mentionnons une façon de briser le cycle du carbone qui renvoie dans l'atmosphère le gaz carbonique fixé dans la végétation par la photosynthèse. Elle consiste à utiliser massivement le bois comme matériau.

Dopé au phytoplancton

La surface de l'océan recèle, rappelons-le, de nombreux micro-organismes végétaux dotés de la fonction chlorophyllienne : c'est le phytoplancton. Ce dernier est le moteur d'une véritable pompe biologique qui absorbe à une cadence rapide le gaz carbonique atmosphérique, soit par assimilation lors la photosynthèse, soit par fixation dans des squelettes calcaires. Le phytoplancton prolifère surtout dans les eaux froides et riches en sels minéraux de l'océan – celles du Pacifique, de l'Atlantique Nord ou de l'océan Austral qui ceint le continent Antarctique – ainsi que dans les zones de remontée d'eaux profondes et froides

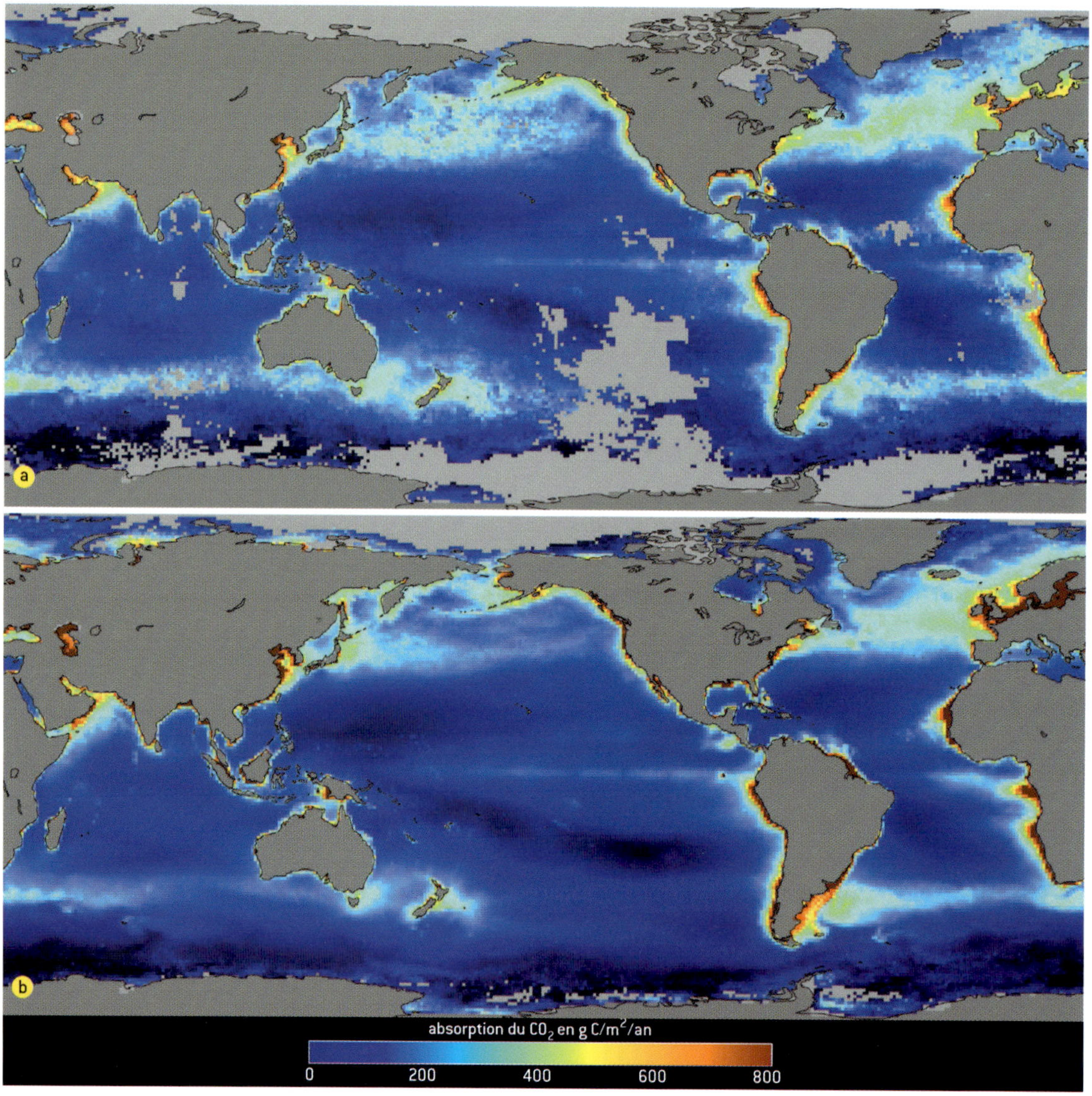

4.4. Le réchauffement réduit l'efficacité de la pompe biologique à gaz carbonique : absorption de gaz carbonique par l'océan entre 1979-1986 (a) et 1997-2002 (b). La baisse de l'absorption entre ces deux périodes est marquée : 6 % en 20 ans. Elle est surtout sensible aux latitudes élevées, où l'eau est plus riche en plancton. Ces images sont produites à partir de données acquises par satellite (avec un contrôle par des mesures en mer). La couleur de l'eau (ce sont ici des fausses couleurs) varie selon sa charge en suspensions solides – sa turbidité – (près des côtes) et selon la densité locale du phytoplancton (au large). La photosynthèse qui se déroule dans ces microplantes marines est à l'origine d'une fixation du gaz carbonique atmosphérique. Sur l'image a, les zones grises résultent de l'absence de donnés.

– les upwellings, situés le long des façades occidentales de l'Amérique du Sud et de l'Afrique (**figure 4.4**). Effet d'une nouvelle rétroaction positive, on redoute que le réchauffement en cours des eaux de l'océan réduise l'efficacité de cette pompe biologique. De fait, entre le début des années 80 et la fin des années 90, les relevés effectués par satellite montrent clairement une diminution du volume global de phytoplancton, associée à une baisse de 6 % de l'absorption de ce gaz par la surface océanique.

Ce sont encore aujourd'hui environ 2 GtC/an qui sont absorbés par la surface de l'océan, soit par la pompe biologique que nous venons d'évoquer, soit par simple dissolution dans les eaux de surface. Peut-on artificiellement accélérer cette séquestration naturelle ? Parmi les nombreux projets de stockage physique du gaz carbonique, il en existe qui viseraient à injecter directement ce gaz dans l'océan où il serait absorbé par dissolution. Nous y reviendrons un peu plus loin. Par ailleurs, dans certains milieux scientifiques et économiques, on a beaucoup envisagé de doper l'activité du phytoplancton. Il « suffirait » pour cela d'ensemencer les eaux des régions de l'océan riches en phytoplancton avec de la limaille de fer, sachant que cet élément favorise la prolifération de ces micro-organismes et donc accélère le débit de la pompe biologique. C'est bien ce que montre l'expérience illustrée par la **figure 4.5**. À en croire les spécialistes, aussi unanimes que peuvent l'être des spécialistes sur un sujet mal cerné, il s'agirait, selon une expression qu'apprécient certains de nos hommes politiques, d'une « fausse bonne idée ». Le phytoplancton est en effet à la base d'une pyramide écologique très mal connue, mais que l'on sait fragile. Dans l'état de notre savoir, les dérèglements que pourrait causer cette intrusion dans l'écosystème marin sont imprévisibles. Peut-être nous tournerons-nous un jour vers une telle approche, mais dans le futur, nantis de connaissances plus solides.

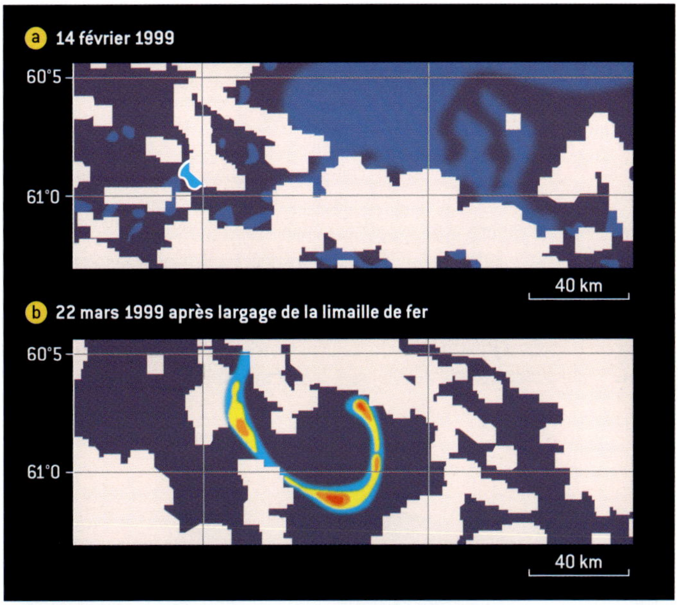

4.5. Ensemencement des eaux polaire antarctiques par du fer pour développer le phytoplancton. L'image satellite **a** montre, dans les eaux libres des glaces de la banquise (cette dernière est en blanc sur les images), une efflorescence naturelle (*bloom* en anglais) de phytoplancton, visible à la coloration en bleu pâle de la chlorophylle. L'image **b**, prise cinq semaines plus tard au même endroit, illustre les effets de l'ensemencement des eaux par la limaille de fer : l'enrichissement en plancton (tons chauds) dans le sillage du navire ayant largué cette limaille est manifeste.

En dépit des graves réserves qu'inspire l'idée de dopage de la pompe biologique, reconnaissons à cette forme de séquestration un avantage sur la plantation de nouvelles forêts. Le gaz carbonique ainsi aspiré et fixé dans les tissus morts et coquilles marines s'enfonce avec elles dans les profondeurs de l'océan et possède de bonnes chances de réintégrer le réservoir géologique pour une séquestration définitive, ce qui n'est pas le cas avec le carbone absorbé par les forêts.

La séquestration artificielle

Sous le titre « séquestration artificielle », nous allons distinguer deux voies, l'une chimique, permettant de fixer le gaz carbonique par cristallisation dans des minéraux carbonatés qui seraient essentiellement stockés en surface, mais peut être aussi en

Mieux connaître l'ennemi pour mieux le combattre

Le gaz carbonique est singulier à maints égards et il mérite une présentation plus approfondie. Sur sa carte de visite scientifique, on lit «dioxyde de carbone», formule chimique «CO_2». La liaison carbone oxygène est une liaison forte (double liaison covalente), ce qui en fait un gaz très stable, c'est-à-dire difficile à décomposer (**figure 4.6**). Nous le savions déjà, puisqu'il pourrait persister indéfiniment dans l'atmosphère s'il n'était pas absorbé par différents réservoirs terrestres. Pour le faire réagir, il faut le mettre en présence d'eau, dans laquelle il se dissocie partiellement. Un tel processus lui permet de s'incorporer, par exemple dans les carbonates (voir chapitre 3).

4.6. Un gros plan sur l'ennemi : la molécule de dioxyde de carbone (CO_2), avec l'atome de carbone (en noir) serré de près par les deux atomes d'oxygène (en rouge). En haut, la formule chimique développée du CO_2.

Sa masse moléculaire est de 44 g/mole, ce qui en fait un gaz plus lourd que l'air (sa densité est proche de 2 kg/m^3 dans les conditions ambiantes, soit 1,6 fois celle de l'air). Son volume représentant près de 4 % de celui de l'atmosphère, s'il n'était pas brassé par les courants atmosphériques, il formerait donc une couche épaisse d'environ un kilomètre au-dessus de la surface terrestre

Si l'on refroidit le gaz carbonique à pression ambiante, il ne passe pas par l'état liquide, mais, lorsque la température atteint – 78 °C, directement à l'état solide. Pour obtenir l'état liquide à la température ambiante de 20 °C, il faut comprimer le dioxyde de carbone gazeux à plus de 60 atmosphères (**figure 4.7**). Aussi, en vue de la séquestration, on comprime le gaz carbonique pour l'injecter à l'état liquide. Il y reste en profondeur si la pression et la température le permettent. Sous cette forme, il est plus dense que l'eau, propriété qui pourrait être mise à profit en cas de stockage dans l'océan. Ainsi, dans les conditions de la figure 4.23, où il a été injecté à 3 000 mètres de profondeur dans l'océan (soit une pression de 300 bars), il demeure liquide. En revanche, si le dioxyde de carbone liquide est injecté à faible profondeur, il redevient gazeux.

Comme les autres corps purs, à côté des états gazeux, liquide ou solide, le dioxyde de carbone possède également un état dit *supercritique*. Qu'est-ce qui se cache derrière ce terme ? On sait qu'en chauffant un liquide il devient gazeux à une certaine température. Ainsi, l'eau s'évapore à 100 °C au niveau de la mer. Si l'on monte en altitude, la pression atmosphérique baisse et l'évaporation se produit à plus basse température ; inversement, à pression plus élevée, elle se produit à plus haute température. Il existe pourtant, à température et pression élevées (375 °C et 218 atmosphères pour l'eau), un *point critique* au-delà duquel apparaît l'*état supercritique*, intermédiaire entre l'état gazeux et l'état liquide quant à nombre de ses propriétés physiques (**figure 4.7**). Or, parmi d'autres singularités, le dioxyde de carbone se distingue par le fait que son point critique est atteint à température et pression relativement faibles : 31,1 °C et 73,8 atmosphères. La précision de ces chiffres est toutefois illusoire pour ce qui nous concerne ici, car ils ne valent que si le dioxyde de carbone est pur, ce qui est rarement le cas de notre gaz carbonique provenant des fumées émises par des complexes industriels. Il est alors mélangé avec d'autres gaz : la vapeur d'eau, le dioxyde de soufre, l'hydrogène sulfuré ou tout simplement l'azote de l'air. Conséquence : la température et la pression du point critique du mélange s'élèvent et, dans les conditions précédentes (31,1 °C et 73,8 atmosphères), il se présente à l'état liquide ou gazeux.

Aussi, s'il est relativement pur après sa capture, le gaz carbonique peut être injecté à l'état supercritique, ce qui ne requiert pas une dépense énergétique excessive vu la température et la pression relativement modestes permettant d'atteindre ce point. En profondeur, où les températures sont souvent supérieures, il reste dans cet état, pour revenir éventuellement en phase gazeuse s'il remonte vers le toit d'un réservoir (par différence de densité car le dioxyde de carbone supercritique est plus léger que l'eau), à moins qu'entre-temps, il ait été dissous dans l'eau ou engagé dans des réactions chimiques avec la roche encaissante.

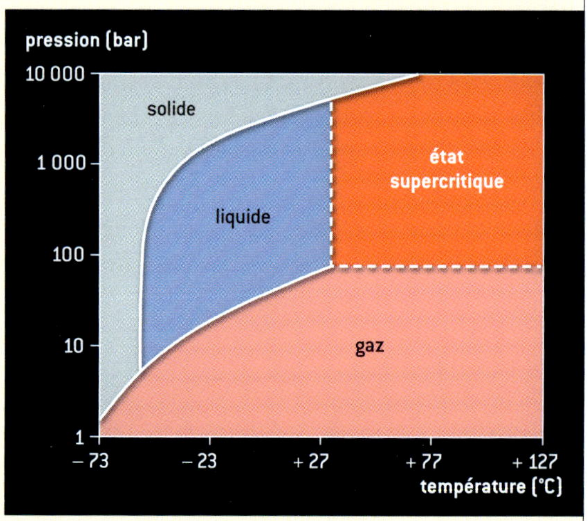

4.7. Un ennemi dans tous ses états : diagramme de phase du dioxyde de carbone pur.

profondeur, et l'autre, physique (ou physico-chimique), impliquant un stockage du dioxyde de carbone dans des réservoirs souterrains, sous forme de gaz, de liquide ou encore à l'état dit supercritique – un état intermédiaire entre gaz et liquide, qui est doté de remarquables propriétés (voir l'encadré ci-contre). Notons que les deux voies peuvent se croiser. Ainsi, le gaz stocké en profondeur et dissous dans l'eau peut aussi réagir chimiquement avec les parois du site de stockage et participer à la formation de nouveaux minéraux : c'est la voie royale que nous détaillerons plus loin, car le carbone anthropique est alors prisonnier de ces minéraux et interdit de tout retour vers la surface.

La séquestration chimique en surface

La séquestration chimique en surface du gaz carbonique atmosphérique s'apparente à la séquestration naturelle de ce même gaz par altération des roches silicatées issues des profondeurs de la Terre : toutes deux passent par des réactions chimiques qui fixent le dioxyde de carbone atmosphérique dans des carbonates, minéraux géologiquement stables au sein desquels le carbone perd toute « nocivité climatique ».

Notons à ce propos qu'en y regardant de plus près, le problème posé par nos émissions de gaz carbonique se rapproche de celui des déchets nucléaires, bien qu'il nous paraisse plus redoutable encore. Dans le cas du nucléaire, on rêve de maîtriser la transmutation (la transformation) des éléments à haute radioactivité et longue durée de vie en éléments inertes, ce qui serait une solution plus « élégante », c'est-à-dire plus radicale et probablement moins onéreuse que l'enfouissement de ces déchets dangereux. À cet égard, la transmutation s'apparente à la fixation du dioxyde de carbone dans de nouveaux minéraux, alternative également plus élégante que le stockage sous terre du gaz carbonique lui-même, d'où il peut fuir. Dans les deux cas, on remplace un poison potentiellement mobile par des composés inoffensifs.

Avec la séquestration chimique artificielle, on tente de ramener à notre échelle de temps et d'espace, une réaction de neutralisation du gaz carbonique atmosphérique (réaction de carbonatation) que la nature pratique à un rythme géologique. Pour ce faire, on doit mettre en contact du gaz concentré avec un récepteur très actif chargé de l'absorber. Ce principe a déjà fait ses preuves... mais à toute petite échelle : dans les sous-marins en plongée, afin de régénérer l'air progressivement vicié par le gaz carbonique dégagé par la respiration des marins, on le fait circuler sur de la chaux vive, qui fixe le dioxyde de carbone au cours d'une réaction chimique où est produit du carbonate de calcium (sous la forme de cristaux de calcite, le minéral constitutif des roches calcaires).

À plus grande échelle cette fois, une première voie fait actuellement l'objet d'essais industriels. Elle consiste à faire réagir le gaz carbonique atmosphérique avec l'eau de façon à produire un groupement chimique inoffensif et stable en solution aqueuse : le bicarbonate. Rappelons la réaction en jeu :

$$CO_2 + H_2O \leftrightarrow H_2CO_3 \leftrightarrow HCO_3^- + H^+$$

La solution obtenue peut être ensuite injectée dans des nappes d'eau profondes, où les ions calcium et/ou magnésium du milieu pourront induire la précipitation de carbonates. Il est également envisageable de faire réagir en surface la solution carbonatée avec un donneur d'ions calcium afin d'obtenir une boue inerte de carbonate de calcium, dont

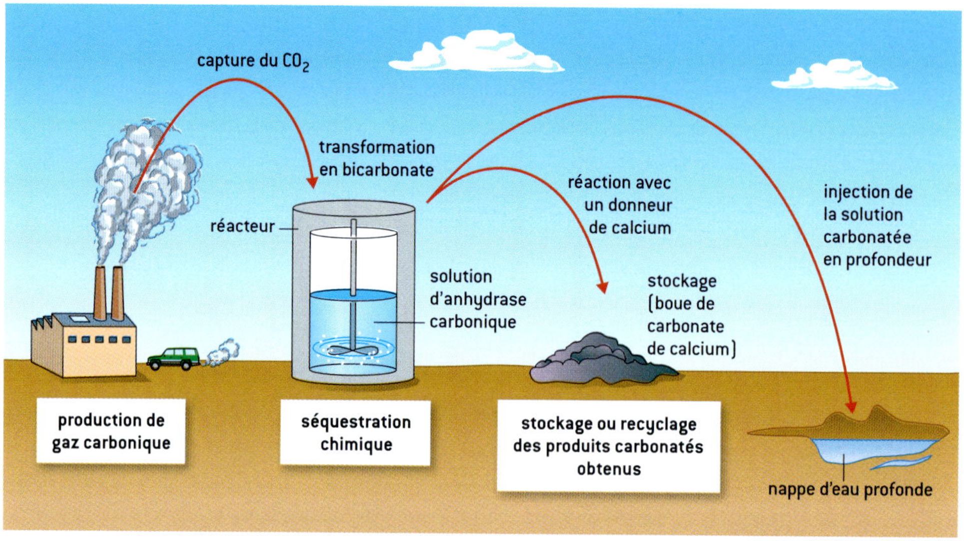

4.8. Les trois étapes de la séquestration chimique au sein d'un réacteur. Le gaz carbonique est capturé puis concentré. Dans le réacteur chimique, le gaz concentré est mis en contact en milieu aqueux avec l'anhydrase carbonique, un réactif assurant sa séquestration sous forme de bicarbonate. Après réaction avec des ions calcium, les carbonates obtenus sont soit stockés, en surface ou dans des nappes d'eau profonde, soit recyclés.

l'épandage est dépourvu de toute nocivité ou qui est réutilisable comme matière première dans l'industrie, notamment celle du papier. Notons que si toutes les émissions de gaz carbonique étaient ainsi séquestrées, le volume de carbonates s'accumulant chaque année serait celui d'un cube de 10 kilomètres de côté et de 200 mètres de haut.

Pour mener ces expériences de séquestration chimique, on crée, dans un réacteur, un contact entre un courant d'eau contenant une enzyme et un contre-courant riche en gaz carbonique issu d'effluents d'usines (**figure 4.8**). Cette enzyme est l'anhydrase carbonique, une protéine fabriquée par nos globules rouges, qui catalyse la réaction précédente – c'est-à-dire qu'elle en accélère considérablement la vitesse – et permet, au sein de l'organisme, le transport du gaz carbonique produit par la respiration de nos cellules sous forme de bicarbonate dissous. Produite par synthèse à faible prix, l'anhydrase carbonique rend possible une séquestration du gaz carbonique, sans qu'il soit nécessaire de chauffer ce dernier ni de le comprimer, opérations qui en grèveraient le coût. La firme *CO_2 Solution*, société québécoise qui met en œuvre cette technologie, annonce des prix compétitifs par rapport aux autres procédés. Elle compte valoriser cette séquestration en commercialisant auprès de différents industriels le bicarbonate de soude issu de la réaction, le bicarbonate réagissant ici avec la soude et non l'ion calcium.

Signalons une autre solution, modeste en termes de volume de gaz pouvant être séquestré, mais qui est susceptible de rapidement déboucher sur des applications. Elle consiste à utiliser comme matériau donneur de calcium, soit des cendres issues d'incinérateurs ou de la combustion du charbon, soit des « laitiers de fonderie », ces résidus calcinés que l'on obtient d'un minerai ayant livré un métal. Ces sous-produits industriels, qui réagissent très bien avec le gaz carbonique, se trouveraient ainsi valorisés.

La seconde voie qui est explorée consiste à fixer directement le dioxyde de carbone sous forme de carbonates de calcium ou de magnésium, par réaction chimique du gaz avec des minéraux silicatés. Parce qu'elles contiennent une fraction élevée de calcium et surtout de magnésium, et qu'elles sont relativement abondantes à la surface de la Terre, on s'intéresse beaucoup à des roches issues du manteau, les péridotites, et à leur produit d'hydratation, les serpentinites. Mises en présence de gaz carbonique dans un milieu aqueux, ces roches subissent la réaction suivante (que l'on présente ici de façon simplifiée) :

$$(Ca,Mg)SiO_3 \text{ (silicate)} + CO_2 \text{ (atmosphérique)} \rightarrow (Ca,Mg)CO_3 \text{ (dolomite)} + SiO_2 \text{ (silice)}$$

Cette réaction produit un carbonate mixte de calcium et magnésium ainsi que de la silice. On aura reconnu la réaction-clé étudiée au chapitre 2, qui assure la séquestration géologique du gaz carbonique. Dans le milieu naturel, rappelons qu'elle se déroule sur une durée de l'ordre de la centaine de milliers d'années. Dans les réacteurs chimiques, bien qu'énormément accélérée et dégageant de la chaleur, elle demeure aujourd'hui trop lente et trop onéreuse pour être industriellement rentable d'après le rapport du GIEC cité plus haut. En effet, pour accélérer la réaction, on doit broyer très finement la roche d'accueil afin d'augmenter la surface de contact avec le produit réactif, une opération gourmande en énergie. S'y ajoute un coût environnemental élevé, car pour séquestrer une tonne de gaz carbonique, il faut traiter deux à trois tonnes de silicates, ce qui suppose l'ouverture de nombreuses et vastes carrières que l'on pourrait, il est vrai, ensuite combler avec les produits de la carbonatation.

On aura compris que ces modes de séquestration chimique en sont encore à des stades d'études et d'évaluation. Concernant leur mise en œuvre à grande échelle, au-delà de considérations économiques ou d'impact sur le paysage, nous sommes aujourd'hui incapables de répondre à la question : sont-ils « climatiquement » rentables, c'est-à-dire absorbent-ils plus de gaz carbonique que leur mise en place n'en rejette dans l'atmosphère ?

Pour conclure sur le sujet, citons une voie originale de séquestration physico-chimique du gaz carbonique. Elle s'appuie sur les possibilités de stockage de volumes de gaz étonnamment grands dans des nouveaux matériaux élaborés à cet effet par les chimistes. Sans préjuger de son avenir industriel, elle nous rappelle que, dans un domaine à forte composante technologique tel celui qui fait l'objet de ce chapitre, l'invention est la règle et bien des surprises nous attendent. Il faudra simplement considérer ces trouvailles avec prudence, en veillant à ce qu'elles soient toujours heureuses !

À la façon des clathrates qui fixent dans la nature de grandes quantités de méthane – mais pourraient aussi bien fixer, théoriquement, du gaz carbonique – on cherche ici à piéger des gaz dans des cages ménagées au sein d'une structure cristalline. On parle de l'*adsorption* du gaz car son incorporation dans le « minéral-cage » est réversible et non définitive, au contraire de l'absorption discutée jusque-là, où les atomes constitutifs du gaz carbonique s'intègrent à la structure cristalline et où ce gaz n'est pas seulement un hôte de passage. Ainsi, des chimistes de l'université du Michigan et du *National Institute of Standards and Technology* américain (NIST) ont mis au point des matériaux organo-métalliques, poreux à l'échelle nanométrique (le milliardième de mètre), qui sont de véritables éponges cristallines pouvant stocker des gaz comme l'hydrogène ou le gaz carbonique. Ces matériaux, que l'on range désormais sous l'acronyme MOF (pour *Metal-Organic Framework*), adsorbent de grandes quantités de gaz sans qu'il soit

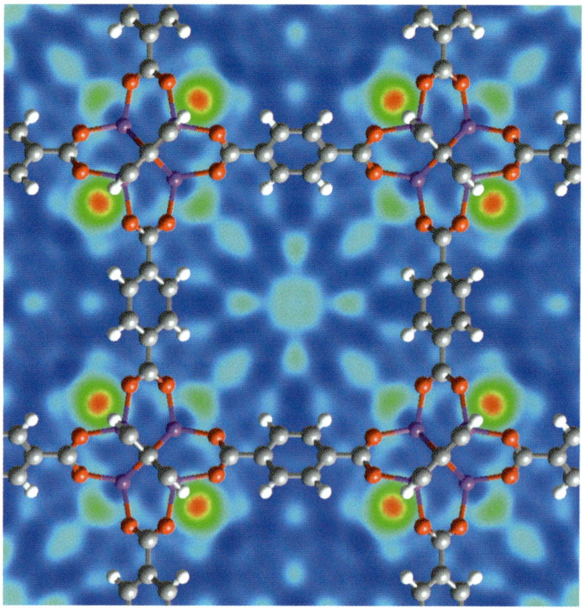

4.9. De nouveaux matériaux pour séquestrer « notre » gaz carbonique ? Cette image représente, à échelle nanométrique (10^{-9} mètres), la structure cristalline des cages organo-métalliques d'un MOF (*Metal-Organic Framework*), ces matériaux capables de stocker de grandes quantités de gaz carbonique ou, comme sur le MOF figuré ici, d'hydrogène (cercles verts, jaunes, rouges).

nécessaire de recourir à des pressions élevées (**figure 4.9**). Le « MOF-vedette » du professeur Omar Yaghi, de l'université du Michigan, est tel que la surface susceptible de fixer un gaz sur un gramme de ce matériau est comparable à celle d'un terrain de football. Ce MOF peut ainsi adsorber 140 fois son propre poids en gaz carbonique à température ambiante et sous une pression modérée (32 bars).

En pratique, un réservoir préalablement chargé en MOF peut contenir neuf fois plus de dioxyde de carbone gazeux qu'un réservoir normal. Bien sûr, une telle technologie ne permettra jamais de séquestrer les fleuves de gaz carbonique que nous émettons, mais les cages cristallines pourraient servir de réservoir temporaire, par exemple lors du transport depuis le lieu de capture jusqu'à celui de la séquestration. Dans le cas de l'hydrogène, combustible envisagé pour les voitures du futur, ce mode de stockage serait moins coûteux et moins dangereux que le stockage à très basse température ou à très haute pression.

Le stockage physique en profondeur

À la différence de la séquestration chimique en surface, le stockage physique du gaz carbonique en profondeur implique son enfouissement direct dans la Terre ou dans les océans. Dans le premier cas, les sites souterrains susceptibles de l'accueillir sont des formations poreuses ou fracturées, les roches-réservoirs, dans lesquelles l'espace libre est déjà occupé par de l'eau ou des hydrocarbures.

Nous allons visiter ces sites avec deux questions en tête : quelle est leur capacité d'accueil, car les volumes de gaz carbonique candidats à la séquestration sont énormes (voir l'encadré p. 91), et quelle sera la qualité du piégeage à long terme, car la séquestration doit être parfaite ? Les ingénieurs ajouteraient qu'il convient de prendre en compte les difficultés qui pourraient être rencontrées lors de l'injection et donc le coût des opérations. En bref, nous cherchons des prisons très vastes et très bien gardées. En effet, si notre prisonnier ne songe qu'à s'évader, on conçoit bien que la prison-réservoir doive être aussi étanche que possible. Nous verrons toutefois que ce prisonnier peut également souhaiter s'intégrer à son milieu carcéral qui, dans ce monde étrange, peut s'avérer hospitalier. Tel est le cas quand le gaz carbonique réagit avec les minéraux des parois du site de stockage pour former de nouveaux minéraux qui le fixent dans leur structure cristalline.

Nous distinguerons deux types de sites non océaniques. Tout d'abord ceux qui sont retenus actuellement par les ingénieurs : champs d'hydrocarbures épuisés, *aquifères*

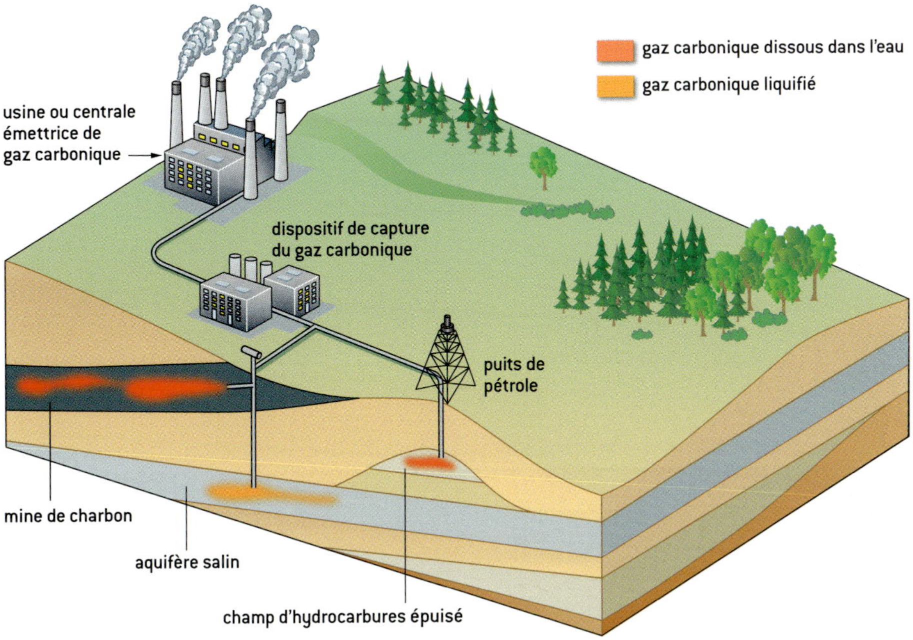

4.10. Les principaux sites de stockage géologique du gaz carbonique actuellement privilégiés par les ingénieurs : champs d'hydrocarbures épuisés, aquifères salins et mines de charbon.

(c'est-à-dire nappes d'eau souterraines) salins et mines de charbon (**figure 4.10**). Situés dans des roches sédimentaires, ils ont le mérite d'être bien connus et de posséder des capacités de stockage importantes. En raison de la somme de connaissances acquise à leur sujet, seuls les sites sédimentaires – prisés par les ingénieurs – ont été considérés dans le rapport du GIEC déjà mentionné ou dans le rapport conjoint BRGM/IFP/ADEME[1] *La capture et le stockage géologique du gaz carbonique* (septembre 2005). Pourtant, certains géologues rappellent que le stockage peut également s'envisager dans un second type de site d'accueil : les roches profondes silicatées, en particulier les basaltes. Mais avant de discuter de ces différentes roches réservoir, quelques mots sur l'injection du gaz carbonique.

▶ Comment le dragon regagne-t-il son antre ?

Les techniques que nous allons présenter ici ont déjà été mises en œuvre « grandeur nature » dans le cadre de l'exploitation pétrolière.

Au préalable concentré et comprimé, le gaz carbonique est injecté dans le niveau choisi grâce à un forage tubé, ce qui évite qu'il se disperse dans des horizons indésirables (**figure 4.11**). Avant son injection, le gaz, s'il est suffisamment pur, est généralement comprimé et chauffé jusqu'à l'état supercritique, état qu'il ne doit normalement pas quitter si

1. BRGM : Bureau des ressources géologiques et minières. IFP : Institut français du pétrole. ADEME : Agence de l'environnement et de la maîtrise de l'énergie.

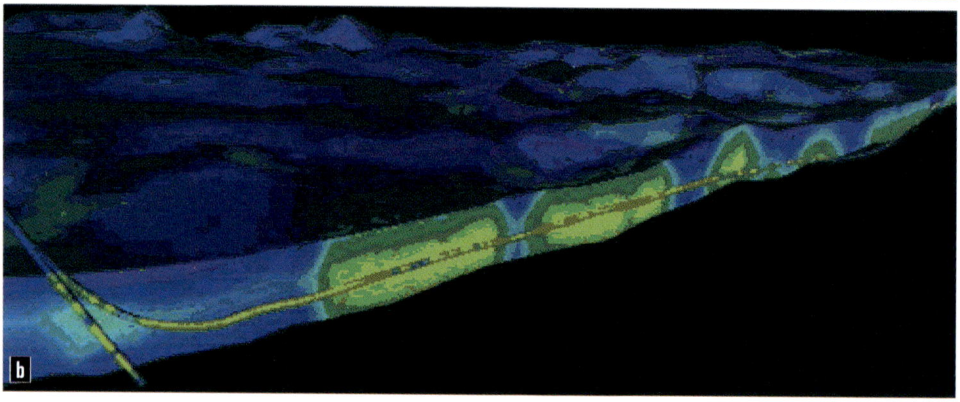

4.11. L'injection du dioxyde de carbone dans un horizon poreux. Cette opération a été réalisée à proximité du gisement pétrolier d'In Salah, dans le Sahara algérien [**a**] afin de stocker en profondeur le gaz carbonique qui remontait en excès avec l'huile. La couche géologique favorable a été pénétrée par un forage dévié horizontalement, le long duquel les capacités d'accueil, c'est-à-dire la porosité du milieu, avaient été au préalable reconnues par des mesures géophysiques [**b**]. Les segments le long du tube sont de teintes d'autant plus chaudes que la porosité est élevée et les halos vert-jaune éclairent les zones les plus imprégnées par le gaz carbonique.

la profondeur d'injection est supérieure à 800 mètres. Cependant, la température et la pression régissant le passage à l'état supercritique étant très sensibles à la présence d'impuretés, ces dernières peuvent, dans le milieu récepteur, provoquer un retour à l'état liquide ou gazeux.

Qu'il soit ou non à l'état supercritique, le dioxyde de carbone est injecté à une pression élevée. Cette dernière doit en effet être supérieure à celle qui règne à la profondeur où est située la roche-réservoir, afin d'en chasser l'eau interstitielle et d'assurer la progression du gaz carbonique au sein de la couche géologique où il sera stocké. Si le milieu n'est pas suffisamment ouvert, on augmente la pression d'injection, ce qui permet au gaz d'ouvrir de nouvelles fractures : c'est la *fracturation hydraulique*. Cette technique est d'utilisation relativement courante dans des gisements de pétrole fatigués (en fin d'exploitation), que l'on « rajeunit » grâce à la récupération assistée : on chasse, par la pression du dioxyde de carbone ou de l'azote, une fraction de l'huile résiduelle, adhérant jusqu'alors à la roche-réservoir (**figure 4.12**).

Le dioxyde de carbone peut être stocké dans le site d'accueil sous trois formes. Injecté comme un gaz, il est appelé à se dissoudre dans l'eau, ainsi que nous l'avons vu au précédent chapitre dans le cas de l'océan: c'est le *piégeage hydrodynamique*. Injecté sous forte pression à l'état liquide ou supercritique, il peut soit réagir avec son milieu de confinement et s'intégrer dans de nouveaux minéraux carbonatés – c'est le *piégeage minéralogique* – soit, si le milieu n'est pas réactif, ce qui est le cas des roches riches en quartz comme les grès, en occuper les pores sous forme supercritique ou liquide – c'est le *piégeage physique*. Dans ce dernier cas, on visera de préférence des réservoirs de profondeur telle que le gaz carbonique soit liquide. Sa densité devient alors supérieure à celle de l'eau, ce qui théoriquement évite les fuites vers le haut.

Dragon accommodant, le gaz carbonique peut nous aider dans les voies du retour dans son antre en élargissant, par corrosion chimique, les chenaux le long desquels il progresse au sein de la roche-réservoir. En effet, lorsqu'il est dissous dans l'eau – et il y a toujours de l'eau dans les milieux traversés – le dioxyde de carbone induit une acidification et une décomposition des calcaires, au sein desquels sa progression se trouve facilitée.

▸ Combien de temps le dragon restera-t-il terré ?

La principale inquiétude quant à la séquestration du gaz carbonique dans des roches-réservoirs profondes tient aux possibilités de retour du dragon en surface, à la suite de fuites diffuses. Tout d'abord, une fuite minime de 1 % par an conduirait à perdre tout le bénéfice du stockage en 100 ans ! Or on vise des durées de séquestration de l'ordre du millénaire, qui impliquent des fuites nulles ou inférieures à 1 ‰ par an. En outre, les fuites de gaz carbonique constituent un danger potentiel en raison du caractère impur du dioxyde de carbone stocké en profondeur. Car si certaines impuretés, comme la vapeur d'eau, sont inoffensives, d'autres, comme les vapeurs de métaux lourds et, surtout, le mélange gaz carbonique/hydrogène sulfuré, sont hautement toxiques. S'il apparaît possible d'écarter ces poisons lors de la capture, fusse au prix d'une dépense supplémentaire, ces derniers peuvent venir se mélanger

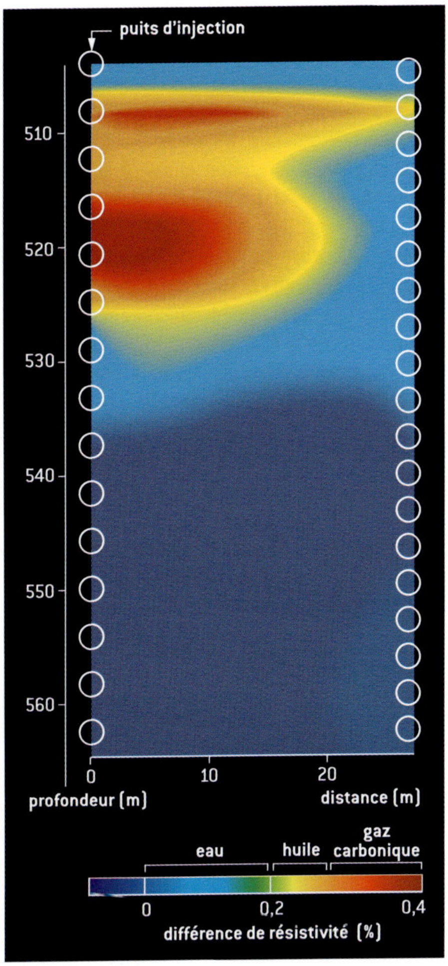

Fig. 4.12. Coupe géophysique verticale permettant de visualiser les domaines envahis par du dioxyde de carbone dans un puits pétrolier en vue de la récupération assistée de pétrole (champ pétrolier de Lost Hills en Californie, États-Unis). Le dioxyde de carbone est injecté dans le puits de gauche et on mesure sa progression par des signaux électromagnétiques échangés entre les puits de droite et de gauche (mesures différentielles de résistivité électrique). La figure montre, dans les tons rouges, l'invasion du dioxyde de carbone, qui, après trois mois d'injection, a chassé devant lui l'huile, visible dans les tons jaunes. L'eau interstitielle se signale en bleu pâle.

au dioxyde de carbone lors de ses pérégrinations souterraines. Par ailleurs, en cas de fuite, le gaz carbonique lui-même ne présente un danger qu'à très faible distance de son point de sortie (**figure 4.15**)… sauf à considérer les épisodes catastrophiques qui

4.15. Geyser de gaz carbonique. Le Crystal Geyser (Utah, États-Unis) naquit accidentellement en 1936, quand un puits de prospection pétrolière pénétra une nappe d'eau profonde chargée en gaz carbonique. Ses éruptions sporadiques sont ici suivies par des chercheurs du *Lawrence Livermore National Laboratory* (LLNL) étudiant les effets sanitaires de fuites qui seraient consécutives au stockage du gaz carbonique. Les mesures sont plutôt rassurantes. Elles montrent qu'au-delà de quelques mètres, la teneur en gaz carbonique de l'air est inférieure aux normes de sécurité sanitaires.

Avant de séquestrer le coupable, encore faut-il s'en saisir…

Insistons sur le fait que la capture du gaz carbonique émis pour produire de l'énergie ne concerne que les très grosses unités de production, centrales thermiques, raffineries, usines sidérurgiques ou cimenteries. Trois voies s'offrent pour capter et concentrer entre 70 et 90 % du gaz carbonique émis, partant d'émissions dont la teneur en dioxyde de carbone est très variable.

Dans la **capture postcombustion**, le gaz carbonique est séparé des autres substances avec lesquelles il est mélangé dans les fumées de combustion (vapeur d'eau et azote surtout). Différentes techniques sont utilisées : dissolution dans un solvant, adsorption dans un solide ou séparation par une membrane. Dans tous les cas, le produit utilisé pour capturer le gaz carbonique est régénéré, au prix d'une dépense d'énergie bien entendu. La capture postcombustion s'applique déjà à nombre d'usines et elle est expérimentée, avec un concours financier européen, depuis le début de l'année 2006 à Esbjerg au Danemark, dans une centrale fonctionnant au charbon (**figure 4.13**). Dans sa version utilisant un solvant comme agent de séparation, c'est actuellement la technique dominante, car elle s'adapte aux installations existantes, mais d'un point de vue économique, ce n'est pas la plus rentable.

Dans la technique de l'**oxycombustion**, couramment mise en œuvre dans l'industrie lourde, la combustion s'effectue en présence d'oxygène pur, ce qui permet de récupérer directement, après simple élimination de la vapeur d'eau, un gaz carbonique concentré entre 70 et 90 % dans les effluents. Cette approche est « énergivore » car elle implique d'extraire, au préalable, l'oxygène de l'air (par voie cryogénique).

4.13. Une vue intérieure de l'usine d'Esbjerg au Danemark, où le gaz carbonique est capturé après avoir été séparé des autres composants qui l'accompagnent dans les fumées de combustion.

ont accompagné certains phénomènes de dégazage naturel du dioxyde de carbone (voir l'encadré p. 107). Nous verrons pour finir que l'on s'affranchit de tous les risques évoqués ci-dessus dans le cas d'un stockage en profondeur dans les basaltes, où les atomes des molécules de gaz carbonique s'intègrent dans la structure cristalline des minéraux silicatés.

La **figure 4.16** donne un exemple des problèmes de fuites que l'on peut rencontrer, dans le cas d'un enfouissement de dioxyde de carbone liquéfié au sein d'un aquifère profond : revenu sous une forme dissoute ou gazeuse, il peut s'échapper de son niveau de stockage en s'écoulant dans les pores des roches composant les couches supérieures, en progressant le long de failles, en empruntant un puits de forage abandonné ou, encore, en accompagnant la remontée vers la surface d'eaux dans lesquelles il se serait dissous.

De manière plus générale, dans les tentatives de remontée du dioxyde de carbone sous forme gazeuse (il est plus volatil que l'eau) ou sous forme dissoute dans celle-ci (il remonte alors avec elle), les spécialistes identifient l'action de mécanismes antagonistes dépendant d'abord de la nature de la roche réservoir. Dans les sédiments surtout siliceux, le mécanisme est de nature physique : c'est la pression du gaz qui le pousse à ouvrir ou

Enfin, dans la technique de la **précombustion**, le gaz carbonique est récupéré en amont par traitement du combustible. Ce dernier est tout d'abord transformé en gaz de synthèse par oxydation ménagée. Ce gaz, riche en hydrogène et en monoxyde de carbone, est ensuite traité pour éliminer cette dernière molécule : par réaction avec l'eau, le monoxyde de carbone produit du gaz carbonique et de l'hydrogène. Après séparation du gaz carbonique, c'est de l'hydrogène pur qui est injecté dans la chaudière de l'installation. Cette technique a été retenue par un vaste consortium américain dénommé *FutureGen*, dont l'objectif est de construire un prototype de centrale thermique fonctionnant au charbon avec séquestration du gaz carbonique, qui fournirait, dès 2012, de l'électricité et de l'hydrogène pour les besoins d'une cité de 275 000 habitants (gardons en effet en tête que l'hydrogène pourrait alimenter la pile à combustible de futurs véhicules).
La phase de capture du gaz carbonique est cruciale. En effet, le stockage en profondeur de ce gaz renchérit actuellement de 50 % au moins le coût de l'énergie fournie par une centrale thermique. Or 80 % de ce surcoût sont liés à la capture du gaz carbonique, le transport et l'injection n'en représentant que 20 %. Avec les progrès techniques attendus, on espère toutefois diviser par deux le surcoût global. Pour être plus précis, le prix actuel du stockage d'une tonne de gaz carbonique varie, suivant les techniques, de 40 à 80 €, et le prix visé est de 15 €, inférieur au coût d'émission d'une tonne de dioxyde de carbone dans le cadre du marché du gaz carbonique qui s'installe en réponse au protocole de Kyoto (de l'ordre de 20 € en 2006).
Le schéma – encore théorique – présenté **figure 4.14** permet d'estimer le rendement global d'une opération de capture du dioxyde de carbone à environ 55 à 60 %, un chiffre qui correspond au produit du rendement énergétique (70 %) et de celui de la capture proprement dite du gaz carbonique (80 %).

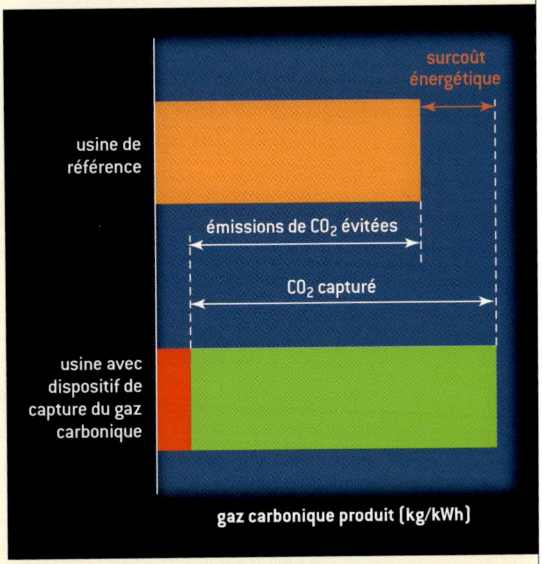

4.14. Le rendement de la capture du gaz carbonique. À partir des émissions d'une usine de référence (en orange, bloc supérieur), la capture du dioxyde de carbone (en vert, bloc inférieur) est imparfaite – environ 20 % d'émissions résiduelles (en rouge, bloc inférieur) – et elle implique un surcoût énergétique d'environ 30 %. Le rendement global de la capture est donc de l'ordre de 55 à 60 %.

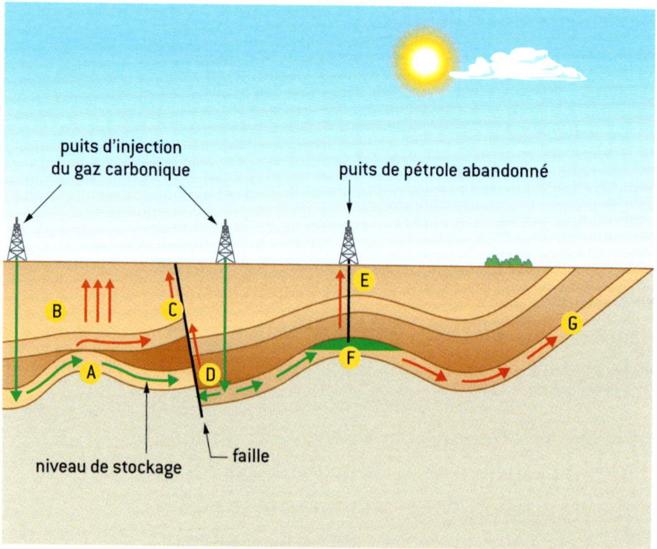

4.16. Comment le dioxyde de carbone peut-il s'échapper de son lieu de stockage ? À partir des deux derricks de gauche, le gaz carbonique liquéfié est injecté dans un aquifère salé profond au pied d'une voûte anticlinale, une configuration qui facilite sa migration vers le haut et permet d'augmenter le volume stocké. Différents types de fuites sont concevables (flèches rouges). Le niveau de stockage peut ne pas être pas étanche (A) et le dioxyde de carbone, qu'il soit ou non encore liquide, rejoindre un niveau supérieur dont il s'échappe, soit par écoulement poreux (B), soit le long d'une faille (C et D). Il peut également s'échapper en empruntant un puits abandonné et dégradé (E). Il peut enfin remonter par gravité vers la surface (G) après avoir été dissous dans l'eau (F).

élargir des fractures, une propriété mise à profit lors de l'injection, mais qui maintenant se retourne contre nous. Dans les sédiments calcaires, la situation est plus complexe. Si le calcaire est pur, la corrosion par le dioxyde de carbone dissous peut, comme nous l'avons vu plus haut, tendre à re-ouvrir des fissures anciennes. En revanche, si le calcaire est impur – une situation très commune – des expériences de laboratoire menées par Catherine Noiriel à Montpellier suggèrent que les fissures, élargies dans un premier temps par la corrosion, sont rapidement «cicatrisées» par des argiles, qui échappent à cette corrosion. Autre scénario favorable que l'on peut envisager : suite au dégazage du gaz carbonique dissous dans une eau riche en ions calcium ou magnésium, des carbonates peuvent précipiter par réaction chimique et tendre à colmater les fissures. Ce mécanisme est à l'œuvre dans les fontaines pétrifiantes où, sortant de terre, une eau chargée en gaz carbonique provoque, par dégazage, le dépôt et l'encroûtement calcaire des piécettes jonchant le fond de la fontaine.

▸ Le stockage dans les formations sédimentaires

Avant d'envisager le stockage dans des champs d'hydrocarbures, dont la capacité est d'environ 300 GtC selon les chiffres du rapport BRGM/IFP/ADEME déjà cité, on songe aux aquifères, et plus spécialement aux aquifères salins profonds, dont la capacité est très supérieure, allant de quelques centaines à quelques milliers de GtC. Salins, car les aquifères d'eau douce constituent un bien de plus en plus précieux qu'on ne saurait polluer par notre dioxyde de carbone. Profonds, pour limiter les remontées de dioxyde de carbone et bénéficier, au-delà de 800 mètres de profondeur, d'états physiques où celui-ci est plus dense que l'eau (voir plus l'encadré p. 96). Ces aquifères sont communs dans les nombreux bassins sédimentaires présents à la surface du globe. Généralement très habités, ces derniers sont des sources d'émissions de gaz carbonique dont la séquestration sur place réduira les coûts de transport.

Quant aux mines de charbon, les capacités de stockage sont très modestes et l'injection, difficile en raison de leur médiocre perméabilité. En dépit d'essais peu encou-

La catastrophe du lac Nyos

Le dégazage du dioxyde de carbone dissous dans l'eau dans un niveau de stockage induit parfois la formation de poches de gaz carbonique. Ces dernières peuvent être percées accidentellement ou être à l'origine de fuites diffuses de gaz. Les fuites massives ne sont pas à exclure : que l'on pense à la catastrophe naturelle du lac de Nyos au Cameroun qui, en 1986, tua 1 742 personnes et des milliers d'animaux (**figure 4.17**). À l'origine de cette tragédie, une énorme bulle de gaz carbonique qui éclata en surface, suite à son accumulation au fond du lac en relation avec une activité volcanique sous-jacente. Sous l'effet de la pression dans ce lac profond de 200 mètres, le gaz était massivement dissous dans l'eau (1 à 5 litres de gaz par litre d'eau), donc très instable, prêt à jaillir. Comme dans le cas d'une bouteille de champagne où la baisse de pression gazeuse associée à l'ouverture du bouchon déclenche un dégazage massif, il aura suffi, pour déclencher l'éruption massive du lac de Nyos, d'un événement mineur encore mal cerné (glissement de terrain, petit séisme, effet indirect de pluies massives qui auraient déstabilisé la masse d'eau du lac).

4.17. Le lac Nyos au Cameroun au lendemain de la catastrophe. Le 21 août 1986, ce lac volcanique dégagea une énorme bulle de gaz carbonique haute de 50 mètres qui, plus lourde que l'air, dévala vers le Nord, asphyxiant plusieurs villages. Dans sa remontée, la bulle entraîna les eaux du fond enrichies en fer, dont l'oxydation en surface donne la teinte ocre visible sur le cliché, qui représente le lac au lendemain de l'éruption.

rageants, on peut espérer toutefois, comme dans le cas du pétrole, mettre au point la récupération assistée (de méthane cette fois), par injection du gaz carbonique sous pression. Par ailleurs, si l'on construit des centrales électriques à proximité des mines, on peut séquestrer directement le gaz sur place et éviter tout transport (**figure 4.18**). Une idée proche consiste à injecter le gaz carbonique dans des schistes bitumineux ou des schistes noirs, qui doivent leur couleur à leur richesse en matière organique. Ces formations piègent de grandes quantités de méthane que le gaz carbonique pourrait chasser, tout comme dans le cas des veines de charbon. Voilà une source d'énergie potentielle non encore recensée et, peut-être, une nouvelle voie de séquestration aux capacités de stockage considérables.

Concernant le stockage du gaz carbonique dans les gisements d'hydrocarbure, les pétroliers ont déjà acquis une solide expérience dans le cadre de la récupération assistée

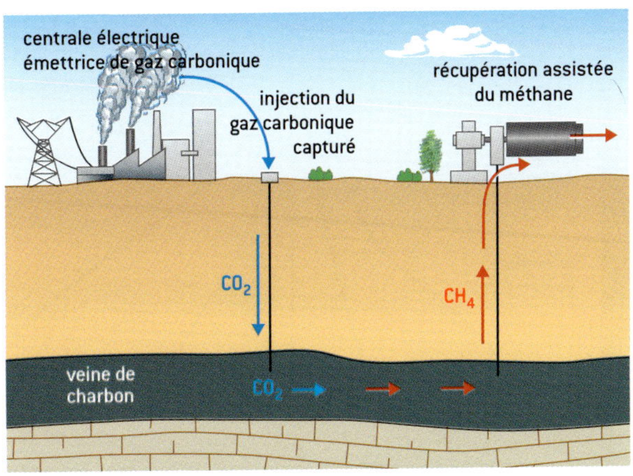

4.18. Stockage du gaz carbonique et récupération assistée du méthane à partir d'une veine de charbon. Situé à l'aplomb d'une mine de charbon, le complexe industriel produit de l'électricité et du méthane (CH_4), tout en séquestrant le gaz carbonique émis.

4.19. Vue de l'usine de gazéification du charbon de Beulah, Dakota du Nord (États-Unis).

d'huile que nous avons déjà évoquée. Dans le cas d'une expérimentation qui a été conduite à Weyburn (Canada), l'intérêt industriel a rejoint nos préoccupations environnementales en combinant stockage du gaz carbonique et récupération assistée. Ainsi, dans le Dakota du Nord, aux États-Unis (**figure 4.19**), une usine de gazéification du charbon, produisant du coke, émettait de grandes quantités de gaz carbonique, tandis que de l'autre côté de la frontière canadienne, le champ pétrolier de Weyburn avait perdu sa vigueur juvénile et sa production était en baisse sensible. Il fut décidé, après la capture des rejets de gaz carbonique issus de la gazéification et leur acheminement par un pipeline transfrontalier, de les injecter dans les puits défaillants de Weyburn. En quatre ans, la production de pétrole a presque doublé et il est

Un avant-goût de Kyoto

À côté de l'injection de gaz carbonique pour la récupération assistée du pétrole, il y a également le cas du gisement pétrolier offshore de Sleipner, en mer du Nord, où le stockage de ce gaz fut décidé à la suite de la décision du gouvernement norvégien de taxer les émissions de gaz carbonique produites par les installations offshore. Un avant-goût de Kyoto !

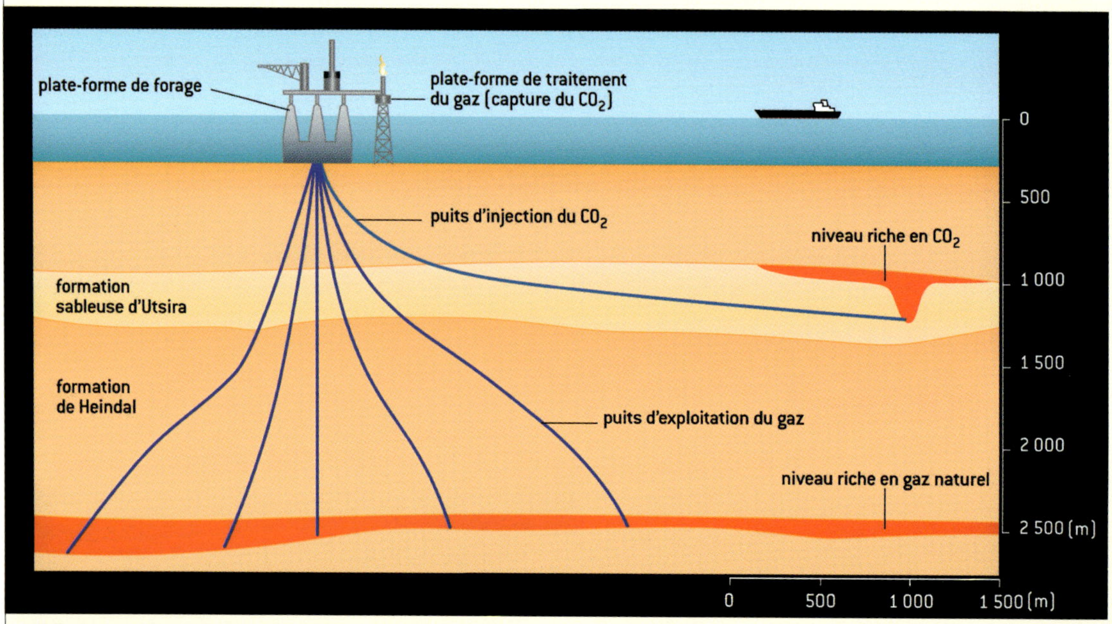

4.20. Coupe illustrant le principe de la séquestration du gaz carbonique dans le site offshore de Sleipner en Mer du Nord (vue d'ensemble du site p. 86). Le gaz carbonique est injecté dans un aquifère (sables d'Utsira), après qu'il a été séparé du mélange avec du gaz naturel extrait du niveau profond d'hydrocarbures.

prévu, au cours de 15 prochaines années, de stocker 20 millions de tonnes de gaz carbonique tout en produisant 130 millions de barils supplémentaires. Certains pays sont allés plus loin : on en trouvera un exemple dans l'encadré ci-dessous, où l'on pourra visiter le premier site pétrolier où le stockage du gaz carbonique ne répond qu'à des préoccupations environnementales.

▶ Le stockage en profondeur dans l'océan

À côté de la séquestration biologique naturelle par le phytoplancton, que l'on serait tenté d'activer en ensemençant l'océan avec de la limaille de fer, on envisage un stockage physique par injection de gaz carbonique dans l'océan. Pour une profondeur inférieure à environ 3 000 mètres, le dioxyde de carbone est stable sous forme gazeuse et est appelé à se dissoudre dans l'eau. Au-delà, il est stable sous forme liquide et, en raison de sa densité supérieure à celle de l'eau, il peut séjourner en nappes sur le plancher océanique, ou bien s'écouler puis s'accumuler dans des dépressions (**figure 4.22**). En outre, à ces profondeurs, le dioxyde de carbone liquide est dans le domaine de stabilité des clathrates. Ceux-ci se forment autour de la nappe de dioxyde de carbone, qui entre dans leurs cages, tout comme, ailleurs, le méthane. Cette séquestration, observée au cours de l'expérience illustrée sur la **figure 4.23**, ne serait pas aussi heureuse qu'on l'espérait. Les clathrates sont relativement stables et leur densité théoriquement supérieure à celle de l'eau, à

À Sleipner, la Statoil, compagnie nationale norvégienne, injecte dans un aquifère salin un million de tonnes de gaz carbonique par an, après que ce gaz carbonique a été séparé du gaz naturel exploité dans des puits voisins et auquel il était mélangé (**figure 4.20**). La masse de gaz carbonique ainsi séquestrée est comparable à celle qui serait émise par une centrale au charbon de 150 mégawatts. Le suivi scientifique de cette expérience, auquel sont associées des équipes françaises du BRGM et de l'IFP, permet de mieux comprendre les déplacements du gaz et les différents modes de piégeage (**figure 4.21**). Initiée en 1998, cette opération de stockage fut la première dans son genre et demeure à ce jour la plus importante. Son bilan est sain du point de vue financier, mais des inquiétudes environnementales apparaissent avec la migration du gaz, visible sur la figure, sans que ce dernier n'ait encore atteint la surface.

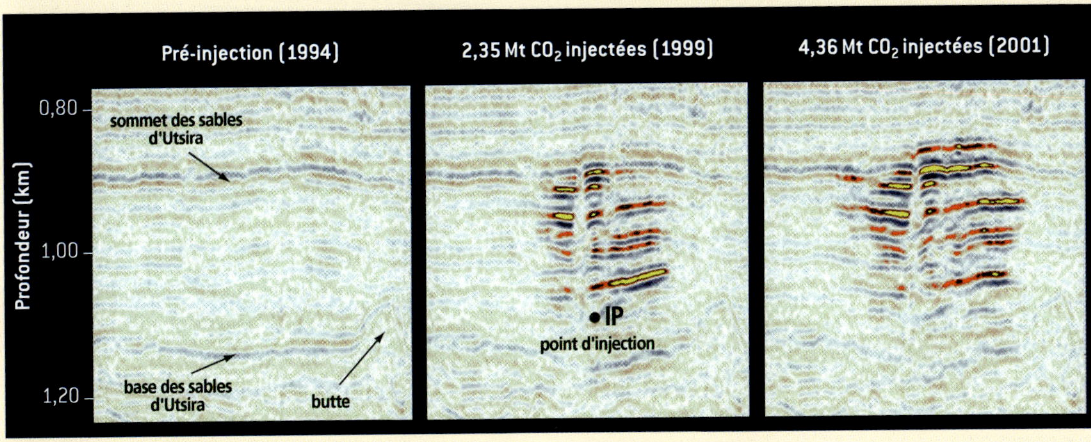

4.21. Coupes sismiques illustrant le stockage progressif du gaz carbonique dans le site de Sleipner. Les niveaux où se concentre le gaz carbonique présentent un contraste dans le rouge-orange. On note la montée du dioxyde de carbone à travers les sables de l'aquifère d'Utsira au fur et à mesure de l'injection, un phénomène qui peut laisser craindre des fuites jusqu'à la surface.

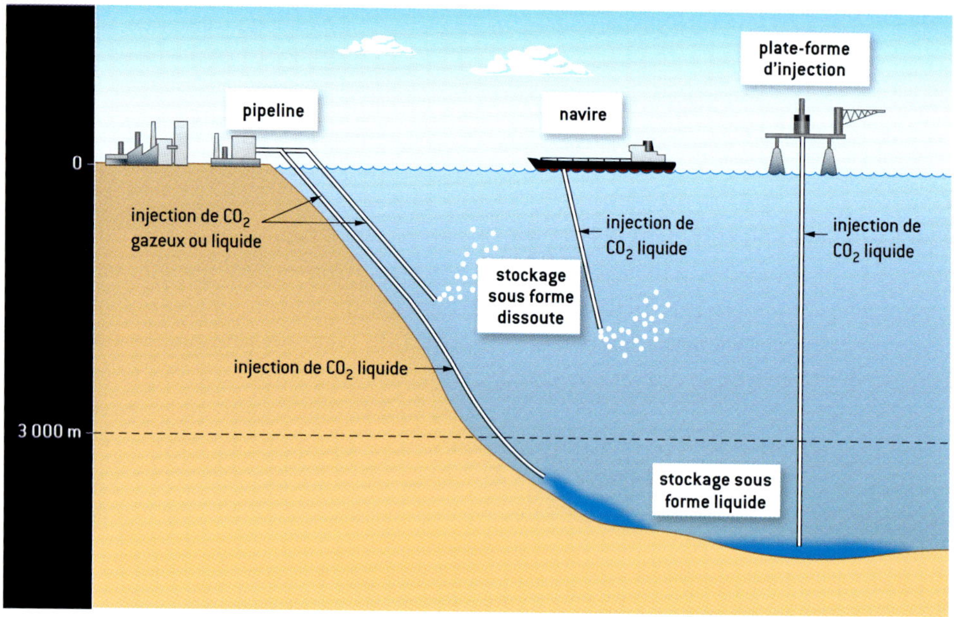

4.22. Les différents modes de stockage du dioxyde de carbone dans l'océan. Le largage à faible profondeur, par pipeline ou navire, conduit à la dissolution du gaz dans l'eau de mer. Le dioxyde de carbone, quand il est injecté à l'état liquide, est stable sous cette forme à partir d'environ 3 000 mètres de profondeur. Il est alors plus dense que l'eau et s'écoule pour former des lacs dans les dépressions du relief sous-marin.

condition toutefois que les cages soient suffisamment occupées. Dans le cas contraire, ils peuvent devenir moins denses que l'eau. Physiquement mobiles et chimiquement instables, ces agrégats constitueraient alors de bien médiocres gardiens.

À ce stade de l'exposé, il peut sembler utile de revenir sur la comparaison présentée plus haut entre les déchets nucléaires et le gaz carbonique anthropique. Dans mon précédent livre, *2050, rendez-vous à risques*, je me prononçais pour un examen plus poussé de l'idée d'enfouir les déchets nucléaires dans les boues des grands fonds marins, milieux stables d'un point de vue géologique et pouvant assurer, au sein d'un trou de forage, un confinement étanche. Je déplorais la sanctuarisation de l'océan, principe louable, mais abusif s'il est poussé jusqu'à interdire toute recherche sur ce type de sujets. À l'inverse, dans le cas présent, on ne peut que souscrire aux réticences de la communauté scientifique, relayée par une prise de position du GIEC et d'une association réunissant quatre-vingts ONG européennes. Tous demandent le bannissement de toute forme de séquestration du gaz carbonique dans l'océan. Simple dans son principe, cette forme de stockage du gaz carbonique ne nous met pas à l'abri

4.23. Gaz carbonique liquéfié débordant d'un bêcher et s'accumulant sur le fond de l'océan. L'expérience dont est issu ce cliché a été conduite par 3 627 mètres de fond, dans la baie de Monterey (Californie, États-Unis). Par réaction avec l'eau, des clathrates se forment qui adsorbent le gaz carbonique.

de redoutables accidents, comme la catastrophe du lac de Nyos nous le rappelle. En outre, dictées par notre grande ignorance concernant les écosystèmes océaniques, les appréhensions des chercheurs portent plus encore sur un éventuel danger pour la vie marine. Ainsi, alors que la fertilisation des eaux de surface par du fer dans le but d'accroître la masse de phytoplancton peut déséquilibrer des écosystèmes complexes (voir plus haut), le stockage du gaz carbonique dans l'océan provoquerait autour des sites d'injection une acidification localement forte, dont on a mesuré les effets au chapitre 3.

On trouvera toutefois, peut-être, une raison impérieuse pour ne pas renoncer et poursuivre ces recherches : conjurer un danger plus grave encore, celui que la vanne faisant communiquer l'océan superficiel et l'océan profond – qui absorbe actuellement près de la moitié de nos émissions de gaz carbonique – ne se ferme avec le réchauffement climatique (voir chapitre 3). L'injection forcée de ce gaz dans l'océan profond pourrait alors devenir un moindre mal.

▶ La séquestration chimique en profondeur dans les basaltes

À côté du stockage souterrain dans les ensembles sédimentaires, on commence à penser que les formations cristallines, c'est-à-dire des roches tels les granites, les gneiss, les basaltes ou les péridotites, pourraient constituer des réceptacles pour le gaz carbonique anthropique. Les milieux granitiques et gneissiques (formations dites acides), dominants dans la croûte continentale, n'ont pas la faveur des spécialistes, qui sont ici, rappelons-le, plus des géologues que des ingénieurs. Leur réticence tient à la fracturation des roches granitiques, irrégulière et propice aux fuites, et à leur moindre réactivité vis-à-vis du gaz carbonique en comparaison avec les roches basaltiques d'origine plus profonde (dites basiques) et, plus encore, avec les péridotites et serpentinites, formations issues du manteau (dites ultrabasiques), dont nous avons vu plus haut que l'on envisageait de les mettre à contribution pour la séquestration chimique en surface. L'aptitude des roches ultrabasiques à recevoir notre gaz carbonique a été jusqu'ici peu étudiée, mais on sait que leur porosité est faible : ce sont de médiocres éponges.

Aussi, ce sont les formations basiques, au premier rang desquelles les basaltes, qui ont la faveur des géologues. Nous les connaissons déjà pour leur rôle essentiel dans la séquestration naturelle du gaz carbonique et le contrôle qu'elles exercent sur les climats du passé, qui s'expliquent tous deux par leur vitesse d'altération en carbonates environ dix fois supérieure à celle des roches granitiques de la croûte (voir chapitre 2). Bien moins abondants à la surface de la Terre que les formations acides, les basaltes seraient néanmoins responsables du tiers de la séquestration naturelle par altération des silicates.

Depuis peu, quelques équipes de géologues, dont une est localisée à l'Institut de physique du globe de Paris, étudient les qualités des basaltes en vue de la séquestration du gaz carbonique. Sur deux critères essentiels, la capacité à fixer le dioxyde de carbone par réaction chimique et le volume des réservoirs, les promesses sont alléchantes. Seul bémol, la porosité des épanchements basaltiques est faible. Le *National Engineering and Environmental Laboratory* (NEEL) du ministère américain de l'écologie (DOE), situé opportunément dans la région basaltique qu'est l'Idaho, vient de publier des résultats montrant que le gaz carbonique, injecté à l'état supercritique, altère le basalte dans les conditions du laboratoire en une dizaine de jours. Les quelque 25 % de calcium, magnésium et fer contenus dans cette roche basique réagissent en effet avec le gaz carbonique pour donner des carbonates mixtes, riches en fer ou en aluminium (sidérite, dawsonite). Précisons que ces nouveaux minéraux sont

4.24. Interface entre le sommet d'une coulée, formée de tufs volcaniques perméables, et la base de la coulée suivante, massive (traps du Deccan aux environs de Bombay, en Inde).

stables et fixent donc le dioxyde de carbone sans limite de temps. Encourageant, non ?

Quant aux zones de stockage, elles sont dispersées, mais considérables au plan mondial. La première cible serait celle des *Large Igneous Provinces* (LIP), ces énormes épanchements formant des plateaux essentiellement basaltiques, produits par les panaches volcaniques montant épisodiquement du manteau profond.

On s'intéresse prioritairement aux LIP en raison de leur volume, mais également parce que les modalités des émissions de basaltes leur ayant donné naissance semblent très favorables au stockage du gaz carbonique. Ainsi, se succèdent des coulées dont la base, figée sitôt après l'émission, est massive et étanche, tandis que le sommet, composé de basaltes souvent bulleux, s'est fracturé lors du refroidissement de la lave (voir chapitre 2 figure 2.12, et **figure 4.24**). Injecté au sommet de ces coulées, le gaz peut se loger dans cet horizon poreux, où il sera retenu sous un toit massif et étanche. Notons qu'à faible profondeur, ces successions de coulées constituent de bons aquifères. Aussi, les injections devront s'effectuer à plus grande profondeur, atteignant des aquifères d'eau non potable.

Un projet pilote de séquestration du gaz carbonique dans les basaltes de la *Columbia River* – projet « *Big Sky* », un nom qui souhaite sans doute évoquer le Farwest et ses horizons ouverts – vient d'être lancé dans l'Idaho par une équipe du NEEL, avec un fort soutien fédéral. Le volume d'accueil de ces formations, qui appartiennent aux LIP, serait de quelques centaines de GtCO_2. L'injection de milliers de tonnes de gaz carbonique devrait débuter dès 2007, dans un site situé à presque 1 000 mètres de profondeur. Le gaz sera injecté sous forme liquide, étant appelé à se dissoudre dans l'eau présente dans les pores de la roche avant de réagir avec celle-ci.

Conclusions

Mérites respectifs des divers modes de séquestration

La séquestration en surface et le stockage géologique du gaz carbonique actuellement en excès dans l'atmosphère représentent des voies prometteuses, en dépit de sérieuses réserves qui reflètent une saine prudence face à la nécessité de mettre œuvre des solutions techniques encore mal connues. Prudence aussi des milieux financiers face à un surcoût de 30 % ou plus associé à la capture et au stockage du dioxyde de carbone.

Il est prématuré de chercher à comparer les mérites respectifs des deux voies principales que nous venons d'explorer, mais l'on peut toutefois se risquer à quelques pronostics concernant leur développement à venir. La séquestration chimique en surface est actuellement environ deux fois plus onéreuse et ne semble pouvoir concourir, en l'attente de progrès technologiques, que pour des masses de gaz carbonique relativement faibles. Elle pose également le problème du volume des produits minéraux qu'il faudrait extraire, traiter et entreposer. En revanche, le stockage géologique en milieu sédimentaire et la séquestration en milieu basaltique méritent discussion. Les projets actuels ainsi que les premières réalisations développées s'appuient seulement sur les connaissances acquises dans les terrains sédimentaires, bien connus des ingénieurs du pétrole et de l'hydrologie. Les pétroliers pratiquent depuis plusieurs années déjà la récupération assistée du pétrole et, comme le susurrent avec un brin d'ironie les géologues, « *il suffit pour eux d'inverser le sens de la vanne* ». Je pense, avec bien d'autres collègues géologues, que la séquestration dans les roches silicatées, surtout les basaltes, est plus prometteuse. Jusqu'ici totalement délaissée, cette voie éveille actuellement l'intérêt des chercheurs. Il n'est pas interdit de penser que, d'ici à quelques années, la séquestration géologique dans les basaltes apparaisse comme le principal remède à l'empoisonnement au gaz carbonique en cours.

Avec le stockage dans des formations sédimentaires, on affronte le risque de fuites à partir du réservoir souterrain où le dioxyde de carbone est stocké. En effet, dans ces sites, notre poison reste surtout liquide et gazeux, donc potentiellement mobile. Bien que les

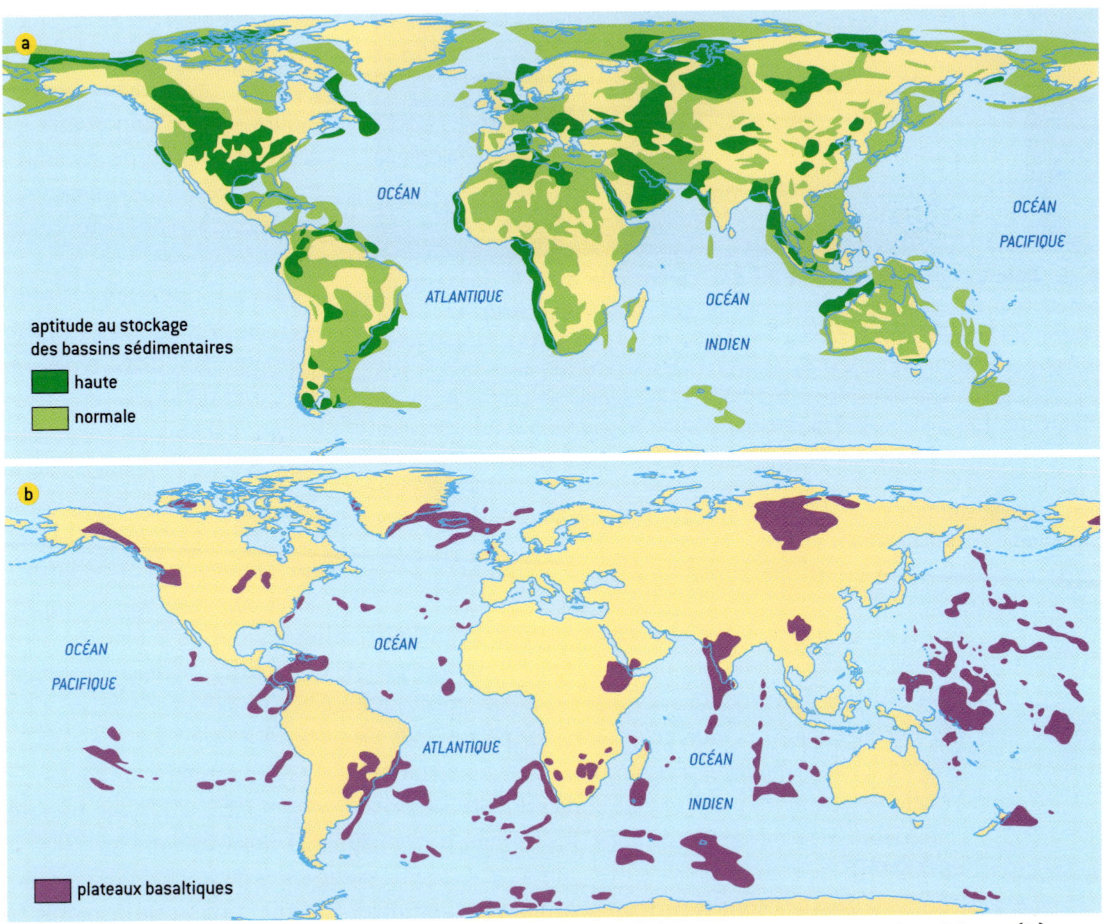

4.25. Répartition à l'échelle du globe des bassins sédimentaires (a) et des grands plateaux basaltiques (b).

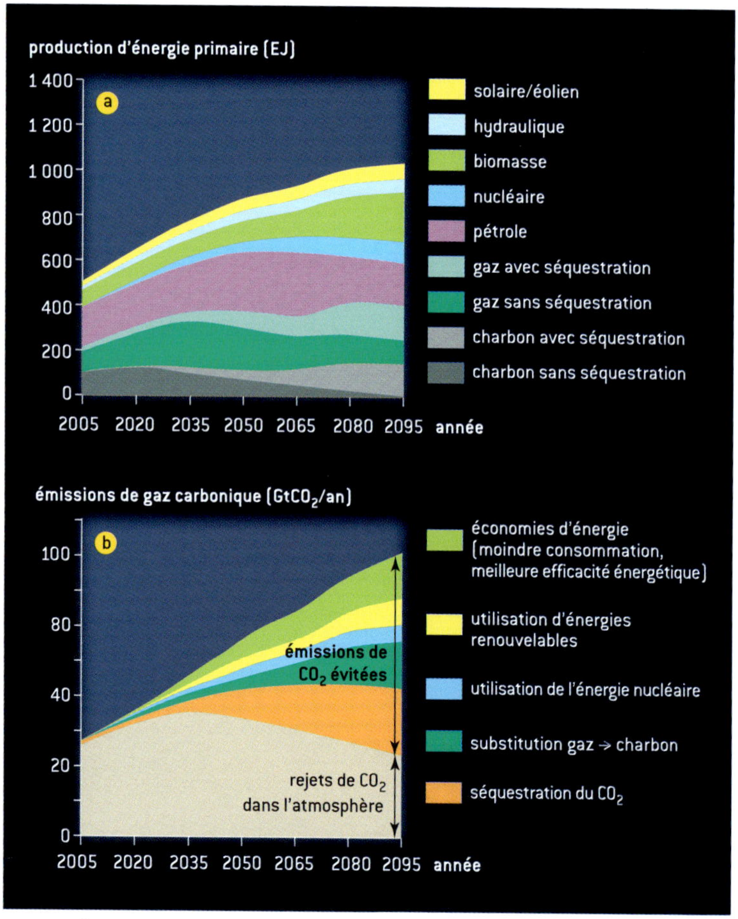

4.26. Rôle de la séquestration du gaz carbonique dans le scénario de production d'énergie et d'émission de gaz carbonique jusqu'en 2100, retenu par le GIEC. Dans le scénario de production d'énergie (**a**), il y a séquestration partielle du gaz carbonique issu du charbon (en gris). Dans le scénario d'émissions de gaz carbonique (**b**), grâce à un éventail de contributions de différentes (en couleurs), dont la séquestration du gaz carbonique, le niveau d'émission est réduit dans le cadre d'une consommation énergétique en augmentation. La contribution croissante de la séquestration (en orange) est due à la substitution progressive du charbon (avec séquestration) au gaz déclinant. EJ : exajoules (10^{18} J).

derniers travaux tendent à minimiser ce type de risques, on ne peut pas extrapoler leurs résultats à des durées de plusieurs centaines d'années et pour des masses injectées qui seront alors considérables. Dans les basaltes, privilégiés par la communauté des géologues, les premières expériences suggèrent que le gaz réagit très vite avec la roche pour former des carbonates qui le séquestrent définitivement. Ainsi est résolue la question des fuites, à l'instar de la séquestration chimique en surface. Pour cette raison, et également parce que la capacité de stockage dans les basaltes des grandes provinces volcaniques semble importante en dépit d'une porosité généralement élevée, réjouissons-nous que les recherches se tournent enfin de ce côté.

Si ces dernières aboutissent, on peut en fait s'attendre à ce que les deux types de sites, sédimentaires et basaltiques, cohabitent. Pour des raisons de capacité tout d'abord : la comparaison de la répartition globale des LIP et des grands bassins sédimentaires illustre leur complémentarité (**figure 4.25**). On observe ainsi que quelques vastes régions de la planète, dont l'Europe occidentale, ne possèdent pas de grandes provinces basaltiques, mais seulement des districts plus modestes comme le Massif central en France. Dans ce cas de figure, c'est le stockage dans des sites sédimentaires qui pourrait s'imposer. Le problème des capacités de stockage pourrait aussi imposer une cohabitation. Celles des aquifères profonds, de quelques centaines à environ un millier de GtC, selon le rapport GIEC 2005, semble être inférieure à la masse de carbone susceptible d'être captée si nous brûlons les 2 000 à 5 000 GtC de combustibles fossiles qui nous restent. Les capacités de stockage des formations de basaltes sont théoriquement énormes, estimées à 10 000 GtC, soit deux fois la masse totale que nous pourrions brûler – d'ailleurs à grand risque !

La séquestration, affaire de société ?

On pourrait s'attendre sous ce titre à une discussion sur l'acceptabilité sociale du stockage du gaz carbonique qui, il est vrai, se présente en termes proches de ceux des déchets nucléaires : réflexe NIMBY (« *Not In My BackYard* », pas dans mon arrière-cour), questions de l'évaluation des risques et de la transparence de l'information, de la responsabilité civile, etc. Sans sous-estimer l'importance de ces problèmes, nous voulons ici traiter d'un sujet plus général et situé en amont.

Si l'on retient les estimations récentes du GIEC, la séquestration du gaz carbonique en surface ou dans des formations du sous-sol, telle qu'elle est actuellement perçue, apparaît comme un appoint relativement modeste dans notre combat contre les émissions de ce gaz dans l'atmosphère. Bien que sur les 28 $GtCO_2$ (7GtC) émis annuellement, 60 % le soient par de grosses installations industrielles – les seules dont le gaz carbonique peut être séquestré – on ne saurait en capter actuellement que moins de 15 %. Cette fraction pourrait toutefois monter à 21-45 % dès 2050 (**figure 4.26**).

Le scénario du GIEC envisage ainsi une montée en puissance lente et progressive de la séquestration au cours de notre siècle, reflétant la perception générale des milieux techniques et industriels. Mais tout pourrait basculer ! Si, comme nous verrons au prochain chapitre, la pénurie des hydrocarbures nous guette, nous allons très vite devoir nous tourner vers le charbon et, accessoirement, vers le bois, qui sont des combustibles encore plus sales que le pétrole et le gaz en termes d'émissions de gaz carbonique puisque, mesurées en $kgCO_2/kWh$, ces dernières sont respectivement de 0,41 pour le bois, 0,33 pour le charbon, contre 0,28 pour le pétrole et 0,19 pour le gaz naturel. Nos émissions par kWh doublant pratiquement, la conversion au charbon n'est acceptable que si le gaz carbonique est séquestré à la sortie des centrales et autres conglomérats industriels brûlant du charbon.

En effet, n'oublions pas que l'ogre actuel, les États-Unis, et les dragons qui s'éveillent, la Chine ou encore l'Inde, disposent de grosses réserves de charbon (**figure 4.27**). Aussi, face à la crise menaçante de l'énergie, un recours massif au charbon se profile, qui aggraverait la menace de suffocation au gaz carbonique (signalons à ce sujet un document très détaillé « ... *How to tame King Coal* » édité en janvier 2006 par la délégation interministérielle au Développement durable). King Coal, le Roi Charbon, s'apprête à faire son retour.

Pour fixer les idées, retenons qu'une grosse centrale au charbon (1 000 mégawatts) dépourvue de dispositif de séquestration injecte 6 millions de tonnes de gaz carbonique

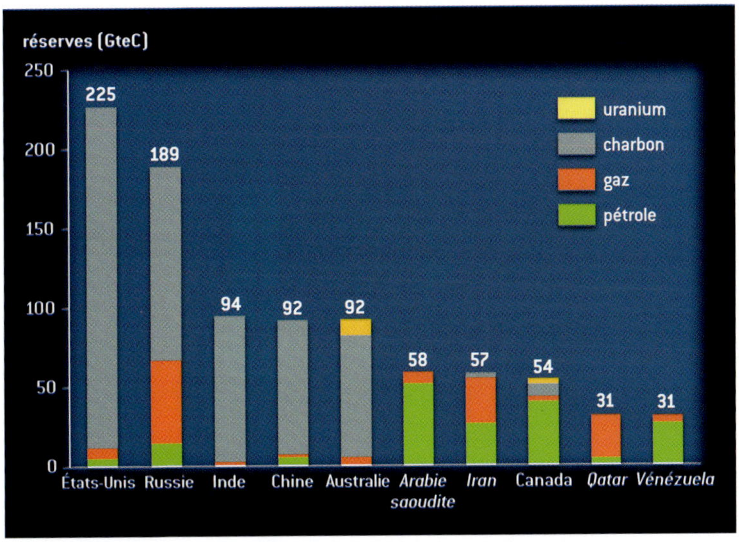

4.27. Les réserves de combustibles fossiles des dix premiers producteurs mondiaux en 2004. En *italiques*, les pays de l'OPEP. GteC = gigatonne équivalent carbone.

dans l'atmosphère par an, soit l'équivalent des rejets de 2 millions de voitures. Une enquête récente du *New York Times* rapporte qu'en Chine, la consommation de charbon augmente déjà au rythme de 14% par an. Elle rappelle également les effets toxiques du nuage brun couvrant le sud-est asiatique en hiver et qui résulte largement de cette combustion, lui attribuant 400 000 décès prématurés par an et les pires pluies acides jamais connues. Aussi, les défenses prévues – maîtrise de l'énergie, énergies renouvelables et énergie nucléaire – risquant d'être bousculées, la séquestration pourrait s'imposer plus vite que prévu : la conversion au charbon ne sera acceptable que si le gaz carbonique issu des centrales et autres conglomérats industriels brûlant du charbon est capturé.

Sous ces pressions et sous bien d'autres encore – car, par exemple , il est clair que les voitures ne rouleront pas au charbon ! – notre organisation industrielle et sociétale devrait donc évoluer. Contrairement à certaines attentes, on pourrait assister à la centralisation des sources principales d'énergie autour d'énormes centrales électriques alimentées au charbon et séquestrant le gaz carbonique issu de leur fonctionnement, ce qui n'est pas incompatible avec des sources mineures très dispersées d'énergies renouvelables. Par ailleurs, l'électricité et l'hydrogène deviendraient dans un tel scénario les vecteurs principaux de l'énergie. Nous y reviendrons au prochain chapitre.

Revenir au bon vieux temps, un rêve absurde ?

Si, grâce à la séquestration du gaz carbonique, nous parvenions à stabiliser nos émissions de ce gaz, ces efforts pourraient, au terme de quelques siècles, stabiliser la température à un niveau élevé mais encore supportable (voir chapitre 3). Ne peut-on rêver d'aller plus vite et plus loin, de revenir au « bon vieux temps », climatique s'entend, celui du début du

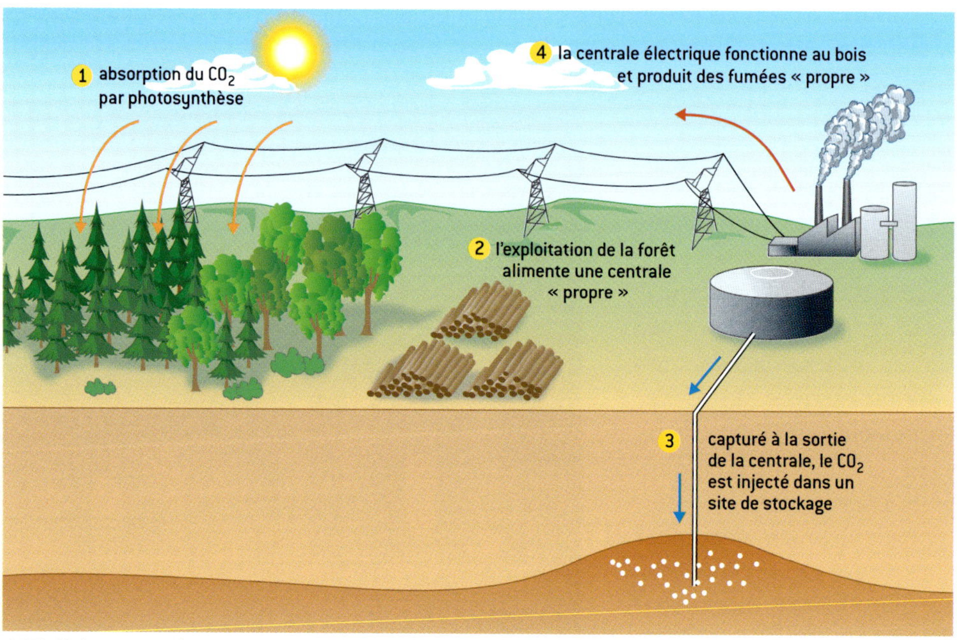

4.28. Faisons un rêve ! Baissons la teneur atmosphérique en gaz carbonique par combustion du bois des forêts et séquestration du gaz carbonique produit, et revenons ainsi à une atmosphère « préindustrielle ».

XXe siècle, en pompant le gaz carbonique encore en excès dans l'atmosphère et source de nos ennuis ? Comment ? En se servant de cette pompe naturelle que constitue la biomasse végétale. Ainsi que nous l'envisagions plus haut, plantons des forêts qui limiteront, pour un temps, les émissions atmosphériques de gaz carbonique, brûlons leur bois dans les centrales électriques dotées du dispositif de capture du gaz carbonique et séquestrons ainsi ce gaz qui n'est pas issu des combustibles fossiles, mais que les arbres, plantés par nos soins, auront pompé dans l'atmosphère. En répétant l'opération, la teneur atmosphérique en gaz carbonique pourrait progressivement revenir à sa valeur pré-industrielle et notre rêve, ainsi se réaliser (**figure 4.28**).

REG

C H A P I T R E 5

La crise du pétrole, quelle vie au-delà ?

La crise climatique à venir doit être envisagée dans le contexte d'une autre crise, pétrolière cette fois, qui sera plus brutale et, pour un nombre croissant d'experts, pourrait survenir d'ici à quelques années. Le pétrole est une substance unique par sa concentration en énergie, très supérieure à celle de toutes les énergies renouvelables, et dont l'extraction sans frein a permis l'expansion miracle du XXe siècle, avec la débauche de dépenses énergétiques qui l'accompagne. Que, faute de réserves suffisantes, sa production plafonne, et son prix flambera sans espoir de retour, car l'extraction du pétrole résiduel sera de plus en plus onéreuse. L'économie mondiale entrera alors dans une grave crise financière et notre mode de vie, fondé sur un pétrole bon marché, s'en trouvera bouleversé. Du sevrage de notre drogue pétrole, devrait naître une société nouvelle mieux à même de gérer le patrimoine naturel et, en particulier, de contrôler les émissions de gaz carbonique qui sont au cœur de ce livre.

«La crise du pétrole, quelle vie au-delà ?» Pourquoi une telle interrogation en titre de ce dernier chapitre ? En quoi une éventuelle crise du pétrole peut-elle marquer une rupture dans notre mode de vie ? La réponse est simple. Le pétrole est la principale source d'énergie et celle qui, par la vertu de sa puissance et de sa versatilité, imprègne le plus notre quotidien. Nous vivons dans un flux d'énergie, «drogués au pétrole». Aussi, l'après-pétrole ressemblera bien peu à ce que nous avons connu et le sevrage sera sévère. Il pourrait survenir plus tôt que prévu car, sans en connaître ni le jour ni l'heure, nous savons qu'une crise pétrolière est proche. Et elle frappera d'autant plus fort qu'elle n'aura pas été anticipée.

La croissance est-elle soutenable ?

Consommation de pétrole et dépenses énergétiques sont intimement liées à une notion omniprésente sur la scène politique et économique mondiale : celle de croissance. Commençons donc par nous interroger sur certains ressorts de la croissance dans le monde actuel.

Une croissance qui s'emballe

La croissance économique, mesurée par le PIB (produit intérieur brut), ne concernait naguère que les pays du Nord. Désormais, tout comme l'économie, elle est devenue mondiale. Cette croissance laisse encore à la traîne une cohorte de pays pauvres, surtout africains, mais avec le décollage des grands pays réellement en développement – Chine, Inde et Brésil – l'augmentation du PIB à l'échelle planétaire atteint ou dépasse 4% par an. L'aspect positif est qu'elle profite à des pays qui en avaient besoin. Ainsi, en Chine, le nombre d'individus vivant sous le seuil de pauvreté serait passé de près de 400 millions en 1990 à moitié moins en 2003. La croissance contribue donc à réduire les graves inégalités dont souffre la planète. Elle est considérée par les économistes et les politiques comme le seul moyen pour éradiquer la pauvreté, à commencer dans nos pays. C'est bien la conclusion d'un livre de Christian Blanc, *La croissance ou le chaos,* par ailleurs lumineux.

Seulement voilà, le rythme de la croissance mondiale ne sera pas tenable pour deux raisons. Tout d'abord, la croissance de 5% enregistrée à l'échelle de la planète en 2004 est gagée sur une augmentation de la consommation de pétrole et gaz naturel qui fut supérieure à 2%. Associée aux progrès réalisés en termes de maîtrise d'énergie, l'augmentation concomitante de 2% par an de la production pétrolière et gazière assurerait, depuis plusieurs années, la moitié de la croissance. La seconde partie de la croissance économique, plus gratifiante, est celle qui est fondée sur l'accumulation d'un capital humain (éducation, connaissances, innovations, investissements, infrastructures, santé, etc.) ou que produisent le travail et l'ingéniosité des hommes. Ainsi, en achetant un objet quelconque, on échange de l'argent, certes contre l'œuvre d'un fabricant, mais également contre les 50% environ qui correspondent au pétrole consommé dans la fabrication de l'objet. Alors, comment la croissance pourra-t-elle perdurer lorsque la production pétrolière et gazière plafonnera ?

Ensuite, la vulnérabilité de la croissance globale résulte de ce que le système financier mondial fonctionne comme celui d'une banque – le Fond monétaire international (FMI) est un institut bancaire. Il repose sur l'investissement et l'emprunt, qui ne sont pratiqués que s'il y a croissance, laquelle est, *in fine*, gagée sur un apport d'énergie, pétrole et gaz naturel surtout. On a pu ainsi écrire que l'argent est finalement le symbole du pétrole (**figure 5.1**). Que cette source d'énergie vienne à manquer et il y a risque de banqueroute du système financier mondial. Et pourtant, cette analyse générale est controversée.

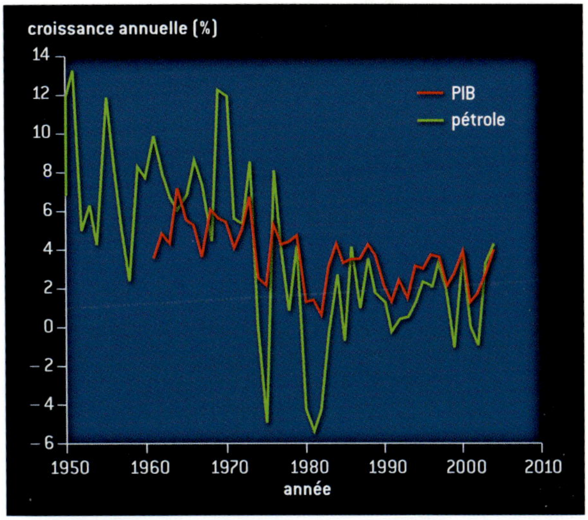

5.1. Peut-on nier la relation entre l'économie et la production de pétrole ? Cette relation est illustrée ici non par la valeur du PIB ou de la production de pétrole, mais par leur croissance comparée (PIB en rouge, pétrole en vert).

Ainsi, pour Morris Adelman, prix Nobel d'économie, les choses sont plus simples: « *On ne manque pas de combustibles fossiles et il n'y pas de limites à la production électrique. Tout est affaire d'argent.* » La part de vérité contenue dans cette déclaration provocante est que, si le pétrole vient à manquer, son prix augmentant, la demande baissera suite aux mesures d'économie qui seront rendues nécessaires, tandis que l'exploitation de gisements pétroliers non rentables aux conditions antérieures du marché apportera une offre nouvelle. La part d'illusion consiste à penser d'une part que cette nouvelle offre constituera une réponse à la crise énergétique (avec en filigrane cette idée qu'il n'y a pas de raison de paniquer, les géologues s'étant déjà trompés à plusieurs reprises dans le passé à propos de la fin de l'ère du pétrole) et, d'autre part que la croissance économique peut se décréter (« *tout est affaire d'argent* »). C'est la position adoptée par nombre d'économistes, qui s'affranchissent des principes de base de la thermodynamique (l'énergie ne se crée pas, mais se transforme) en feignant d'ignorer que la création de monnaie, donc de richesse, ne peut être gratuite, qu'elle engage de l'énergie. On ne sera donc pas surpris si de telles théories économiques sont vivement combattues par les scientifiques. Ayant ainsi inventé le mouvement perpétuel, ironise Jay Hanson, un ingénieur pilotant le groupe « die-off » (extinction) dont nous reparlerons plus loin, nos économistes ont beau jeu d'afficher un optimisme sans faille vis-à-vis du futur. On ne sera pas davantage étonné que cet optimisme économique ait l'heur de plaire dans certains milieux politiques.

Une croissance en trompe-l'œil

Un autre aspect du problème dont nous venons de discuter est que les contraintes environnementales engendrées par la croissance sont totalement incompatibles avec l'utopie du « développement durable ».

La croissance puise non seulement dans la créativité de l'homme, mais également dans le patrimoine naturel de l'humanité puisqu'elle exploite des ressources peu ou non renouvelables: forêts tropicales, terres arables, mangroves, nappes d'eau souterraines, ressources vivantes, etc. Le rapport *Évaluation des écosystèmes pour le Millénaire*, publié par le Programme des nations unies pour le développement (PNUD) à la suite d'un congrès ayant réuni, en mars 2005 à Tokyo, près de 1300 scientifiques, dénonce l'omission dans les comptabilités nationales de ces emprunts faits au patrimoine naturel et des

5.2. Le coût environnemental de la croissance : l'exemple des élevages de crevettes. La photo **a** (vue par satellite) montre les parcs d'élevage de crevettes, crées au Honduras, entre 1987 et 1999, au détriment d'une mangrove, visible sur l'image **b** (en **c**, un paysage typique de la mangrove, photographié en Nouvelle-Calédonie). Introduits dans une réserve biologique, ces élevages contribuent au déclin de la biodiversité au sein d'un écosystème particulièrement riche et entraînent des pollutions de l'eau nuisant, en particulier, à la pêche traditionnelle. La croissance ainsi induite devrait prendre en compte les coûts indirects de la pollution, de la fragilisation du littoral, par exemple vis-à-vis des tsunamis, et, idéalement, celui de l'atteinte à la biodiversité.

atteintes à l'environnement qui les accompagnent. Il conclut que la croissance du PIB de certaines nations, en particulier les pays pétroliers, masque, en fait, une perte nette en capital naturel. Elle est donc factice. Fondée sur l'emprunt aux générations futures, c'est une croissance à crédit et, si l'on prône le principe du développement durable, elle devrait être remboursée. L'atteinte au patrimoine s'accompagnant souvent d'une atteinte à l'environnement,

le coût de la restauration d'un système naturel dégradé devrait aussi être mis au débit de la croissance. La facture risque d'être lourde, car selon le rapport du PNUD, 60 % des écosystèmes ont été abîmés par l'homme au cours des cinquante dernières années, plus que dans toute l'histoire de l'humanité jusqu'alors ! Aussi, on est en droit d'estimer que les atteintes à l'environnement, pas davantage que les emprunts au patrimoine, ne seront jamais ni réparés, ni remboursés, ce qui, de toute façon, paraît difficile dans nombre de cas (ressources naturelles et biologiques en particulier, **figure 5.2**). Sur la base de telles conclusions, les hérauts du développement durables seraient bien avisés de se montrer discrets.

Allons plus loin avec Parth Dasgupta, professeur à l'université de Cambridge en Grande-Bretagne, qui tente de quantifier la croissance. Prenant le contre-pied des données de la Banque mondiale, il estime que la vive croissance du PIB de l'Inde depuis 30 ans est un véritable « trompe-l'œil » et recouvre, en fait, une baisse de richesse, car la croissance fondée sur l'accumulation de capital humain ne compense pas les pertes de patrimoine naturel. Ce bilan négatif serait la règle pour l'ensemble des pays pauvres ou en développement, à l'exception de la Chine, qui pourrait, encore actuellement, compenser l'importante dégradation de son environnement naturel par une accumulation de capital humain plus forte encore. En outre, toujours suivant Parth Dasgupta, la croissance du PIB de certains pays riches peut également provenir de transferts de richesses (y compris humaines, avec celui des élites) en provenance – paradoxe ! – des pays pauvres. Ainsi, le taux de croissance des États-Unis, depuis plusieurs années supérieur à celui de l'Europe, est nourri par l'énorme déficit de leur balance commerciale, payé par l'émission de bons du trésor, de même que leur recherche est nourrie par l'afflux de scientifiques talentueux chinois, indous ou… européens.

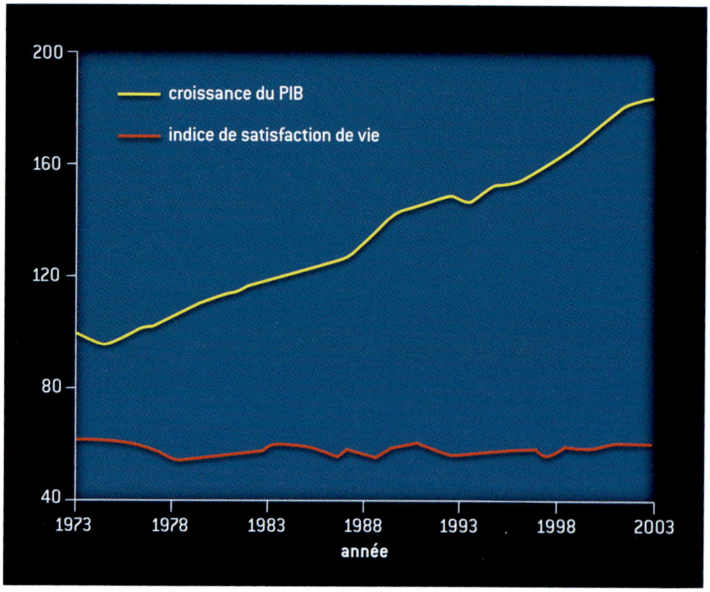

5.3. L'indice de satisfaction de vie stagne en France malgré la croissance du PIB. Concocté par l'université de Rotterdam à partir d'un « panier » d'indicateurs, cet indice évoluant entre 0 et 100 est censé refléter le bien-être d'une population.

Et pourquoi pas la décroissance ?

Levons d'emblée un malentendu. On entend parfois dire, avec une pointe d'arrogance : « N'est-il pas indécent que, chez nous, les comblés de la Terre parlent de décroissance, alors que les parias de cette Terre se contenteraient des miettes de notre festin ! » Il y a bien malentendu, car pour les vrais apôtres de la décroissance, celle-ci servirait, dans les pays riches, à soulager l'environnement bien sûr, mais en même temps à transférer de la croissance aux plus déshérités, suivant quelques principes déjà présentés dans mon ouvrage précédent, *2050, rendez-vous à risques*. Telle est la doctrine de Nicholas Georgescu-Roegen, gourou de cette mouvance, auteur du livre *La décroissance* (paru en 1995) et de Bruno Clementin et Vincent Cheynet, rédacteurs de la revue *La Décroissance*, lancée en 2004.

Les « objecteurs de croissance », en dénonçant une croissance qui, au grand dam des économistes, ne peut pas être perpétuelle et s'accompagne de nuisances augmentant plus vite encore, ont évidemment raison. Ce d'autant plus que, dans les pays riches, la forte croissance des trente dernières années s'accompagne d'une stagnation, voire d'une régression de divers indices cherchant à évaluer le bien-être des populations (**figure 5.3**).

Les avocats de la décroissance s'attaquent aussi à la prétendue efficacité de l'économie, telle qu'elle est arbitrée par la mondialisation du marché : à l'aune du moindre coût des produits fabriqués. Or ces coûts sont faussés par les subventions et aides indirectes des nations et, de surcroît, ignorent les coûts environnementaux et humains envisagés plus haut. Il est vrai qu'il est difficile de croire que le prix de l'ail cultivé en Chine et vendu sur le marché espagnol moitié moins cher que l'ail local, soit un prix vrai.

Critiquant avec vigueur ce système, les chantres de la décroissance appellent de leurs vœux un retour aux productions et aux échanges locaux (lire à ce sujet la contribution d'Helena Norberg-Hodge dans l'ouvrage collectif *Objectif Décroissance*), retour qui semble une intéressante anticipation de ce que l'on attend comme première conséquence de la crise du pétrole (voir plus loin). Faut-il leur reprocher de ne pas faire de propositions socialement acceptables ? Certainement non, car, comme nous l'avons avancé dans *2050, rendez-vous à risques*, elles n'existent pas. Alors quelle issue à ce dilemme entre croissance nécessairement non durable et décroissance aujourd'hui utopique ? La suite du chapitre nous montrera que c'est la crise énergétique qui imposera probablement la solution. Aussi, entendre les partisans de la décroissance pourrait nous aider à amortir les effets de cette crise.

Débauche et maîtrise de l'énergie

Avant d'évoquer la crise du pétrole et le pic de production qui l'annoncera – le *peak oil* – penchons-nous d'un peu plus près sur ce carburant pour l'instant incontournable de notre croissance. Car ce sont ses propriétés énergétiques hors pair qui ont donné des ailes à l'homme du XXe siècle. Afin de comprendre pourquoi l'épuisement de cette ressource miracle ne manquera pas d'engendrer un choc considérable, soulignons également l'utilisation démesurée qui en a été faite.

Baignant dans un flux d'énergie, l'homme est le maître du Monde

Dans *La nouvelle Alliance*, un livre fameux publié en 1979 et cosigné avec Isabelle Stengers, Ilya Prigogine, prix Nobel de chimie, nous expliquait qu'allant à rebours de l'évolution naturelle, qui est celle de la dégradation, du désordre et d'une certaine homogénéisation – c'est le second principe de la thermodynamique, celui de l'entropie (du désordre) croissante des systèmes qui évoluent naturellement – l'homme crée de l'ordre et construit de la diversité. Il y parvient, car il baigne dans un flux d'énergie où il puise la force pour remonter à contre-courant de l'entropie. Ainsi, à partir d'un plat désert sableux, l'énergie du vent façonne des dunes dont l'agencement régulier est un défi au second principe de la thermodynamique (**figure 5.4**). Ainsi se construit également l'homme, l'homme dans son infinie complexité, l'homme échappant pour le temps de sa vie à la loi naturelle de la dégradation, l'homme qui, à travers l'espèce, peut, de génération en génération, prospérer indéfiniment, accumulant biens et connaissances.

Avant l'ère industrielle, l'homme empruntait, directement ou non, à la seule énergie solaire la part nécessaire à sa survie et à son développement, tout comme l'essentiel du

5.4. Des dunes ou comment, dans un flux d'énergie (celle du vent), se créent l'ordre et la beauté.

monde vivant. En suivant Prigogine, on peut expliquer le milieu douillet et sophistiqué dont profite l'homme occidental depuis le début de l'ère industrielle par la débauche d'énergie dans laquelle il se complaît désormais grâce aux combustibles fossiles. Échangeant le cheval, qui était naguère son outil de travail le plus puissant, contre le cheval-vapeur, il a multiplié la quantité d'énergie à sa disposition par un facteur 100 ou 1 000. Dans l'épilogue de ce livre, nous reviendrons sur ce bain d'énergie pour en donner une image négative, celle d'une drogue. Une drogue qui, dans les pays développés, est source d'un état d'euphorie dont nous ne sommes pas vraiment conscients.

Le pétrole est difficilement remplaçable !

Toutes les sources d'énergie ne sont pas équivalentes. Les combustibles fossiles représentent la forme la plus concentrée de l'énergie. Ils sont loin devant le bois et, plus encore, les autres énergies renouvelables (solaire, géothermique, hydraulique ou éolien) qui correspondent, elles, à des formes diffuses (voir l'encadré p. 128). Seul le nucléaire, forme moins conventionnelle de combustible fossile, est plus concentré, beaucoup plus concentré, que les combustibles fossiles (**tableau 5.1**). Cette notion de concentration est fondamentale. Dans un litre de pétrole, il y a l'équivalent de 500 heures de travail humain. Si les frères Wright ont fait voler, en 1904, le premier avion, c'est qu'ils ont disposé de la puissance et de la légèreté du moteur à essence. Nous commençons tout juste, aujourd'hui, à faire voler des drones dont les ailes démesurées sont couvertes de panneaux solaires (**figure 5.5**). Pourquoi seulement aujourd'hui et une telle différence de gabarit ? Simplement parce que, pour obtenir une quantité d'énergie suffisante à partir d'une source diffuse, on doit capter l'énergie sur une grande surface avant de la concentrer. Cette concentration est, précisément, dispendieuse en énergie.

Le pétrole est le meilleur combustible car c'est lui qui concentre le plus d'énergie par unité de masse et brûle aux plus hautes températures (ce qui assure le meilleur rendement). Il se transporte aussi facilement tout en étant, jusqu'ici, facile à extraire du sol. Par exemple, une locomotive diesel n'utilise, *in fine*, que 1/5e de la masse de combustible qui lui serait nécessaire avec du charbon. Dans ces conditions, on comprend aisément pourquoi plus de 40 % de l'énergie consommée actuellement dans le monde est dérivée du pétrole. Au passage, savez-vous que pour nous concocter un litre de la précieuse

Type de combustible	Densité d'énergie spécifique (10^6 J/kg)	Densité d'énergie en volume (10^6 J/L)	Émission de CO_2 après combustion (kg_{CO2}/ kg)
Charbon	29,3 – 33,5	39,85 – 74,43	~3,6
Pétrole brut	41,87	28 – 31,4	~3,4
Essence	45 – 48,3	32 – 34,8	~3,3
Diesel	48,1	40,3	~3,4
Gaz naturel	38 – 50 (gaz liquéfié)	25,5 – 28,7	~3,3
Uranium 235 (^{235}U)	77 000 000		0,0
Fusion nucléaire (^{2}H-^{3}H)	300 000 000		0,0

Tableau 5.1. Comparaison des divers combustibles fossiles, y compris nucléaires, en termes de densité d'énergie et d'émissions de gaz carbonique.

5.5. Une image de la puissance comparée des énergies concentrées et des énergies diffuses. a. Le premier vol d'un avion motorisé : il fut effectué par Orville Wright le 17 décembre 1903, avec un moteur à essence à la fois puissant et compact. **b.** L'avion à panneaux solaire avec lequel Bertrand Piccard et André Borschberg projettent de réaliser, en 2011, un tour du monde (projet « SolarImpulse »). Afin d'obtenir une puissance suffisante, l'énergie solaire doit être collectée sur une très grande surface : l'envergure de l'avion est de 80 mètres.

substance, la nature a fait mûrir 23 tonnes de matière organique pendant plus d'un million d'années ?

Une conclusion à double détente s'impose : *primo*, le pétrole est une substance miraculeuse, puisqu'elle a permis l'expansion économique du XXe siècle, unique dans l'histoire de l'humanité ; *secondo*, son épuisement proche représentera un choc, car sa substitution par les énergies renouvelables, énergies diffuses au rendement médiocre, coûtera très cher, énergétiquement et économiquement, avec une addition qui sera d'autant plus salée que la transition n'aura pas été préparée à temps. Notons d'ailleurs qu'un choc comparable, quoique d'une moindre ampleur, saluera probablement, après l'ère du pétrole, le recours massif au charbon avec séquestration du gaz carbonique (voir chapitre 4).

Autorisons-nous un petit aparté pour observer que, dans le contexte du sevrage que nous venons d'évoquer, la comparaison des différents combustibles esquissée par le tableau 5.1 milite clairement, à mes yeux, en faveur d'un engagement accéléré vers le nucléaire et laisse caresser l'espoir d'un avenir énergétique à nouveau serein dans l'hypothèse où nous parviendrions à maîtriser la fusion nucléaire.

Débauche d'énergie

Le pétrole est un bien précieux et pourtant... nous ne manifestons guère d'attentions à son égard. Faut-il en quelques chiffres rappeler l'évolution de nos dépenses énergétiques ? Il y a un siècle, la consommation d'énergie dans le monde s'élevait à 1 Gtep/an – un milliard de tonnes équivalent-pétrole, une singulière unité telle que 1 tep = 11,63 MWh. Elle est aujourd'hui de 10 Gtep/an, dont plus de 40 % issus du pétrole, et les prévisions annoncent 25 Gtep/an en 2050. Dans les prochaines années, la demande nouvelle en

Énergies renouvelables, oui, mais à quel prix ?

Nous devons, bien sûr, nous engager dans une politique volontariste en faveur des énergies renouvelables, et si possible tout de suite, avant la crise pétrolière qui s'annonce. Volontariste, car à moins de 100 $ le baril de pétrole, les énergies renouvelables ne sont guère rentables. Au prix d'énormes investissements, elles le deviendront quand le baril d'or noir flirtera avec les 200 $. C'est du moins l'avis de Matthew D. Savinar, journaliste et auteur de *The oil age is over*, un ouvrage dont la publication a donné l'occasion d'une audition au Congrès des États-Unis (voir aussi www.lifeaftertheoilcrash.net).

Comme nous l'avons annoncé plus haut, le handicap des énergies renouvelables est fondamental : il s'agit d'énergies diluées, qu'il est nécessaire de concentrer en vue de leur utilisation. Ainsi, il faut 10 000 éoliennes pour produire autant d'énergie qu'une centrale de 500 megawatt fonctionnant au gaz naturel (il y a 13 000 éoliennes en Californie, l'État le plus avancé dans ce domaine aux États-Unis). Autre problème lié à la même cause, les énergies renouvelables sont mal adaptées aux transports, qui requièrent une énergie concentrée. Enfin, dans le cas de l'éolien et du solaire, la production est intermittente, réduisant le rendement vrai à 30 % de la puissance théorique. Il y a donc dilution supplémentaire et nécessité de développer des dispositifs permettant de stocker l'énergie.

produits pétroliers viendra pour les deux tiers des pays en développement (Chine, Inde, Brésil), au service de leur croissance et en attendant leur conversion à d'autres types d'énergies et à un usage plus économe du pétrole (le rendement énergétique de ces nations n'est aujourd'hui égal qu'à la moitié de celui des pays dits développés).

Si l'on veut maîtriser la consommation d'énergie, il convient d'abord d'en connaître les principaux usages. À l'échelle du globe, trois secteurs sont chacun responsables du tiers de la facture énergétique totale : l'industrie-agriculture, les transports et le résidentiel-tertiaire (habitat, commerces, bureaux, équipements collectifs). En France, comme dans les autres pays développés, le secteur résidentiel-tertiaire, en plein développement, atteint presque la moitié de la consommation d'énergie, au détriment du secteur industrie-agriculture, dont les besoins régressent régulièrement (**figure 5.6**). Quant aux transports, nous allons bientôt y revenir, car ils méritent une mention spéciale.

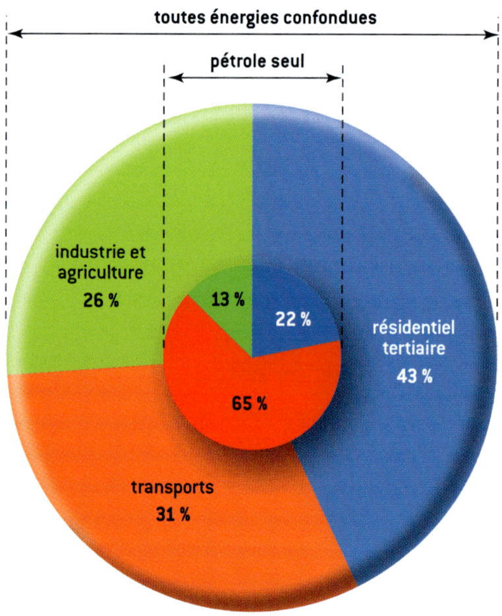

5.6. Répartition de la consommation d'énergie et de pétrole par secteur en France. La consommation de pétrole est représentée dans le cercle intérieur. On note la prédominance du secteur résidentiel-tertiaire dans la consommation d'énergie et, surtout, celle du secteur transports en ce qui concerne la consommation de pétrole.

Maîtriser l'énergie

Satisfaire la demande énergétique de la planète en 2050, c'est d'abord et avant tout entrer dans la culture des économies d'énergie et de la quête d'une efficacité énergétique accrue. On pourrait ainsi économiser entre 30 et 50 % sur notre facture énergétique (n'a-t-on pas d'ailleurs inventé une nouvelle unité, le « négawatt », pour quantifier les litres de pétrole qui échapperaient ainsi à notre gloutonnerie ?). Un retour sur les crises pétrolières des années 70 et les évolutions qu'elles ont engendrées confirme cette analyse et pointe du doigt la responsabilité des transports dans l'inflation de la consommation énergétique mondiale.

On se souvient, avec la « chasse au gaspi », de la forte mobilisation civique et politique qui fut de mise entre 1978 et 1980, au temps du pétrole cher. L'Agence internationale de l'énergie (AIE) rapporte que, sur cette période, la croissance de la consommation d'énergie dans les pays de l'OCDE fut seulement de 0,4 % par an, et elle souligne que cette évolution fut le fruit des efforts consentis en faveur des économies énergétiques. On se souvient moins de la mutation amorcée alors par l'industrie. Une nouvelle organisation, tournée vers l'économie, s'est mise en place, avec le recyclage des produits intermédiaires et de l'énergie, l'adoption de techniques de fabrication « douces », etc. Résultat pour la France : entre 30 et 40 % d'économies d'énergie entre 1975 et 1990 et encore 21 % depuis, selon le Centre interprofessionnel technique d'études de la pollution atmosphérique (CITEPA). Ainsi, s'il fallait 560 litres de pétrole en 1971 pour générer 1 000 $ de PIB, il en fallait 380 en 2002 et, selon les prévisions de l'AIE, il suffira de 300 litres en 2020. Et ce n'est pas tout : avec la mise en place progressive du protocole de Kyoto, qui pénalise les émissions excessives de gaz carbonique, l'industrie s'apprête à entamer une nouvelle mutation : après la chasse au gaspi, la chasse aux rejets de gaz carbonique !

Les transports au banc des accusés

Au-delà de l'industrie-agriculture, qu'en est-il des différents secteurs représentés sur la figure 5.6 ? Dans les années 1990, le prix du pétrole s'étant effondré, l'AIE constate que la croissance de la consommation d'énergie dans les pays développés repart à la hausse et progresse au rythme de 1,4 % par an. Ainsi, comme le montre la **figure 5.7**, la tendance à la baisse de l'intensité énergétique – quantité d'énergie nécessaire pour produire une unité de PIB, qui reflète donc les efforts consentis en termes d'économies d'énergie – observée quand le prix du pétrole flambe s'infléchit dès lors que le prix du précieux liquide diminue. Qui est coupable de cet état de fait ? Face à l'industrie qui, depuis les années 70, a réduit de moitié sa consommation d'énergie, les deux autres secteurs ont vu rapidement augmenter, dans nos pays, leurs dépenses énergétiques, les transports s'avérant de plus en plus gourmands en pétrole : dans le numéro d'octobre 2004 de la revue *Analyse et synthèses*, Pierre-René Bauquis, ancien directeur de la stratégie du groupe Total, indique que leur consommation a doublé depuis 1970, plus de la

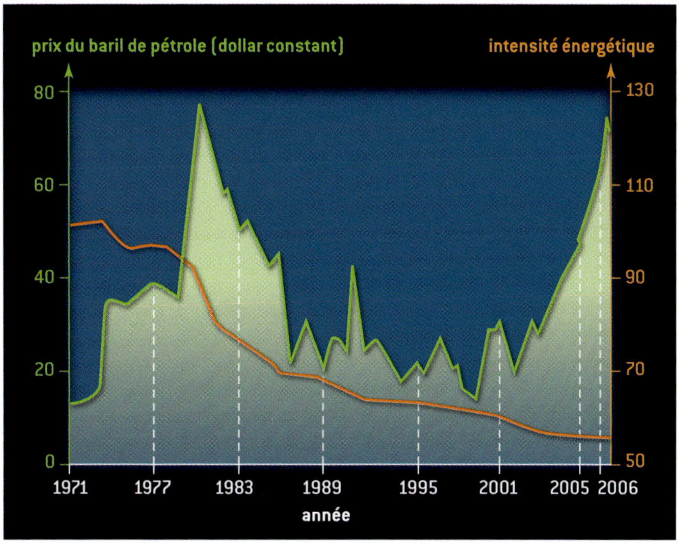

5.7. Les variations des efforts consacrés aux économies d'énergie en fonction du cours du pétrole entre 1970 et 2006. La courbe verte est celle du prix du baril de pétrole en dollar constant (échelle de gauche). Elle montre qu'en 2005, le baril de brut coûte encore moins cher qu'en 1980. La courbe rouge représente l'évolution de l'intensité énergétique (échelle de droite, indice 100 en 1971), c'est-à-dire de la quantité d'énergie nécessaire pour produire une unité de PIB, et reflète donc les efforts consentis en termes d'économies d'énergie. Il apparaît clairement que ces derniers sont indexés sur le cours du pétrole.

Une accusation fondée

Le problème du transport routier longue distance illustre, parfois de façon caricaturale, les excès du système actuel fondé sur un prix du pétrole devenu marginal dans l'économie. Nous connaissons tous l'histoire du pot de yaourt qui a parcouru plus de 1 000 kilomètres en Europe avant de finir sur notre table. Et encore, ce n'est rien comparé aux États-Unis et au Canada, où les denrées alimentaires sont en moyenne transportées respectivement sur 2 000 et 7 000 kilomètres depuis le début du processus d'élaboration jusqu'à l'assiette du consommateur. Ce « mouvement brownien » des camions sur les autoroutes est dû à une organisation industrielle et commerciale fonctionnant à flux tendu, dans le but de réduire les stocks.
Cependant, avec un prix du pétrole enfin digne d'une ressource unique et en voie de raréfaction, le secteur des transports ne pourra faire l'économie de mutations douloureuses. Pour le transport autoroutier, la solution, proclamée les lendemains de grève des routiers puis vite oubliée, est celle de l'acheminement des biens par voie ferroviaire ou par voie fluviale. Le prix du litre de gazole augmentant, le rail finira bien par devenir compétitif – d'un point de vue économique s'entend car, énergétiquement parlant, il l'a toujours été. Le problème a également une forte composante politique, mais faisons confiance aux forces du marché pour accélérer la transition. Quant au transport aérien, son développement est rapide, de 4 % par an actuellement. Depuis 1993, l'avion est en France le premier poste de dépense dans le domaine des transports en commun. Est-ce raisonnable, sachant que ce mode de transport est celui qui dépense le plus d'énergie par passager et par kilomètre parcouru ? Ainsi, les émissions en gaz carbonique du transport par avion et par le train sont, respectivement, de 132 et d'environ 30 g/passager/km. Que penser du fret aérien pour des matériaux lourds, non périssables et bon marché, comme les centaines de kilos d'échantillons de roches, qu'en tant que géologue, je rapporte de pays lointains, ou, dans la logique du mouvement brownien des marchandises, des crevettes norvégiennes expédiées au Maroc pour être décortiquées avant d'être servies sur les tables à Oslo ? Comptons encore sur l'influence vertueuse du prix futur du pétrole pour rectifier le tir.

moitié de cette augmentation étant à mettre au crédit des voitures particulières. Très cyniquement, cela augure favorablement des économies à venir au vu de l'augmentation présente et future du prix de la précieuse substance (voir l'encadré ci-dessus) !

Le secteur des transports fait donc littéralement exploser la demande en produits pétroliers, d'autant plus que le relais va bientôt être pris par les pays en développement. Ainsi, on prévoit que la consommation en pétrole de la Chine imputable aux transports excédera celle de l'Europe dès 2010, son parc automobile ayant déjà doublé en moins d'une décennie. En France, selon l'Agence de l'environnement et de la maîtrise de l'énergie (ADEME), voitures et camions engendrent aujourd'hui 84 % des émissions de gaz carbonique dans le secteur des transports.

Le pétrole, pour combien de temps ?

Le *peak oil*, vous ne connaissez pas encore ?

À partir de l'expression « *peak oil* », le moteur de recherche Google fournissait, en 2005, 2 millions d'adresses. Un an plus tard, ce sont plus de 30 millions de pages Internet que l'on pouvait découvrir de la sorte. Et pourtant, en 2002, lors de la première conférence de l'*Association for Study of Peak Oil (ASPO)*, ce vocable était pratiquement inconnu. Le pic de production du pétrole, ou *peak oil*, sera atteint quand la production de pétrole plafonnera et ne pourra plus faire face à une demande elle-même croissante. Ce pic est donc annonciateur d'une crise du pétrole par insuffisance de la ressource et non, comme dans les années 70-80, suite à des restrictions imposées par un cartel pétrolier.

Jusqu'à une époque récente, l'assurance donnée par les pétroliers, relayée par les économistes ou les politiques et acceptée sans discussion par les médias était : « Toujours

30 ans de réserves. » Un chiffre qui ne doit rien au hasard : depuis longtemps, il constitue l'horizon de sociétés pétrolières qui entament des nouvelles campagnes de prospection seulement lorsque le niveau de leurs réserves devient inférieur à 30 ans. L'AIE, représentant les intérêts des pays consommateurs, a repris cette rhétorique dans son rapport annuel en date d'octobre 2005 : son président, Claude Mandil, assure que la crise du pétrole n'est pas attendue avant 2030, sinon au-delà. La question du pic de production du gaz naturel n'était pas abordée, à la fois en raison d'une échéance moins rapprochée – pour autant qu'on le sache, car la situation des réserves est au moins aussi opaque que dans le cas du pétrole – et d'une utilisation de cette ressource moins universelle que celle du pétrole.

109TH CONGRESS
1ST SESSION

H. RES. 507

IN THE HOUSE OF REPRESENTATIVES

OCTOBER 24, 2005

RESOLUTION

Expressing the sense of the House of Representatives that the United States, in collaboration with other international allies, should establish an energy project with the magnitude, creativity, and sense of urgency that was incorporated in the "Man on the Moon" project to address the inevitable challenges of "Peak Oil".

5.8. Les temps changent. Le début d'une résolution soumise au Congrès des États-Unis le 24 octobre 2005, en vue d'initier un programme de recherche consacré aux défis lancés par le *peak oil* dont l'ampleur serait comparable à celui qui a autorisé la conquête de la Lune par les astronautes américains.

Depuis peu, le doute s'installe. Puis-je relater ici une expérience personnelle, illustrant cette rapide prise de conscience ? Décembre 2003 à San Francisco, grande réunion annuelle de l'*American Geophysical Union* (AGU), une conférence plénière du président du GIEC (Groupe intergouvernemental sur l'évolution du climat) sur le thème de l'énergie du futur. Ayant posé la question d'un prochain *peak oil*, ignorée dans son discours, je fus rassuré par l'orateur : « *Ces prévisions pessimistes ont toujours été démenties par les faits. Nous avons aujourd'hui encore au moins 30 ans de réserves* ». Décembre 2004, nouvelle conférence plénière de l'AGU. Son titre : « *Peak oil, when ?* »

De même que des événements climatiques exceptionnels ont « popularisé », à l'instar de la canicule de l'été 2003 en Europe occidentale ou du cyclone Katrina en août 2005 dans le Golfe du Mexique, le réchauffement climatique sans que les climatologues n'aient osé se prononcer clairement en public sur le sujet, on assiste actuellement à un émoi autour du *peak oil*, fondé sur l'augmentation du prix du baril de pétrole (**figure 5.8**). Pourtant, il est difficile de savoir si cette envolée est purement circonstancielle ou prémonitoire de la « vraie crise ».

Crise ne signifie pas pénurie

Avant de discuter de l'échéance du *peak oil*, il convient d'en préciser les enjeux. Le pic de production du pétrole dépend d'abord de la demande. C'est l'accroissement rapide de cette dernière, accompagnant la croissance actuelle de la Chine et, bientôt, celle de l'Inde, qui déstabilise actuellement le marché. La production ayant du mal à suivre, le prix du baril de pétrole augmente, et son instabilité témoigne d'une situation globalement déséquilibrée. Les autorités attribuent à des causes circonstancielles la difficile adaptation de la production. Outre l'instabilité du Moyen-Orient, pourtant chronique, on évoque un manque d'investissement dans le système du raffinage, ce qui fait dire aux sceptiques – ceux qui voient dans les convulsions du prix de l'or noir les prémisses de la crise du pétrole – qu'avec leurs « superbénéfices », si les « majors » croyaient vraiment dans l'avenir du pétrole, elles auraient déjà investi dans de nouvelles raffineries.

Quoi qu'il en soit, crise du pétrole ne signifie en rien pénurie. Le *peak oil* surviendra lorsque l'offre ne satisfera plus la demande *aux conditions actuelles du marché*. Cette ambiguïté pèse également sur la notion de réserve, qu'il faut entendre de même *aux conditions actuelles du marché*. On assistera donc sitôt après le pic de production à une flambée des prix dont les conséquences seront doubles : réduire la consommation et ouvrir des champs pétroliers jusqu'alors non rentables. Il convient en effet de comprendre que les ressources naturelles, dont le pétrole, ne sont pas des réserves dans lesquelles on puise jusqu'à épuisement. Une ressource naturelle est autant un concept économique que géologique. La question première est : « Quel prix acceptez-vous de payer pour disposer de cette ressource ? » Ce n'est pas : « Quand la ressource se trouvera-t-elle tarie ? »

Questions sur l'ultime goutte de pétrole

On admet qu'avec la mise en exploitation d'un puits, le premier tiers du pétrole est extrait directement, le deuxième nécessite des techniques de récupération assistée et le troisième demeure irrécupérable, car trop intimement attaché à la roche-réservoir. Les réserves au coût actuel du marché comprennent évidemment le premier tiers et ce que l'on sait extraire du deuxième dans l'état des techniques. Parmi les stratégies utilisées, l'injection de fluides sous pression – dont le gaz carbonique anthropique après qu'il a été capturé (voir chapitre 4) – permet de chasser le pétrole encore captif des pores de la roche-réservoir. D'autres techniques qui accroîtraient l'efficacité de la récupération sont déjà au point, mais leur mise en œuvre demeure trop onéreuse.

Avec le pic de production qui s'annonce, une nouvelle ère de recherche pétrolière va donc s'ouvrir, impliquant la mise en œuvre de techniques aussi élaborées qu'onéreuses. Pratiquée depuis longtemps, la « sismique 3D » a connu des progrès spectaculaires. Elle donne, par imagerie sismique, une vue en trois dimensions du secteur souterrain prospecté (voir figure 5.11c). On ira aussi forer les derniers espaces encore vierges. Ainsi, bien au-delà des marges continentales actuellement exploitées sous quelques centaines de mètres d'eau, les forages scrutent déjà les grands fonds océaniques, à des profondeurs de plusieurs kilomètres (**figure 5.9**) et bientôt les mers boréales qui se découvrent par fonte de la banquise. D'innombrables puits remonteront les

5.9. Le Chikyu, navire destiné au forage scientifique en eaux profondes. Cet imposant vaisseau de 57 000 tonnes peut forer sous 2 500 mètres d'eau. Il a été construit au Japon et mis à la mer en 2005.

Le pétrole non conventionnel

Sous l'appellation «pétrole non conventionnel», on regroupe les sables imprégnés d'huiles extra-lourdes et d'asphalte – les sables asphaltiques, communément appelés «sables bitumineux» – et les schistes bitumineux qui, à strictement parler, ne sont ni schistes ni bitumineux (voir l'encadré p. 67). Seuls les sables asphaltiques font actuellement l'objet d'exploitation (**figure 5.10**). Quant aux schistes bitumineux, pour l'essentiel localisés dans le Colorado aux États-Unis, leur intérêt semble réduit. En effet, l'extraction, surtout minière et non à ciel ouvert, donc plus onéreuse, et la transformation de leur kérogène en pétrole à haute température engagent beaucoup d'énergie. Le rendement énergétique est donc très faible, voire nul, et ce type d'exploitation entraîne de graves atteintes environnementales, dont une énorme consommation d'eau. Ces difficultés sont également rencontrées avec les sables asphaltiques, mais elles grèvent à un moindre degré leur exploitation, encore que cette dernière nécessite cinq à dix fois plus d'énergie, donc de pétrole, qu'un puits pétrolier conventionnel et que l'on doive consommer de nouveau de l'énergie pour convertir l'huile lourde obtenue en carburant. Le bilan final est médiocre avec seulement un tiers de l'énergie potentielle récupérée de ces sables et une production associée de gaz carbonique trois fois supérieure à celle du pétrole conventionnel.

Sur une masse totale de pétrole contenue dans les sables asphaltiques de 4000 milliards de barils ou plus, on estime que le pétrole potentiellement accessible se réduit à 1000 à 2000 milliards de barils, ce qui est élevé comparé aux quelque 600 milliards de barils de pétrole conventionnel non encore brûlés. Les sables bitumineux sont partagés équitablement (environ 300 milliards de barils chacun) entre ceux de l'Alberta, au Canada, et ceux du bassin de l'Orénoque, au Venezuela, ces derniers étant d'une qualité supérieure et d'un prix de revient quelque peu inférieur. L'exploitation, surtout active dans l'Alberta, s'effectue au rythme d'environ un million de barils par jour. Cumulée avec celle du Venezuela, elle pourrait atteindre entre 2 et 8 millions de barils par jour à échéance 2020 (à comparer avec une consommation mondiale de pétrole de 85 millions de barils par jour). Avec ces estimations, on reste encore loin des 27 millions de barils par jour issus du pétrole non conventionnel et nécessaires, selon l'Agence internationale de l'énergie, afin de faire face à la demande en 2030.

5.10. La carrière d'exploitation des sables bitumineux de Fort McMurray (Alberta, Canada).

dernières gouttes d'huile de petits gisements abandonnés ou négligés, car jusque-là non rentables. Le pétrole sera également recherché dans des gisements nouveaux, dits non conventionnels, tels que les sables bitumineux. Les réserves sont ici considérables, mais leur exploitation se heurte à des conditions d'accessibilité difficiles ainsi qu'à un coût économique et surtout environnemental très élevé (voir l'encadré ci-dessus). Retenons que leur production actuelle représente 1% de celle du pétrole conventionnel et qu'elle pourrait croître pour atteindre entre 2 et 8% de celle-ci vers 2020, permettant de différer le *peak oil*… de quelques années seulement.

Répétons-le, nous ne sommes donc pas à la veille de la pénurie du pétrole, à condition toutefois d'accepter de payer un prix de plus en plus élevé et de supporter un coût environnemental (déblais miniers, pollutions par le soufre et les métaux lourds) qui reste encore à estimer.

L'inconnue des réserves de pétrole

Soutenue par le Fonds monétaire international et le G7, regroupant les sept plus grandes puissances économiques, l'AIE, dans son rapport annuel de 2004 (*World Energy Outlook*), demande aux gouvernements de mettre en place un audit international sur les réserves mondiales de pétrole. Il est vrai que jusqu'ici, ce sujet se distinguait par l'opacité et les manipulations. Nous nous en sommes fait l'écho dans *2050, rendez-vous à risques*, en rappelant que l'augmentation de 30 % des réserves mondiales en 1988 n'était pas le fruit de découvertes géologiques, mais d'un jeu d'écriture. Parce que l'OPEP avait décidé, peu auparavant, de régler les quotas de production des États membres sur le niveau de leurs réserves, ceux-ci avaient décidé d'augmenter celles-là.

Quant à l'opacité, il faut savoir que le niveau des réserves de l'Arabie saoudite est un secret d'État, d'autant mieux gardé que les compagnies occidentales et leurs géologues ont été chassés de ce pays il y a plus de 20 ans, et que la production est assurée par la *Saudi Aramco*, une compagnie entièrement saoudienne. Or dans la période actuelle, l'Arabie saoudite est pratiquement seule à pouvoir accroître sa production pour éponger la croissance de la demande. Avec 8 millions de barils par jour en 2004, ce pays est le premier producteur mondial, assurant près du dixième de la production totale (85 millions de barils par jour). Pour faire face à la demande future, selon l'analyse du ministère américain de l'énergie, la production saoudienne devrait passer à 13,6 millions de barils par jour en 2010 et à 20 millions en 2020. Mais d'indiscrétions en confidences officieuses, il ressort que la production pourrait culminer à environ 10 millions de barils par jour en 2011. Nous serions donc loin du slogan orgueilleux affiché au siège de l'Aramco – « *Nous assurons la demande mondiale jour après jour* » – et même de déclarations officielles – « *Nous pouvons faire face à une demande de 12 millions de barils par jour et au-delà...* ». Des propos repris à son compte par l'OPEP au cours d'une réunion qui s'est tenue en septembre 2005, lors de laquelle les difficultés actuelles ont été rejetées sur le cartel des grands groupes pétroliers dont les capacités de raffinage n'auraient pas suivi la demande.

Un indice indirect, mais précieux, est apporté par Matthew Simmons. Ce dirigeant d'une banque d'investissement énergétique – qui fut également conseiller à la Maison blanche et demeure l'un des spécialistes les plus écoutés sur les questions pétrolières – rappelle des faits connus des pétroliers. Sachant qu'un gisement de pétrole repose généralement sur un lit d'eau (parce que l'eau est plus dense que l'huile), l'analyse de la proportion huile/eau dans les produits qu'on en extrait permet d'estimer son vieillissement. On retire ainsi des quantités croissantes d'eau d'un puits vieillissant, jusqu'à 40 % quand on atteint l'épuisement. Notre spécialiste relève que les gisements saoudiens contiennent, en moyenne, 27 % d'eau et conclut à leur vieillissement rapide. Ce que ne nie pas vraiment l'Aramco, qui reconnaît que Ghawar, le plus grand champ pétrolier du monde, s'épuise et que la production des puits actuels décline d'environ 10 % par an. Or Ghawar, rapidement décrit sur la **figure 5.11**, compte encore pour 60 % de la production de l'Arabie saoudite, soit 5 % de la production mondiale.

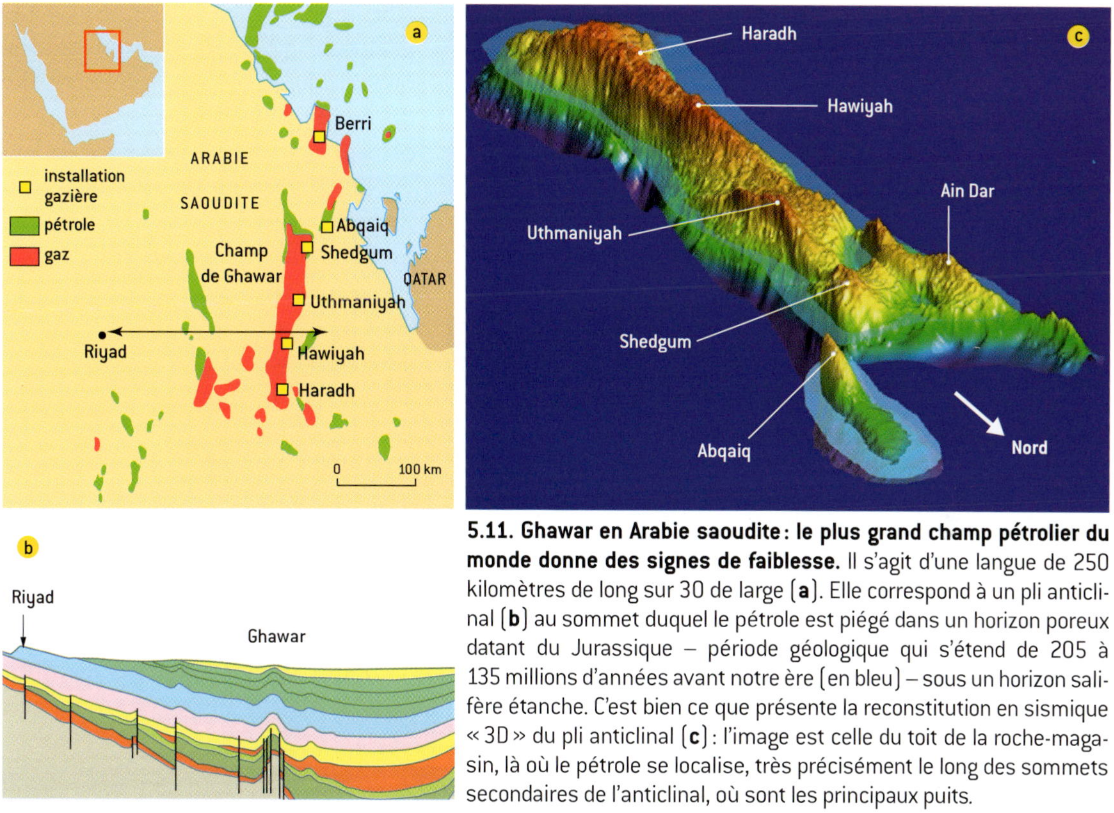

5.11. Ghawar en Arabie saoudite : le plus grand champ pétrolier du monde donne des signes de faiblesse. Il s'agit d'une langue de 250 kilomètres de long sur 30 de large (**a**). Elle correspond à un pli anticlinal (**b**) au sommet duquel le pétrole est piégé dans un horizon poreux datant du Jurassique – période géologique qui s'étend de 205 à 135 millions d'années avant notre ère (en bleu) – sous un horizon salifère étanche. C'est bien ce que présente la reconstitution en sismique « 3D » du pli anticlinal (**c**) : l'image est celle du toit de la roche-magasin, là où le pétrole se localise, très précisément le long des sommets secondaires de l'anticlinal, où sont les principaux puits.

Pour Matthew Simmons, l'ère du pétrole facile à extraire est presque révolue et il ne restera bientôt plus qu'un pétrole récalcitrant et de plus en plus cher. Quant à Thierry Desmarest, P.-D.G. de Total, il estime, dans une interview au quotidien *Le Figaro* en date du 28 juin 2006, que nous tournons aujourd'hui pratiquement au maximum des capacités mondiales et sommes à la merci d'aléas techniques ou politiques. Le maquis de chiffres dont nous venons de donner un bref aperçu souligne bien la confusion présente, une confusion qui pourrait bien indiquer que la crise est proche.

Pour quand le pic du pétrole ?

En l'absence d'audit international sur l'état des réserves pétrolières, l'analyse ci-dessus montre qu'il est difficile d'apporter une réponse précise à la question de la date de survenue du pic pétrole. C'est pourtant un point essentiel, sachant que, sans période d'adaptation, la crise engendrée par ce *peak oil* sera très sévère. En fait, le pic du pétrole frappe peut-être dès à présent à notre porte. Voyons pourquoi.

Dans la mesure où, comme nous l'avons rappelé, les informations officielles ne sont absolument pas fiables, seules les analyses présentées par des experts indépendants, fondées sur des données objectives et traitées avec rigueur, présentent, dans le brouillard actuel, une certaine crédibilité. Elles éclairent le débat qui oppose les économistes d'une part, confiants dans le pouvoir de l'argent et de la technologie, ne manquant pas de rappeler combien de fausses alertes ont déjà été lancées, et les géologues d'autre part, plus attentifs à la ressource elle-même et aux difficultés croissantes que son extraction va soulever.

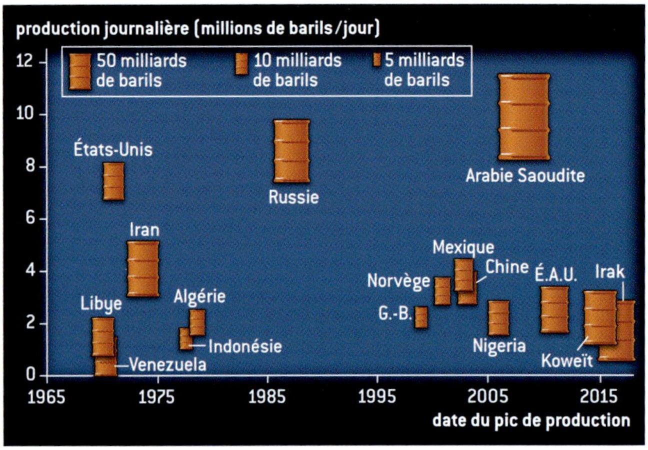

5.12. Le *peak oil* approche : réserves de pétrole conventionnel au prix du marché 2003 par pays, avec date de survenue du pic de production journalière. Les barils représentent l'état des reserves.

Regroupés au sein de l'ASPO, des géologues indépendants ont considéré pour leur compte l'état des réserves des différents champs recensés sur la planète et la date de survenue de leur pic de production. Ils ont évalué cette dernière grâce au modèle de King Hubbert, un géologue américain qui a su prévoir, avec succès, le déclin de la production de pétrole des États-Unis dans les années 70. Si on leur applique son analyse, la plupart des grands gisements ont déjà dépassé leur pic de production, ou vont bientôt l'atteindre (**figure 5.12**). D'où des prévisions bien pessimistes.

Les experts de l'ASPO anticipent en effet le pic de production vers 2010 (**figure 5.13a**). Outre les données que nous venons d'évoquer, ils étayent cette estimation avec des faits tangibles, plutôt confortés par les fluctuations à la hausse du prix du baril (voir l'encadré ci-contre). Ils rappellent également que les découvertes des grands champs pétroliers remontent toutes aux années 60 – 70 et que,

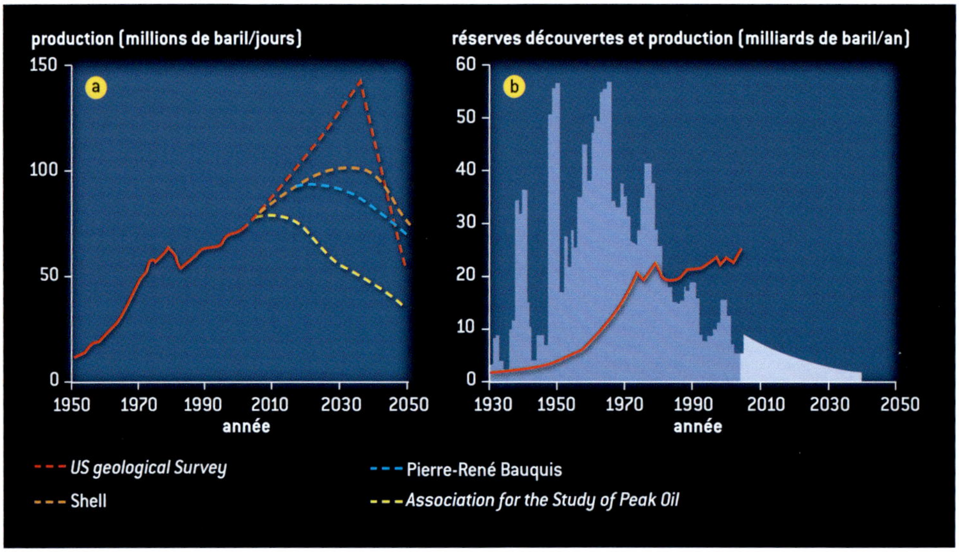

5.13. Les données sur la situation actuelle du pétrole dans le monde et les projections jusqu'en 2050. a. Évolution de la production pétrolière de 1950 à nos jours et projections jusqu'en 2050 proposées par différents organismes, sociétés ou experts. La projection de l'ASPO (*Association for the Study of Peak Oil*) implique que le *peak oil* surviendra en 2010. Sans le décrochement de la production qui a marqué les années 70-80, suite à la première crise pétrolière, ce dernier aurait d'ailleurs dû se produire dès l'an 2000. Les autres projections sont plus optimistes et, comme toutes les prévisions de cet organisme, celles de l'*US Geological Survey* (USGS) se singularisent par leur désir de plaire au gouvernement américain. **b.** En bleu ciel, l'état des découvertes : les grands gisements furent mis au jour dans les années 60-70 et les nouveaux puits sont de plus en plus petits. En rouge, le rappel de l'évolution de la production jusqu'en 2006.

Incertitudes à propos du peak oil

Selon l'ASPO (*Association for the Study of Peak Oil*), le pic de production pétrolière surviendra à échéance de 2010, avec une marge d'erreur de l'ordre de 5 ans seulement. Considérant comme acquis que la demande mondiale en pétrole devrait croître d'environ 2 % l'an au cours des prochaines années, cette incertitude s'explique essentiellement par les inconnues quant à l'offre que pourront fournir les pétroliers, avec deux questions principales : comment la production des puits actuels évoluera-t-elle et quel sera le volume des nouvelles découvertes ? Si l'Agence internationale de l'énergie n'envisage pas de diminution de la production des puits existants avant 2010, l'ASPO estime, elle, que cette production décroît déjà de 2,5 % par an, voire même de 8 % par an pour les plus pessimistes (réunion de l'ASPO/États-Unis, novembre 2005). C'est le nœud du problème. Si la décroissance est de 2,5 % par an, la production des puits existants sera de 74 millions de barils par jour en 2010 et l'offre nouvelle pourrait fournir l'appoint pendant encore quelques années. Si la décrue de la production atteint 8 % par an, le déficit ne pourra plus être comblé par les découvertes et la crise est à la fois inévitable et très proche. Il convient toutefois de tempérer ces estimations qui ne font pas intervenir d'impondérables, comme la découverte, paraît-il, d'un champ géant dans les niveaux profonds du Golfe du Mexique qui différerait nos échéances de quelques années ou, au contraire, des aléas climatiques, comme le cyclone Katrina qui a ravagé la Floride et détruit des plateformes pétrolières avec des pertes de près du million de barils par jour, ou encore une crise ouverte dans certains pays producteurs connus pour leur instabilité politique chronique.

depuis 20 ans, le volume d'huile nouvellement découvert est inférieur à celui que nous consommons (**figure 5.13b**). Autrement dit, nos réserves s'épuisent. Plus précisément, l'Institut français du pétrole (IFP) estime que, sur cette même période, les nouveaux champs pétroliers mis au jour permettent à peine de couvrir la moitié de la consommation. La compagnie Shell, qui fit scandale en 2004 pour avoir volontairement surestimé le volume de ses réserves, continue de les revoir à la baisse, les évaluant maintenant à seulement 1/6e de sa production. Nous en resterons là pour ce qui est de l'exercice périlleux des prévisions, mais ceux qui veulent aller plus loin trouveront dans l'excellent livre de Jean-Luc Wingert *La vie après le pétrole*, une information très accessible et plus complète sur le sujet.

La crise

Nous avons évoqué chapitre 3 la proposition de baptiser une nouvelle ère géologique « Anthropocène », en l'honneur de l'homme et de l'empreinte géologique dont il marque la planète depuis le début de l'ère industrielle. On pourrait également proposer de l'appeler « Oléocène », ère mieux circonscrite encore, puisqu'elle débuterait en 1859 avec le premier forage pétrolier et devrait s'achever dans quelques années avec la crise associée au *peak oil*. Il s'agirait, et de loin, de l'ère la plus courte de l'histoire géologique, preuve supplémentaire de l'efficacité de l'homme ! Risquons-nous à quelques conjectures sur la nature de cette crise qui pointe.

La fin de « l'Oléocène »

Pour mesurer l'ampleur de la crise qui naîtra du pic de production pétrolière, retournons-nous sur celle des années 70. Bien que la pénurie ne fût que de 5 % en termes de différence entre l'offre et la demande, les prix du pétrole furent multipliés par 4. Dans le cas présent, la production baissera chaque année de 2 à 3 %, voire plus, selon des sources convergentes dont la moins autorisée n'est pas celle du vice-président des États-Unis lui-même,

Dick Cheney, qui s'exprimait ainsi dès 1999 alors qu'il était encore à la tête du groupe parapétrolier Halliburton. La demande liée à la croissance mondiale étant de l'ordre de 2% par an, le décalage entre cette demande et la production pourrait atteindre, dès le début de la crise, jusqu'à 5 % par an. Conséquence : certains experts n'hésitent pas à envisager le baril à un prix très élevé, près de 200 $ pour Matthew Simmons, le double encore pour les experts de la banque Ixis.

Le premier secteur touché par cette flambée des prix du brut sera celui des transports, le plus gourmand en pétrole, ainsi que celui de l'agriculture mécanisée. Mais la crise aura sans doute des conséquences beaucoup plus profondes ; c'est une véritable crise sociétale qui nous guette. Car nous baignons dans l'énergie fournie par l'or noir, sans mesurer combien nous en sommes dépendants. Bien sûr, nous roulons au pétrole, mais savons-nous que nous « mangeons du pétrole ». Matt Savinar, présenté plus haut, rapporte que chaque calorie de nourriture a mobilisé, aux stades successifs de son élaboration (mécanisation, irrigation, engrais, herbicides, pesticides, transport et conservation), dix calories issues du pétrole ? La consommation de pétrole pour l'extraction de métaux est effarante, près d'une tonne par tonne de cuivre, vingt fois plus par tonne d'aluminium. L'industrie n'est pas en reste, puisque la construction d'une voiture ou d'un ordinateur réclame respectivement deux fois et dix fois le poids du produit fini en pétrole. La pétrochimie est un usage plus noble de la précieuse substance, qu'elle brûle certes comme combustible, mais qu'elle utilise surtout comme source de molécules de base pour la chimie et les matériaux (plastiques en particulier). Enfin, les énergies renouvelables sont toutes gourmandes en pétrole – pour l'élaboration des panneaux solaires, des éoliennes, des biocarburants, des piles à combustibles, etc. – au point que l'on a pu écrire qu'il s'agit plus d'énergies dérivatives qu'alternatives.

Conséquence : au-delà d'un décalage de 10 à 15% entre l'offre et la demande, on estime que nos économies, trop dépendantes du pétrole, risquent de s'effondrer. Au rythme de 3% par an, cette échéance surviendrait donc seulement 3 ou 4 ans après le pic de production ! Elle serait en outre associée à un effondrement du système financier mondial dont nous allons très vite reparler.

On peut aussi entendre sur le sujet Steve Belmont, un autre gourou des marchés américains, auteur d'une étude intitulée « La disparition du pétrole bon marché » (rapport Belmont Club, 2005). Il introduit sa thèse par quelques chiffres saisissants : les quelque 300 millions d'Américains consomment, aujourd'hui, un peu plus que 3,6 milliards d'Asiatiques. Si la demande par habitant en Asie, qui n'est que 7% de la consommation américaine, atteignait 14%, la demande mondiale en pétrole augmenterait du quart et ce, dans le contexte d'une offre déclinante et par ailleurs soumise à des tensions géopolitiques permanentes (notamment au Moyen-Orient, bientôt seul détenteur des dernières réserves de pétrole recensées). Rejoignant l'opinion dominante des géologues, ce financier admet que le pétrole à venir sera un pétrole cher à extraire et conclut à une « ère de choc perpétuel », en raison d'un équilibre entre l'offre et la demande précaire, géré au quotidien par les marchés, sur fond de renchérissement de la ressource. Jean-Luc Wingert, dans l'ouvrage cité plus haut, envisage aussi cette situation, où se succèdent des fluctuations probablement liées aux effets amplificateurs et mal contrôlés des marchés, qu'il appelle le « plateau ondulé ».

Une crise financière mondiale ?

Pour comprendre en quoi la crise liée au *peak oil* s'exprimera sans doute par des désagréments bien plus graves que l'envolée du prix de l'essence à la pompe, on peut aussi rappeler que le système financier mondial repose sur des emprunts, dont le remboursement implique une croissance économique mondiale forte, laquelle est gagée sur une augmentation d'environ 2% par an de la consommation de pétrole. Faute de pétrole ou, plus précisément, suite à la flambée de son prix, que la croissance trébuche et le remboursement de ces emprunts – ils sont actuellement à un niveau historiquement élevé – ainsi que celui des dettes individuelles sera mis en péril, ce qui risque d'asphyxier le système financier mondial et de le conduire à la banqueroute. Le système est d'autant plus instable que, pour favoriser la croissance, on a encouragé l'endettement à tous les niveaux par des taux d'intérêt très bas. Comme le souligne Patrick Artus, économiste à la Caisse des dépôts et consignations, dans son ouvrage *Le capitalisme est en train de s'autodétruire*, avec des taux d'intérêt aussi bas, l'économie mondiale est à la merci d'une poussée inflationniste, pourquoi pas provoquée par les tensions pétrolières.

Cette analyse est, en termes certes moins directs, celle de nombreuses banques, et non des moindres : la Banque des règlements internationaux (la BRI, banque des banques centrales), la Deutsche Bank, ou encore la Morgan Stanley Bank, dont l'un des dirigeants déclarait il y a peu : « *Je crains que les banques centrales soient à la veille d'un effondrement systématique.* » Quand on lui demande s'il a une solution, le financier Matthew Simmons répond non sans humour : « *Oui, il faut prier. Si nous sommes tous entendus, la crise pourrait être différée de deux ans.* » Et pourtant, nous l'avons vu, cette analyse est encore contestée par une majorité d'économistes.

N'est-il pas temps d'agir ?

Une crise financière mondiale serait d'autant plus malencontreuse qu'à l'évidence, d'énormes investissements devront être consentis pour s'adapter à un monde nouveau. Songeons au développement massif des énergies renouvelables ou du nucléaire. Sans oublier la nécessaire mise en œuvre à grande échelle de dispositifs de capture et de séquestration du gaz carbonique, associés aux grands complexes industriels ou énergétiques. Rappelons que, dans le chapitre précédent, on envisageait que ces complexes, pour beaucoup, fonctionnent au charbon, combustible abondant mais bien plus sale que le pétrole quant aux émissions atmosphériques de gaz carbonique. Investissements financiers lourds, mais également rupture dans l'organisation industrielle et sociétale. En effet, avec le pétrole nous étions habitués à une source d'énergie fluide et versatile assurant une irrigation efficace et très fine du tissu de nos sociétés. Il sera très inconfortable de vivre avec le « fil à la patte » de l'électricité qui est appelée à devenir, dans le futur, le vecteur principal de l'énergie. Tout cela demandera du temps. Nous sera-t-il accordé ?

De nombreux indices présentés plus haut suggèrent que la crise pétrolière est proche, qu'elle est peut-être même déjà sur nous. Si nous ne faisons rien, nous risquons donc de buter très vite et de plein fouet sur une crise financière et sociétale insupportable. Il est donc urgent d'agir pour préparer l'avenir à moyen terme, avant la problématique délivrance par une énergie fondée sur la fusion nucléaire. Les économistes ayant analysé la situation estiment qu'il faudrait pouvoir disposer d'au moins une décennie pour anticiper et atténuer les différentes conséquences de la crise qu'engendrera le *peak oil*. L'anticiper, c'est d'abord disposer de l'information technique vraie sur la situation des réserves pétrolières, ce qui n'est pas encore le cas aujourd'hui. L'atténuer, c'est s'engager dès maintenant dans la politique de maîtrise de l'énergie et de mise en place des infrastructures énergétiques qui viennent d'être évoquées. Mais pourquoi ne pas quitter ces sombres anticipations sur une note plus gaie, en rapportant la confidence d'un des directeurs de l'AIE : « *Le pétrole, c'est comme une petite amie, vous savez depuis le début de votre relation qu'elle vous quittera un jour. Pour qu'elle ne vous brise pas le cœur, mieux vaut la quitter avant qu'elle ne vous quitte.* »

Y a-t-il un pilote dans l'avion ?

Afin d'anticiper la fin douloureuse de la longue histoire d'amour entre l'homme et le pétrole, une impulsion politique majeure serait bienvenue, et ce dès maintenant. On est toutefois en droit d'être sceptique. Que ce soit à titre individuel ou collectif, les citoyens sont de plus en plus nombreux à militer en faveur de l'environnement (même si, face à l'ampleur du défi, cette mobilisation demeure hélas marginale). Quant à lui, l'homme politique est le plus souvent disqualifié. En effet, son champ d'action est limité, dans l'espace, au domaine dont il assure la représentation et, dans le temps, à la durée de son mandat. Seuls quelques grands hommes transcendent ces limites. Les autres défendent jalousement leur pré carré et l'intérêt immédiat de leurs mandants, parfois plus concernés par la durée de la saison de la chasse que par les problèmes de la planète.

Veut-on un exemple ? En voici un. Suite aux propos enflammés du président Jacques Chirac au sommet de Johannesburg en 2002 – « *La maison brûle et nous regardons ailleurs...* » – la France a adopté en 2004 un « Plan climat » dont l'ambition était de diviser par 4 ou 5 nos émissions de gaz carbonique d'ici à 2050. Longuement élaboré, ce dernier s'est progressivement vidé de sa substance, les mesures les plus efficaces, évidemment celles qui sont aussi les plus impopulaires, ayant été sacrifiées sur l'autel de la logique électorale. Ainsi, tandis que les émissions de gaz carbonique diminuaient dans le secteur industriel, on a vu plus haut leur folle croissance dans le domaine des transports (domaine qui échappe aussi aux contraintes du protocole de Kyoto). Or on renonce dans ce plan à toute mesure concernant les poids lourds ainsi qu'à l'une des cinq actions-phare du plan, l'instauration d'un bonus-malus sur les véhicules particuliers en fonction des émissions en gaz carbonique détectées lors du passage périodique au contrôle technique. Ce bonus-malus en est aujourd'hui au stade « d'une concertation nationale et européenne [...], afin d'étudier la mise en place [...] d'un système de bonus-malus à l'achat des véhicules particuliers neufs » !

Si le courage politique manque trop souvent – et depuis longtemps – à l'échelle des nations, on ne doit pas pour autant désespérer, car l'action au plan international, celle qui est la plus importante, semble encore possible. Cet optimisme est fondé sur le démarrage, certes laborieux, du protocole de Kyoto, visant à réduire les rejets de gaz carbonique d'origine industrielle au plan mondial grâce à un système ingénieux de taxes sur les émissions. N'ayant aucune réticence quant au principe de ce protocole, notre pays traîne actuellement les pieds pour ce qui est de sa mise en œuvre, cette dernière risquant, il est vrai, de fâcher certains. On peut toutefois espérer qu'en faisant endosser des mesures impopulaires par une autorité mondiale, nos gouvernements, forts d'une pratique coutumière au niveau européen, suivront le mouvement qui s'esquisse. Autre raison d'espérer, l'existence du GIEC, dont les constats, établis par des scientifiques associés à des hommes politiques, tracent la route à suivre et font autorité. Saluons également les relais médiatiques qui diffusent largement aujourd'hui l'information sur ces sujets qui fâchent.

Dans le cas précis de la crise pétrolière et sociétale qui nous guette, quel pourrait être le champ d'action des institutions politiques nationales et internationales ? Il est clair que le marché se chargera dans certains cas du rôle de gendarme : la flambée du prix du pétrole imposera à tous et à chacun, d'abord des économies drastiques puis, probablement, une révision radicale du mode de vie. Pour s'en convaincre, rappelons que 87 % du pétrole est absorbé en France par les secteurs « transports » et « tertiaire », dont environ la moitié est directement imputable à notre mode de vie individuel. En revanche, il faudra un engagement politique fort de toutes les nations quand, face à la crise, l'heure sera venue de se décider à doter d'unités de séquestration du gaz carbonique les complexes industriels qui, dans un futur devenu désormais proche, devront brûler du charbon. La capture du dioxyde de carbone grevant le prix du kW/heure, le concert des nations risque d'être dissonant ! Le protocole de Kyoto, qui relève de la même problématique, nous en donne un avant-goût, mais autorise également l'espoir.

La crise pétrolière des années 70 – encore elle ! – est également riche d'enseignements à cet égard. Les industries qui ont alors été touchées par l'augmentation du coût du pétrole ont su, nous l'avons dit, rapidement et efficacement adapter l'outil de production. En revanche, les industries polluantes, mais peu sensibles au prix du baril de brut, ont longtemps résisté aux réglementations dictées par les autorités politiques au nom du respect de l'environnement, certaines n'ayant pas hésité à brandir la menace de fermeture et de licenciements en cas de mesures trop contraignantes. De la même façon, nous pourrions avoir grand besoin d'une autorité mondiale pour imposer la séquestration du gaz carbonique si nous basculons vers une production d'énergie dominée par le charbon.

Vive la crise ?

Interrogation sournoise : souhaitons-nous et sommes-nous vraiment capables de nous préparer à la crise ? Le défi pour les pays du Nord consisterait à museler et à réorienter leur propre croissance, fondée sur la débauche énergétique. Le solde pour les pays développés devrait être une division par trois ou quatre de leur consommation, celle, en particulier, de l'énergie. L'effort est donc énorme et hors d'atteinte par les voies normales de l'action citoyenne et politique car il touche notre société, notre mode de vie, au cœur (voir l'encadré ci-dessous). Le mode de vie « à l'américaine », fondé sur l'espace et l'énergie bon marché, est le plus menacé. Ronald Reagan, qui l'avait compris, déclarait, il y a 25 ans :

Très chère voiture

Pour économiser sur les transports, polluants et si dispendieux en pétrole, un frein doit être mis à la frénétique mobilité liée au coût encore marginal du combustible. Le sociologue Jean Viard nous rappelle qu'en 1950, le Français se déplaçait en moyenne de 5 kilomètres par jour, le plus souvent à pied, tandis que de nos jours, il parcourt une distance dix fois supérieure, empruntant différents modes de transport. Faut-il encore insister sur le transport individuel et quotidien entre un habitat de plus en plus éloigné du centre des villes et des lieux d'activité professionnelle et marchande ? Depuis 2004, selon l'INSEE, nous dépensons plus pour l'automobile que pour l'alimentation. La voiture individuelle est devenue pour chacun une prothèse aussi indispensable que des lunettes. Dans un monde manquant de pétrole, mais, on l'espère, pas d'électricité, la technologie devra nous offrir un véhicule, probablement tout électrique. Sinon, nous serons, de même que les commerces, dans l'obligation de nous rapprocher du cœur de villes et de leurs réseaux de transports en commun. Il s'agirait de l'amorce de la révolution que nous allons évoquer plus loin, où tout n'est pas négatif. Ainsi, l'Institut national de recherches et études sur les transports et leur sécurité (INRETS) a estimé que, pour se rendre aux hypermarchés situés à la périphérie des villes, le consommateur dépensait en transport deux fois plus qu'avec les commerces de proximité. L'alternative à une telle migration vers les centres villes est l'exode vers la campagne et le choix d'une certaine autarcie, certes tempérée par les fantastiques progrès de la communication.

« *The american way of life is not negotiable* », ce qui signifie qu'il était impensable d'y toucher. Propos repris récemment par George Bush qui, reflétant le point de vue dominant aux États-Unis, assure que l'Amérique sera sauvée par la technologie. Ce pari douteux permet d'endormir nombre de ses concitoyens pressentant que cette voie est bouchée.

Le titre provocateur de ce paragraphe reprend la conclusion de *2050, rendez-vous à risques*, qui appelait de ses vœux la crise, seule capable, grâce à la flambée du prix du pétrole, de peser sur les comportements individuels. Paradoxalement, cette crise sera notre meilleur atout pour conduire un changement dont l'ampleur nous paralyse. Le prix décuplé de l'énergie aidera plus sûrement que l'action civique et politique chacun d'entre nous à adapter son mode vie, dont on a vu plus haut le poids énergétique, et la communauté, ses structures et son fonctionnement. Car dans une économie de marché, comment espérer développer les énergies renouvelables quand le coût du kWh produit par éolienne est environ le double de celui fourni par une centrale fonctionnant au gaz naturel ? Au prix de 75 dollars le baril de pétrole en 2006, cette énergie renouvelable commence à devenir compétitive et son développement à échelle industrielle envisageable.

On l'aura compris, la crise sera salutaire de deux points de vue qui se rejoignent : celui de l'énergie, développé dans ce dernier chapitre, celui de l'évolution climatique et du changement global, objets principaux de ce livre. Le pétrole se trouvant enfin à un prix conforme à sa valeur intrinsèque, cela mettra un frein au gaspillage effréné de cette substance énergétique miracle et permettra, peut-être, d'en léguer quelques mares aux générations futures – nous qui en avons englouti des fleuves ! Du point de vue climatique, la révolution énergétique engagée par la crise servira également la nécessaire réduction des émissions de gaz carbonique dans l'atmosphère, sous réserve, nous l'avons déjà souligné, que la séquestration de ce gaz accompagne le retour inévitable à l'exploitation du charbon. Et de ce point de vue, il y a urgence à agir. Les climatologues nous expliquent qu'il sera d'autant plus difficile de contrôler le climat que notre réaction aura été plus tardive.

Faut-il donc espérer que la crise pétrolière soit vraiment à notre porte et le temps qui nous en sépare, compté en années ? Oui, si l'on pense qu'au-delà du choc lié au sevrage, nous pouvons construire une autre société. Mais laquelle ?

Le jour d'après

Retour au Néolithique ou révolution d'ampleur comparable ?

Depuis le début de l'ère industrielle, nous brûlons des combustibles fossiles à un rythme accéléré, celui de la débauche de l'énergie. Ce faisant, nous exploitons sans frein une ressource naturelle non renouvelable et notre comportement se rapproche de celui de l'homme du Paléolithique vivant de la chasse et de la cueillette. Or cet ancêtre a dû, en son temps, accomplir une révolution considérable, la première de l'histoire de l'humanité, voici 10 000 ans de cela. C'est à cette époque, marquant le début du Néolithique, que l'homme commença à substituer la culture et l'élevage à la cueillette et à la chasse. Certains ont comparé cette révolution néolithique à la révolution post-industrielle qui nous attend. Tandis qu'avec cette dernière, l'homme assurera son indépendance et sa puissance en maîtrisant l'énergie, avec la première, il prit cette voie par la maîtrise des ressources alimentaires. On a interprété la révolution néolithique comme une libération de la tutelle de la nature. Avec elle, l'homme passa d'une position de sujétion à une position de domination. Avec la crise de l'énergie qui menace et, de toute façon, avec la fin de l'ère des combustibles fossiles d'ici à un ou deux siècles (lorsque les gisements de charbon seront épuisés), nous devrons à notre tour abandonner l'exploitation sauvage des précieuses ressources naturelles pour passer à une autre période, marquée par la domestication des énergies alternatives. Sommes-nous donc à la veille d'une nouvelle transition majeure dans l'histoire de l'humanité, celle où l'homme va tenter de s'assurer la maîtrise de l'énergie ? Ou, si nous n'y parvenons pas, retournerons-nous au Néolithique ?

Le « siècle des lumières »

La thèse du retour à la Préhistoire ne doit pas faire sourire. Sous le titre de « die-off » (l'extinction), ou de « retour aux gorges d'Olduvai », allusion au site où fut découverte l'une de nos ancêtres (Lucie, âgée de 3,2 millions d'années), la défense présente des arguments qui méritent l'attention. Ainsi, l'un de ses chantres, Richard. C. Duncan, expert pétrolier, déclarait lors d'un symposium de la *Geological Society of America* qui s'est tenu en novembre 2000, que la durée de notre civilisation industrielle serait de 100 ans – notre « siècle des lumières » (**figure 5.14**).

Il en situe le début en 1930, avec une croissance de la consommation mondiale d'énergie par tête et par an de 3,45 %. Cette dernière est passée par un palier en 1970 et, depuis, décroît continûment au rythme de 0,33 % par tête et par an (**figure 5.15**), non que la production d'énergie diminue, mais parce que la population de la Terre augmente rapidement. La consommation annuelle d'énergie par tête devrait ainsi retrouver

5.14. Notre « siècle des lumières » : notre monde vu de nuit par satellite. Les taches lumineuses sont produites par l'éclairage au sol.

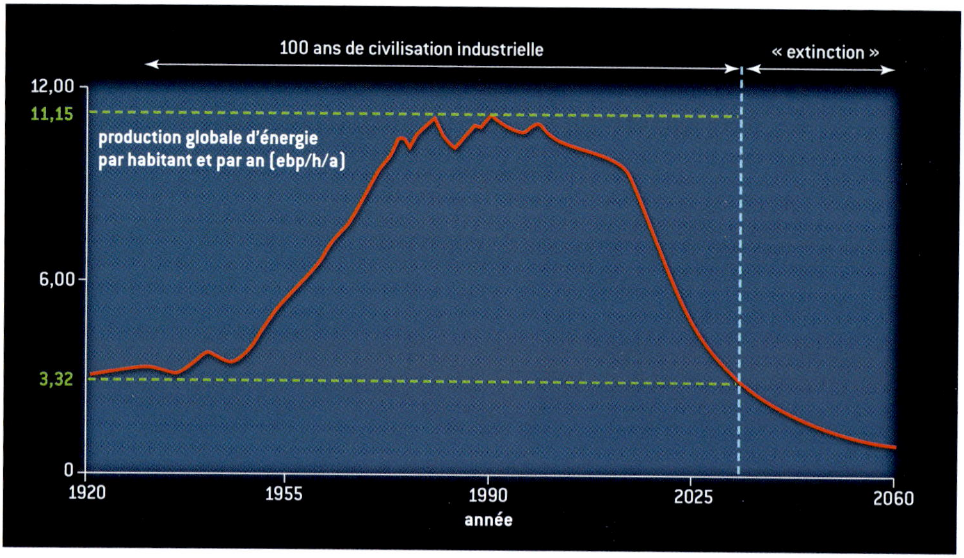

5.15. 1930- 2030, durée de la civilisation industrielle, avant l'âge des ténèbres et le retour à la Préhistoire ? Les faits : de 1930 à 1970, la consommation individuelle d'énergie, représentée sur cette courbe, a augmenté rapidement jusqu'en 1970, de même que la consommation de pétrole. En revanche, depuis cette date, toutes deux sont à la baisse. Les prévisions : en 2030, la consommation annuelle d'énergie par habitant est vouée à retomber au niveau de 1930. Un événement qui, selon les défenseurs de la théorie du « die-off » (« l'extinction »), marquera l'entrée dans l'âge des ténèbres. Ebp/h/an : équivalent baril de pétrole/habitant de la Terre/an.

en 2030 son niveau de 1930, ouvrant une nouvelle période, celle de « l'âge des ténèbres », annoncée par des pannes épidémiques de la production d'électricité, l'offre ne parvenant pas, ici non plus, à suivre la demande. Selon les tenants du « die-off », cet âge des ténèbres, suivant notre « siècle des lumières », serait suivi de peu par le retour à « l'âge de la pierre ». Convaincus comme nous que cette crise sera précipitée par la prochaine crise du pétrole, ces derniers considèrent en effet que l'humanité ne se remettra pas de la raréfaction du pétrole. Un autre héraut du retour à Olduvai, l'anthropologue J. A. Tainter estime que le chaos est pratiquement inévitable, sauf à imaginer la mise en œuvre urgente de mesures drastiques, ce qui supposerait au préalable le rejet de la théorie économiste sur une croissance illimitée portée par la consommation.

Quelle société en 2050 ?

Deux positions extrêmes s'expriment en fait sur notre avenir. L'optimisme sans faille des économistes, relayé par la confiance en la technologie qui, selon eux, ne manquera pas de continuer à faire des miracles pour le mieux-être de l'humanité. Cette attitude trouve un écho bienveillant auprès de nombreux milieux politiques et suffit à tous ceux qui préfèrent vivre dans l'ignorance de futures menaces. En face, le pessimisme des annonciateurs du retour à l'âge de la pierre dont nous venons de nous faire l'écho, scientifiques de formation et pourfendeurs de la théorie dominante des économistes. Bien que l'optimisme de nombreux économistes soit sans fondement réel, on ne peut non plus partager le pessimisme noir des tenants du « die-off », même s'il constitue un avertissement salutaire. En effet, cette vision sous-estime le pouvoir de la technologie. Il ne faut pas en

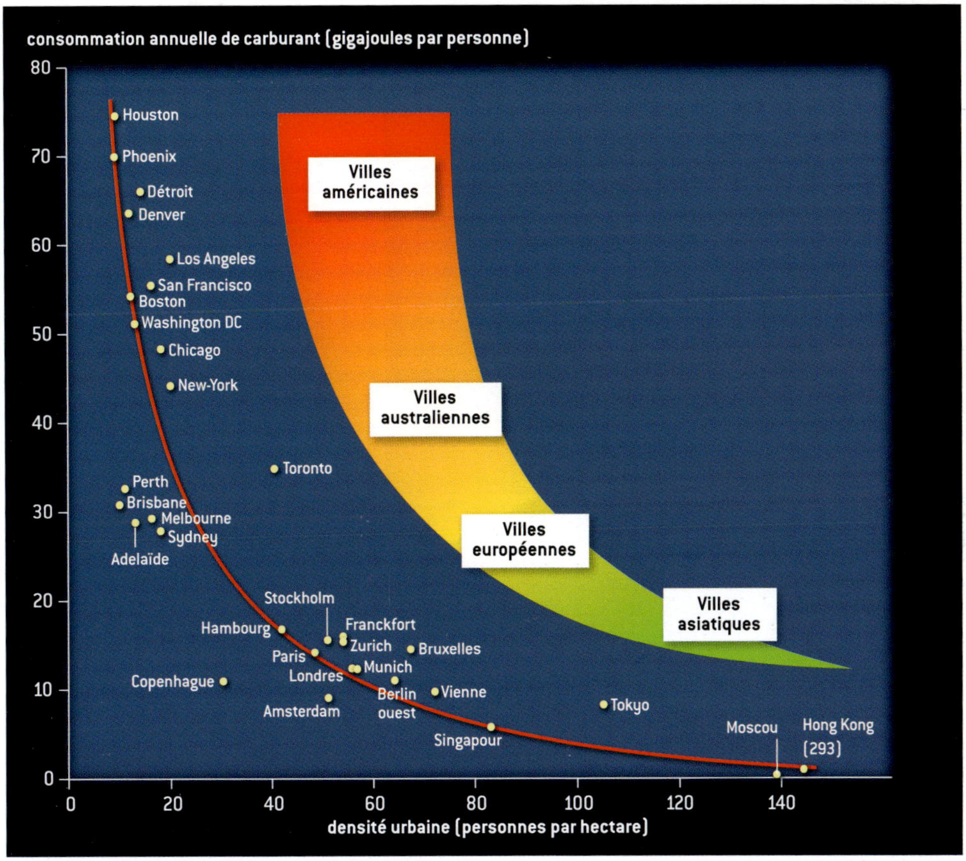

5.16. « Efficacité énergétique » comparée des grandes cités des pays riches. En raison de leur moindre densité de population, cause de déplacements individuels, donc de consommation de carburant considérable, les cités américaines du haut du diagramme seront les plus affectées par la crise. Au contraire, les grandes villes européennes et davantage encore asiatiques, bien plus densément peuplées, consommant beaucoup moins d'essence, ont de meilleures chances de survie.

attendre la solution rapide et miraculeuse qui nous sauvera de la crise qui pointe, mais il n'est pas interdit de penser que l'ingéniosité de l'homme pourrait, à terme, nous permettre de reprendre la maîtrise de notre destin et la perspective tracée à la fin du précédent chapitre en être une illustration. Tentons d'ébaucher un possible scénario-fiction de sortie de cette crise.

▶ **Fin de la mondialisation, morcellement des États.** Ainsi que le souhaitent les partisans de la décroissance, qui dénoncent la mondialisation et appellent de leurs vœux un retour à une vie locale, cette fameuse mondialisation sera la première victime de la crise : elle sera probablement étouffée par la crise financière globale et, de toute façon, condamnée par le renchérissement considérable du coût des transports. À leur tour, les grandes nations pourraient se fragmenter à la façon de l'empire soviétique qui, après la chute du Mur de Berlin, entraîna dans son effondrement des populations désemparées et démunies. Ces nations ne sauront être sauvées par la manne pétrolière, comme l'est actuellement la Russie. Pendant un temps, dans un mouvement autarcique généralisé,

5.17. Un visage moins connu de Las Vegas (Névada, États-Unis) : d'immenses extensions suburbaines envahissant le désert.

l'organisation sociale pourrait se replier au niveau régional, sinon local.

▶ **Destin tragique de Suburbia et des villes américaines.** Suburbia est un terme introduit par le journaliste américain James Kunstler (auteur du remarquable essai *La fin du Pétrole*, traduit et publié en français en 2005) pour qualifier l'extension sans fin des banlieues, particulièrement manifeste aux États-Unis, avec toutes les infrastructures qu'elles appellent, autoroutes à huit voies, parcs, espaces verts, etc (voir l'encadré ci-contre).

Suburbia et les grandes villes américaines sont les victimes désignées de la crise du pétrole. On y vit grâce à une consommation effrénée de pétrole et de gaz naturel (**figure 5.16**). Au rythme de l'augmentation du coût de ces énergies, Suburbia se videra progressivement, en commençant par les extensions plus lointaines du centre des villes (**figure 5.17**). Pour la même raison et commençant par Houston et Phoenix, la liste est longue des cités qui, aux États-Unis, ne survivront qu'autour d'un « down town » dégradé, dont les tours seront progressivement désertées en raison de leur vulnérabilité aux pénuries d'électricité ou d'eau. Avec Suburbia, s'effondrera l'économie de la première puissance mondiale qui tourne aujourd'hui d'abord pour alimenter cette ogresse. Que deviendront ses habitants, privés de leurs droits inaliénables à l'« American Dream » ? Migrations (mais pour quelle destination) ? Émeutes, guerre civile ou guerre mondiale pour confisquer le pétrole du Moyen-Orient ? Nous envisageons ce dernier scénario dans l'épilogue de ce livre.

▶ **Repli et retour au passé.** S'agissant toujours des États-Unis, plus heureuses seront les régions de l'Est, moins engagées dans la voie de Suburbia en raison de leur implantation plus ancienne. C'est particulièrement vrai de la Nouvelle-Angleterre. Elles effectueront un retour au mode de vie d'avant la dernière Guerre mondiale, centré sur des villes de taille moyenne, plus densément peuplées, plus conviviales et largement autarciques, nourries par une agriculture revenue à des mœurs moins voraces en énergie, mais exigeant les bras de tous et non seulement ceux des fermiers. Les rendements ne manqueront pas de baisser par rapport à l'agriculture actuelle dopée au pétrole. Aussi pourrait-on penser à cultiver les surfaces aujourd'hui engazonnées des parcs et des jardins, ce qui pourrait faire vivre plus du tiers de la population. En ville, le réparateur de bicyclettes sera plus sollicité que le conseiller fiscal ou, probablement, que le psychiatre. La voiture deviendra un luxe si elle n'est pas électrique (**figure 5.18**) et le train s'imposera pour la desserte du centre et le trafic inter-ville. L'avion, particulièrement vorace en énergie, sera réservé à une éventuelle élite de l'argent.

L'« American Dream »

Tentons une brève description du mode de vie des pays développés à la veille de la crise pétrolière. Avec l'aide de James H. Kunstler, cité plus haut, focalisons-nous sur l'actuelle « american way of life », sachant qu'elle est la voie que nous suivons avec un retard de quelque dix ans.

Par la vertu de la mondialisation et de la spécialisation qui l'accompagne, les États-Unis sont devenus aujourd'hui une société post-industrielle, confiant à l'atelier chinois le soin de pourvoir à ses besoins matériels. L'économie de marché à laquelle ce pays adhère totalement est responsable de sa désindustrialisation et de délocalisations massives, résultant de sa perte de compétitivité face à des zones à main-d'œuvre très bon marché et aux coûts des transports devenus marginaux. L'Amérique est devenue une société de service, mis à part quelques secteurs très dynamiques comme celui de l'innovation technologique – développée par un foisonnement réjouissant de « start-up » autour des campus universitaires – ou quelques secteurs protégés comme l'agriculture ou l'armement.

Aujourd'hui, l'Amérique entend satisfaire ses propres désirs, « l'American Dream », et orchestrer la mondialisation, forte de sa puissance financière et de son avance dans l'économie de l'information. La vive croissance actuelle de cette nation est nourrie par l'emprunt auprès des pays industrieux qui, plaçant leur excédent commercial en bons du Trésor américain, confient à ce pays les fruits de leur croissance. Assise sur le dollar, l'Amérique confisque ainsi l'essentiel de la croissance mondiale. Que fait l'Américain de ce flux de richesse, encore accru par son endettement personnel ? Il construit Suburbia (voir ci-contre), qui abrite aujourd'hui plus de la moitié de la population, évidemment la moins pauvre. Initiée peu après la Seconde Guerre mondiale, cette entreprise s'accélère aujourd'hui et, au rythme actuel, Suburbia couvrirait la Terre entière d'ici à 100 ans. Il est important de s'y arrêter car les tares actuelles de Suburbia portent en elles les causes du désastre qu'elles préparent. Hypermarchés aidant, Suburbia a tué le commerce de détail des centres villes et, avec lui, ruiné des communautés locales, fortes de liens humains et d'une certaine autonomie fondée sur la production locale. L'écart de niveau de vie entre celles-ci, les laissés-pour-compte de « l'American Dream », et la nouvelle classe moyenne qui habite Suburbia s'est considérablement creusé. Comme on ne prête qu'aux riches, l'État prend à sa charge les investissements lourds nécessaires à la croissance de Suburbia, en même temps qu'il encourage et garantit l'investissement immobilier en réassurant les banques immobilières contre les risques de faillites et en endossant les hypothèques des acheteurs. Cela crée une énorme bulle immobilière et contribue au gigantesque déficit fédéral. L'ensemble du système reposant sur le pétrole bon marché, cette bulle ne manquera pas de crever lors de la crise du pétrole. Dernière nuisance, l'extension cancériforme de Suburbia pèse lourdement sur l'environnement, couvrant, en particulier, des espaces naturels par du béton ou du bitume.

Globalement, la position de l'Europe pourrait être bien meilleure. Lorsque la crise sera avérée, elle disposera déjà d'un répit de quelques années par rapport à l'Amérique, avant que le renchérissement du baril ne pèse sur elle de façon insupportable. En effet, les taxes sur le pétrole étant très élevées (plus de 80 % du prix de l'essence à la pompe en France), leur baisse devrait amortir, pour un temps, le surcoût pétrolier. L'Europe est, par ailleurs, mieux préparée que les États-Unis par une structure plus « ramassée » (voir figure 5.16), donc moins dépendante de l'or noir. Ainsi, l'Européen passe moitié moins de temps au volant de sa voiture que l'Américain, et la croissance moins vive de l'Europe associée à son endettement modéré pourrait devenir un atout. Les pays européens se sont en outre déjà engagés dans une politique de maîtrise de l'énergie et d'appel aux énergies

5.18. Nostalgie.

alternatives, préparant ainsi une transition qui pourrait être relativement douce. Ayant à ce jour, sans fierté excessive, préservé une partie de son tissu traditionnel de petites villes entourées d'exploitations agricoles traditionnelles, l'Europe possède les positions de repli qui seront indispensables lorsqu'il s'agira de revenir à un mode de vie qui devrait être assez proche de celui que les seniors français ont connu pendant leur jeunesse avant, pendant et juste après la dernière Guerre mondiale. Quant à la France justement, ses 80 % de production électrique d'origine nucléaire lui épargneront certainement bien des souffrances.

Enfin, à titre individuel, pourquoi ne pas se préparer à la crise ? Apprendre les gestes de la maîtrise de l'énergie au plan domestique et professionnel, faire appel aux énergies alternatives (chauffage solaire, voiture électrique, etc.). Toutes actions qui, engagées dès aujourd'hui, participeraient aussi au mieux être de notre Terre.

▶ **Utopia succède à Suburbia.** La crise et ses turbulences enfin apaisées, une nouvelle société mondiale pourrait naître, au repli initial succédant le rétablissement de réseaux de communication et d'échange de plus en plus denses. Une nouvelle société qui saurait concilier qualité de vie et réduction massive de la consommation de combustibles fossiles, grâce à la maîtrise de l'énergie ainsi qu'à la promotion des énergies renouvelables et de l'énergie nucléaire. Les pays actuellement en développement et qui aspirent à notre mode de vie (ils pourraient y parvenir si le temps n'était pas pas compté) devront réorienter leur croissance suivant cette voie nouvelle. Mais Utopia ne sera sans doute pas offerte à tous. Des foyers de famine pourraient apparaître en de nombreuses régions, n'épargnant pas les pays riches, en raison d'une part de la baisse généralisée d'une production agricole trop dépendante du pétrole par le biais des engrais, des herbicides et de la mécanisation et, d'autre part, de l'altération des circuits de distribution. Quant aux laissés-pour-compte de la Terre, le pire est à craindre si leur dépendance vis-à-vis des marchés mondiaux et des aides continue de s'accroître (rapport FAO-OCDE « *Perspectives agricoles 2006-2015* », juillet 2006).

La nouvelle organisation économico-industrielle pourrait tirer la majeure partie de son énergie du charbon, avec séquestration simultanée du gaz carbonique produit lors de sa combustion. Le gaz naturel étant en voie d'épuisement et le pétrole résiduel étant réservé à des usages spécifiques, comme la propulsion des avions ou la production de matériaux de haute technologie, on imagine d'énormes centrales électriques, soit nucléaires, soit alimentées au charbon, avec séquestration dans des sites situés à proximité. L'électricité issue de ces grosses centrales et, dans une mesure moindre, l'hydrogène, deviendraient les vecteurs de l'énergie alimentant l'industrie, les transports terrestres et le secteur de l'habitat. Cette centralisation de la production d'énergie primaire pourrait être heureusement complétée par une production au contraire très délocalisée, à partir des énergies renouvelables (hydraulique, éolienne, solaire, géothermique, etc.), contribuant à assurer la vie d'un habitat dispersé.

Brûlant également le bois de forêts qui auraient été plantées à cette fin, les centrales de production d'énergie primaire pourraient, grâce à la séquestration du gaz carbonique issu de cette combustion, contribuer à réduire d'autant sa teneur atmosphérique. Rêvons ainsi de revenir à notre atmosphère ancestrale (voir figure 4.28) !

L'organisation du territoire aura évolué, mue par deux courants contraires. D'une part, celui du développement urbain au détriment de vastes zones suburbaines – feue

Suburbia – dévoreuses d'espace et difficiles à desservir par des transports collectifs. D'autre part, celui du regain d'intérêt de l'habitat campagnard, favorisé par la proximité de ressources agricoles, forestières ou énergétiques, exploitées par les énergies renouvelables de production locale. On imagine, par exemple, une symbiose entre une grande éolienne, incapable de stocker seule l'énergie qu'elle fournit temporairement, et un parc de voitures électriques assurant avec leurs batteries la régulation du stockage. Un tel mode de vie autarcique n'exclut pas une participation active à la vie de la planète, les réseaux de communication restaurés assurant un regain du marché de l'information. N'est-ce pas donner raison aux hérauts de la décroissance ?

La croissance actuellement guettée avec anxiété par nos responsables politiques, année après année, cette croissance dont les fruits sont âprement disputés par les acteurs sociaux céderait la place à la « croissance zéro », préconisée dans les années 70 par les adeptes du Club de Rome, ou pourquoi pas à la décroissance, au profit des pays les plus pauvres, prônée aujourd'hui par certains écologistes. On se prend à rêver d'une société respectueuse de l'autre et de l'environnement. Plus soucieuse d'être que d'avoir.

2020 : un choix crucial

Tout a vraiment commencé en Pennsylvanie en 1859, lorsque le colonel Edwin L. Drake fora le premier puits en vue d'exploiter le pétrole comme source d'énergie. Connu depuis l'Antiquité, ce suintement noir, nauséabond et visqueux, n'avait guère été utilisé jusqu'alors. Avec l'huile extraite de ce puits, l'humanité découvrait sa drogue. L'Amérique du Nord fut la première, au début du xxe siècle, à être massivement contaminée. Prenons-en comme symbole la Ford T, première automobile construite en série dès 1913. L'Europe et les autres pays industriels furent touchés plus tardivement. La machine s'emballa pour de bon après la Seconde Guerre mondiale. C'est, chez nous, l'époque des « trente glorieuses ». Par rapport à leur mode de vie antérieur, les pays riches se sont alors installés dans un paradis de plus en plus artificiel, nourris par un flot toujours plus puissant de pétrole bon marché.

Dans le dernier chapitre, nous avons tenté d'anticiper les désordres graves que ne manquera pas d'entraîner la fin du pétrole bon marché, du pétrole à tout faire. Partant de l'analyse des pessimistes qui annoncent ce *peak oil* pour bientôt, entrons maintenant dans la fiction, avec un scénario qui nous conduit en 2020, au bord du précipice.

Réunion critique à la Maison Blanche

Quelques jours avant ce *Thanksgiving Day* de l'an 2020 et suite aux bruits de bottes américaines, la Chine fait savoir qu'elle n'acceptera pas une éventuelle prise de contrôle militaire des installations pétrolières de l'Arabie saoudite et des pays du Golfe, ce qui la couperait de ses sources d'énergie principales. Crainte évidemment nourrie par l'expérience de l'Irak, qui n'a plus vraiment quitté le giron américain depuis la guerre déclenchée en 2003 au prétexte d'évincer Saddam Hussein, un tyran sanguinaire et considéré comme dangereux. Épaulée par l'Inde et en passe de devenir la première puissance économique de la planète, la Chine annonce qu'en cas de nouvelle conquête militaire américaine, elle ripostera avec l'arme nucléaire. Depuis 2010, sa consommation de pétrole a dépassé celle de l'Europe et s'est hissée au deuxième rang mondial, derrière celle des États-Unis. À présent, près de 80 % de ses besoins en pétrole sont couverts par les importations. La Chine brandit directement la menace nucléaire, mais a-t-elle le choix ? Dans une guerre conventionnelle, elle serait immédiatement étouffée, l'*US Navy* étant en mesure de couper la voie maritime acheminant son pétrole depuis le Moyen-Orient.

Une telle situation a été anticipée de longue date par les conseillers du président des États-Unis. Quand, il y a vingt ans de cela, la menace du *peak oil* s'est précisée, le Congrès s'est déjà exaspéré de la « pétrodiplomatie » chinoise et le Pentagone a élaboré un premier plan appelé « *Go to war to get oil* ». Mais le président est aujourd'hui placé au pied du mur. S'incliner n'est ni dans ses habitudes, ni dans celles du pays qui, de surcroît se trouverait, par manque d'or noir, aux prises avec une crise sociétale inimaginable. Déjà, 40 ans plus tôt, Ronald Reagan avait prévenu : « *Le mode de vie américain n'est pas négociable* ». Drapés dans cette orgueilleuse formule, ni ses prédécesseurs, ni lui-même n'ont vraiment su préparer la fin du pétrole. L'aventure militaire, en soi, ne pose pas au président de problèmes plus épineux que celle qui a été menée dans le Golfe au cours des années 2000. En effet, après quelques déboires en Irak, il a suffi de sécuriser les installations pétrolières et d'abandonner « *ces peuplades à leurs propensions suicidaires* », pour reprendre la formule de l'un de ceux qui l'a précédé à la Maison Blanche. Selon ses conseillers militaires, la menace chinoise n'est guère plus sérieuse que celle de l'Irak en son temps, en raison de l'étanchéité, aujourd'hui admise, du bouclier antimissile si laborieusement et patiemment construit depuis vingt ans. Mais peut-on en être si sûr ? Ne faut-il pas entendre une dernière fois les colombes et les experts scientifiques prônant une possible adaptation ? Tel est l'état de ses réflexions, en entrant dans cette salle où il doit prendre la décision la plus grave de l'histoire du pays et, probablement, de la planète.

Le monde en état de manque

La crise pétrolière qui a conduit à la situation actuelle s'est brutalement déclarée il y a cinq ans de cela, avec le crack financier mondial de 2015. Auparavant, il y a certes eu plusieurs alertes, soulignées par de brusques flambées du prix du baril et s'inscrivant dans une hausse régulière des cours. Mais elles ont chaque fois été mises sur le compte d'impérities ou d'accidents, et tant les autorités publiques que les compagnies pétrolières sont restées fidèles au credo du « *toujours trente ans de réserves devant nous* ». Au début, la crise a été quelque temps amortie, le renchérissement du pétrole ayant entraîné une baisse de la consommation et une exploitation de gisements négligés jusqu'alors. Accompagnant l'augmentation du prix du baril, beaucoup d'économies ont été réalisées et, cahin caha, l'offre déclinante est parvenue à suivre une consommation mondiale entraînée par celle des pays en développement, touchés alors qu'ils étaient en pleine croissance. Mais organismes d'État et sociétés pétrolières ont fini par déclarer forfait quand le prix du carburant s'est soudainement envolé au-delà de toutes les prédictions, engendrant un mouvement de panique mondiale. Ainsi a pris fin une période euphorisante fondée sur une énergie abondante et bon marché. Depuis ce crack, l'économie mondiale ne cesse de se désagréger. Le temps et les moyens manquent pour inventer la nouvelle société de l'après pétrole.

Difficile sevrage

Certes, l'essence coule à la pompe et coulera encore pendant des décennies, mais à un prix tel que, pour la majorité des citoyens des contrées riches, le mode de vie « à l'américaine » n'est plus tenable. Les pays en développement doivent renoncer à leur rapide croissance et à leurs aspirations à adopter ce modèle américain. Comme de nombreux autres, ils sont également touchés sévèrement par des famines, ayant eu tendance à oublier que le pétrole était aussi à la source des miracles récents de leur agriculture. Quant aux pays obstinément pauvres, qui devraient, théoriquement, être moins touchés en raison d'une moindre dépendance au pétrole, ils sont minés par leur vertigineuse expansion démographique. Pour les masses des mégapoles de l'ensemble des pays de la planète, l'espoir est mince de pouvoir renouer avec le mode de vie d'avant la crise pétrolière. Cette crise frappe de plein fouet une Amérique qui, moins que quiconque, ne l'a anticipée et, plus que quiconque, en souffre aujourd'hui. Phœnix, jadis paradis sur Terre, abandonne ses luxuriantes banlieues et se replie sur son centre-ville. La construction en toute hâte de nombreuses centrales nucléaires n'a pas suffi à satisfaire l'appétit énergétique de telles villes tentaculaires. Les émeutes locales risquent de dégénérer en guerre civile, l'Ouest et le Sud du pays menaçant d'envahir le Nord et l'Est qui disposent encore de bonnes terres et du bois de leurs forêts. L'armée s'est depuis longtemps préparée à faire face à de graves émeutes, voire à une guerre civile.

La guerre ou le chaos

Alors, en ce jour de 2020, le président des États-Unis doit décider du futur. Répondre positivement à la demande massive de la population de son pays et aller chercher le pétrole là où il coule encore, au risque d'une guerre nucléaire. Ou s'engager sans compter dans une politique d'adaptation, imposer des économies massives d'énergie et mobiliser toutes les sources alternatives au pétrole, au risque d'altérer tellement le mode de vie de ses concitoyens qu'une révolution ne serait pas à exclure. L'État, dont le pouvoir est déjà très compromis, risquerait d'être emporté. L'Europe qui, très tôt, a choisi la seconde voie, n'a pas été épargnée par les troubles. Qu'en serait-t-il d'une Amérique plus engagée dans un mode de vie gaspilleur et mal préparée à une telle crise ?

Livres

Patrick ARTUS, *Le capitalisme est en train de s'autodétruire*, La Découverte, 2005.

Pierre-René BAUQUIS, *Quelles énergies pour les transports au XXI*e *siècle ?*, IFP, série « Analyses et synthèses », 2004.

Christian BLANC, *La croissance ou le chaos*, Odile Jacob, 2006.

Patrick DE WEVER et coll., *Les climats passés de la Terre*, Vuibert, 2006.

Jean-Louis FELLOUS, *Le Climat*, Le Cavalier Bleu, 2005.

Nicholas GEORGESCU-ROETGEN, *La Décroissance*, Sang de la Terre, 1995.

Jean-Marc JANCOVICI, *L'avenir climatique*, Le Seuil, 2001.

James H. KUNSTLER, *La fin du Pétrole*, Plon, 2005.

Peter NEWMAN et Jeffrey KENWORTHY, *Cities and automobile dependence*, Gower, Grande-Bretagne, 1989.

Adolphe NICOLAS, *2050, rendez-vous à risques*, Belin, 2004.

Helena NORBERG-HODGE, « De la dépendance mondiale à l'interdépendance locale », *in Objectif Décroissance*, Silence éditions, 2003.

Ilya PRIGOGINE et Isabelle STENGERS, *La nouvelle alliance*, Gallimard, 1979.

Matthew SAVINAR, *The oil age is over*, The Latoc store, États-Unis, 2004.

Jean-Luc WINGERT, *La vie après le pétrole*, Autrement, 2005.

Rapports

BRGM-IFP-ADEME, *La capture et le stockage géologique du* CO_2, BRGM éditions, 2005.

Délégation interministérielle « développement durable », *How to tame King Coal*, 2006.

FAO (*Food and Agriculture Organization*), *Perspectives agricoles 2006-2015*, OCDE éditions, 2006.

GIEC (Groupe intergouvernemental sur l'évolution du climat), *Changements climatiques, rapport de synthèse, résumé à l'intention des décideurs*, 2001.

GIEC, rapport spécial, groupe de travail III, *Capture et stockage du dioxyde de carbone*, 2005 (http://www.ipcc.ch/activity/ccsspm).

GIEC, rapport du groupe de travail I, *Projections climatiques globales*, 2007.

Ministère de l'Écologie et du développement durable, *Plan climat*, 2004.

Ministère de l'Économie des finances et de l'industrie, rapport du groupe de travail « Facteur 4 », *Division par quatre des émissions de gaz à effet de serre de la France à l'horizon 2050*, 2006 (www.industrie.gouv.fr/energie/facteur4.htm).

PNUD (Programme des Nations unies pour le développement), *Évaluation des écosystèmes pour le Millénaire*, 2005.

Royal Society, *Ocean acidification due to increasing atmospheric carbon dioxide*, Clyvedon Press, Grande-Bretagne, 2005.

A

B

C

D

E

F

P

R

S

T

V-W

SOURCES DES ILLUSTRATIONS ET CRÉDITS PHOTOGRAPHIQUES

Couverture : © Corbis-RF.
p. 8-9 : © Digital Stock.
p. 10 : © M. & C. Denis-Huot/**Bios.**
p. 11 : © NOAA/Geophysical Fluid Dynamics Laboratory.
p. 12g : © IODP/Martin Jakobsson.
p. 13 : d'après Moberg et coll., *Nature,* 2005.
p. 14 : d'après Goddard Institute for Space Studies.
p. 15 : d'après GIEC, rapport 2001.
p. 16h : d'après P. Monfray, INSU-CNRS.
p. 16b : © Université d'Heidelberg/Institut météorologique royal des Pays-Bas (KMNI).
p. 17 : © A. Nicolas.
p. 19 : d'après Pascale Braconnot et Olivier Marti, IPSL/LSCE.
p. 22 : d'après IPSL, contribution au rapport GIEC 2007.
p. 24-25 : Courtesy of Earth Sciences and Image Analysis Laboratory, Nasa/Johnson Space Center (image ISS007-E-10807, http://eol.jsc.nasa.gov).
p. 27g : © SOHO (ESA & Nasa), MDI.
p. 27d : © Académie royale des sciences de Suède.
p. 28 : d'après GIEC, rapport 2001.
p. 29g : © IPEV/S. Drapeau.
p. 29d : © **CNRS Photothèque**/Volodia Lipenkov.
p. 30 : d'après U. Siegenthaler et coll., *Science,* 25 novembre 2005 ; R. Spahni et coll., même volume.
p. 32 : d'après Scott Rutherford.
p. 38h : Courtesy of Earth Sciences and Image Analysis Laboratory, Nasa/Johnson Space Center (image ISS013-E-24184, http://eol.jsc.nasa.gov).
p. 38b : Pacush Blues par Ptiluc © **Éditions Vents d'Ouest**, 1996.
p. 39g : Courtesy of Earth Sciences and Image Analysis Laboratory, Nasa/Johnson Space Center (image ISS001-ESC-5113, http://eol.jsc.nasa.gov).
p. 39d : Nasa /JPL/NIMA.
p. 42 : © A. Nicolas.
p. 43 : d'après B. Dupré et coll., *Comptes rendus de l'Académie des sciences,* 2003.
p. 44 : © NASA/JPL/USGS.
p. 46 : © C. Merlet, université de Montpellier.
p. 48 : d'après J. Randerson et coll., *Global Biogeochemical Cycles,* 2002.
p. 50-51 : © PhotoDisc.
p. 54h : d'après Zachos et coll., *Science,* 2001.
p. 54b : a, d'après Ingeborg Levin, IUP, université d'Heidelberg ; b, d'après Gérard Martin, université de Nantes.
p. 55 : © **INRA**/R. Canta.
p. 58 : © Jean-Michel Noël Walter.
p. 59 : © C. Creutz, Strasbourg/Archives Bari.
p. 60h : © Steve Gschmeissner/SPL/**Cosmos**.
p. 60b : © PhotoDisc.
p. 61 : d'après Rotaru, Gaillardet, Trichet et Steinberg (De Wever coord.), 2006 ; Jan Schoerer ; David Archer.
p. 62 et 63h : d'après R. Socolow, conférence Segre, Berkeley (États-Unis), 2003.
p. 64 : © A. Nicolas.
p. 65 : a, d'après Nasa/GSFC, satellite Modis-Terra ; b, F. Delbart, IPEV/INSU.
p. 67 : © A. Bénéteau 2006 (www.paleospot.com).
p. 69 : © A. Nicolas.
p. 70 : d'après Nasa/GSFC, satellite Modis-Terra.
p. 71 : d'après Sabine et coll., *Science,* 2004.
p. 73 : a, R. W Gilmer et G. R. Harbison, université du Colorado (États-Unis) ; b et c, V. Fabry, California State University, San Marcos (États-Unis).
p. 74 : d'après Orr et coll., *Nature*, 2005.
p. 75 : © Gilbert Camoin, CEREGE, université d'Aix-Marseille.
p. 76h : d'après The Royal Society (Londres), juin 2005.
p. 76b : d'après K. Caldeira et M. E. Wickett, *Nature,* 2003.
p. 78 : d'après David Archer et coll., *Global Biogeochemical Cycles*, 1998.
p. 79 : d'après D. Paillard et coll., rapport Bioclim, 2005.
p. 80 : d'après D. Archer, *Jour. Geophys. Res.*, 2005.
p. 81 : d'après R. Socolow, université de Princeton (États-Unis).
p. 82 : G. Bala, *Journal of Climate*, 2005.
p. 83 : d'après G. J. Bowen et coll., *EOS*, 2006.
p. 86-87 : © Statoil.
p. 89 : image par Jesse Allen, Nasa Earth Observatory, à partir de données de Modis Land Rapid Response Team du Nasa/GSFC.
p. 90 : d'après rapport GIEC « Capture et stockage du dioxyde de carbone », 2005.
p. 93 : © Françoise Boudier.
p. 94 : source Robert Simmon, Nasa/GSFC Earth Observatory et Waston Greff.
p. 95 : d'après E. R. Abraham et coll., *Nature,* 2000.
p. 98 : d'après W. J. J. Huijgen et coll., *NPS4*, octobre 2004.
p. 100 : source T. Y. Yldirim, *NIST*, 2005.
p. 102h et b : © BP plc 2005.
p. 103 : d'après Lawrence Livermore National Laboratory (États-Unis), mai 2005.
p. 104h : F. J. Gouveia, M. R. Johnson, R. N. Leif, S. J. Friedmann © Universiy of California (États-Unis), Lawrence Livermore National Laboratory and the Dpt of Energy under whose auspices the work was performed, when this information or a reproduction of it is used.
p. 104b : © Elsam avec l'aimable autorisation de l'IFP.
p. 105 et 106 : d'après rapport GIEC « Capture et stockage du dioxyde de carbone », 2005.
p. 107h : © T. Orban/Sygma/**Corbis.**
p. 107b : d'après rapport BRGM/IFP/ADEME, « La capture et le stockage géologique du CO_2 », septembre 2005.
p. 108 : © Phil Schermeister/**Corbis**.
p. 109 : rapport BRGM/IFP/ADEME, « La capture et le stockage géologique du CO_2 », septembre 2005.
p. 110b : © 1999 Monterey Bay Aquarium Research Institute (MBARI), États-Unis.
p. 112 : A. Nicolas.
p. 113 : a, d'après rapport GIEC « Capture et stockage du dioxyde de carbone », 2005 ; b, d'après Steve Self, (Open University, Grande-Bretagne) et Mike Rampino (New York University, États-Unis).
p. 114 et 115 : d'après rapport GIEC « Capture et stockage du dioxyde de carbone », 2005.
p. 118-119 : © John Bartholomew/**Corbis**.
p. 121 : J. Laherrère, communication personnelle.
p. 122h et 123 : image par Jesse Allen, Nasa Earth Observatory, à partir de données de University of Maryland's Global Land Cover Facility – *One Planet, Many People : atlas of our changing Environment* /UNEP 2005.
p. 122b : A. Nicolas.
p. 124 : d'après *Le Monde 2*, 25 mars 2005.
p. 125 : A. Nicolas.
p. 127g : © Nasa/GRIN.
p. 127d : © Solarimpulse/EPFL Claudio Leonardi.
p. 128 : d'après *Science et Décision*, octobre 2004 (http://www.science-decision.fr/cgi-bin/topic.php?topic=ECO).
p. 129 : d'après Agence internationale de l'énergie, rapport du 26 octobre 2005 (www.iea.org).
p. 131 : d'après www.scag.ca.gov/.
p. 132 : © Japan Agency for Marine-Earth Science and Technology (JAMSTEC) / International Ocean Drilling Program (IODP).
p. 133 : © Suncor Energy Inc.
p. 135 : d'après A. M. Afifi (Aramco).
p. 136h : d'après des données BP pour le niveau des réserves et Colin Campbell, président de l'ASPO, pour la date des pics de production.
p. 136b : a, d'après Jean Laherrère, ASPO France ; b, d'après James Schlesinger, ancien secrétaire d'État à la défense du gouvernement américain, commission des Affaires étrangères du sénat américain, novembre 2005.
p. 143 : © Nasa/GSFC Scientific Visualization Studio.
p. 144 : d'après Richard Duncan (symposium de la Geological Society of America, novembre 2000).
p. 145 : d'après P. Newman et G. Kenworthy, *Cities and automobile dependence*, 1989.
p. 146 : © Lindsay Hebberd/**Corbis**.
p. 147 : © Emmanuel Ball.

Imprimé en France par Clerc à Saint-Amand-Montrond
N° d'édition : 004469-01 - N° d'imprimeur : 9426
Dépôt légal : février 2007